# Narrativas do Jornalismo
## &
# Narrativas da História

# Narrativas do Jornalismo
# &
# Narrativas da História

Coordenadoras:
**Ana Regina Rêgo**
**Teresinha Queiroz**
**Marcela Miranda**

Editora
**media XXI**

Título: *Narrativas do Jornalismo & Narrativas da História*
Coordenadoras: Ana Regina Rêgo | Teresinha Queiroz | Marcela Miranda
Design e Paginação: Mediaxxi/Nanci Marcelino
Revisão: Mediaxxi/Nanci Marcelino
Capa: Mediaxxi/CARINA MOTA
Editora: Mediaxxi Formalpress
Coleção: Coleção mediaxxi
Versão e-book: Mediaxxi | Formalpress

Formalpress – Publicações e Marketing, Lda.
Av. 25 de Abril, n.º 8B C/V Drt., 2620 - 185 Ramada
Telefone: 217 573 459 | Fax: 217 576 316
Internet: www.mediaxxi.com
E-mail: mediaxxi@mediaxxi.com

Praça Marquês de Pombal n.º 70, 4000 - 390 Porto
Telefone: 225 029 137

1.ª edição: 2014
ISBN: 978 989 729 130 2
Depósito Legal n.º

# ÍNDICE

# Narrativas do Jornalismo
## &
# Narrativas da História

# APRESENTAÇÃO

O interesse pela história e memória, na maioria dos casos concentrado nos campos jornalístico e comunicacional, reuniu pesquisadores de lugares e formações distintas que aqui se encontram através de suas contribuições. Todos possuem uma inquietação latente que os faz percorrer os caminhos do passado em busca de rastros e vestígios que os levem a revelações dignas de relatos que possam ocupar lacunas de uma história nunca completamente pesquisada, nem tão pouco totalmente explicada, pois como bem afirma Ricouer "a história é o reino do inexato".

Se Febvre reconhece como função social da história a organização do passado em função de um presente, este livro, então, se põe como uma ponte através da qual essa função procura se cumprir, mesmo que em uma micro dimensão.

*Narrativas do Jornalismo e Narrativas da História* começou a ser gestado em junho de 2012 após o II Encontro Nordeste de História da Mídia, realizado pela Rede Alfredo de Carvalho (ALCAR) na Universidade Federal do Piauí. A partir de então procedemos a seleção de alguns capítulos e posteriormente, convidamos pesquisadores que embora não estivessem presentes ao evento, trabalham com temáticas correlatas.

O livro possui 17 capítulos agrupados em três partes. Na primeira encontramos os textos que se dedicam, total ou parcialmente, a aspectos teóricos e conceituais; na segunda concentramos os capítulos que têm como foco personagens da história do jornalismo, e, na última parte, encontram-se narrativas concernentes a contextos históricos específicos, com destaque para a década de 1970, na qual se ambientam três dos sete capítulos ali situados.

A nossa intenção ao publicarmos esta coletânea é apresentar ao público interessado nas temáticas aqui abordadas um livro denso do ponto de vista teórico e histórico e, ao mesmo tempo, leve, em que as temáticas, os contextos e os processos teóricos se apresentam tranquilamente. Por outro lado, a intenção é que a leitura das narrativas aqui expostas sejam guiadas pela ótica do leitor que escolherá os pontos que mais lhe interessam.

Boa leitura!

As organizadoras

# PARTE I

Narrativas do Jornalismo, da História
e da Memória: Misturando Conceitos

# Capítulo 1

## POTENCIALIDADES DAS NARRATIVAS JORNALÍSTICA E HISTÓRICA

Christa Berger

O título da mesa que originou o presente texto – Narratividade jornalística e histórica – é retomado aqui para orientar minha exposição. Nele, história e jornalismo são identificados como narrativas, indicando adesão às posições mais contemporâneas dos dois campos de conhecimento. Já vai longe o tempo em que se afirmava o jornalismo como espelho da realidade e a história um relato fiel dos acontecimentos do passado. Aqui o ponto de partida e de horizonte é de que o jornalismo e a história constituem-se como narrativas. Esta perspectiva "demanda uma reflexão de natureza epistemológica" como vem fazendo Fernando Resende (2011, p. 119) ao pôr em questão os "preceitos que por muitos anos serviram como baliza para pensar e conhecer a disciplina e a prática do jornalismo", propondo a narrativa como uma questão teórica e metodológica para a compreensão do e atuação no jornalismo.[1]

A preposição "e" do título indica que a afinidade entre o jornalismo e a história se dá porque ambas são narrativas, ao que acrescento: narrativas com vocação ao factual. Os dois campos coincidem em seu compromisso com o conhecimento do "real". Ao jornalismo e à história cabe narrar o que aconteceu na vida vivida, na sociedade, no mundo, como quer que se

---

[1] Fernando Resende (2011) trata o jornalismo como uma narrativa e esta como um problema de linguagem. Ele mostra a ruptura com outras perspectivas com este tratamento ao jornalismo. No Brasil, Cremilda Medina, o próprio Fernando Resende, Marialva Barbosa, Luiz Gonzaga Mota, Bruno Leal, entre outros, vêm se dedicando a trazer para os estudos de jornalismo a perspectiva da narrativa.

designe o lugar onde homens e mulheres desenvolvem e constroem sua humanidade. É da vida de todo o dia que o jornalismo retira a matéria prima de suas narrativas, reconhecendo o tempo presente através de suas notícias e de suas coberturas e é da vida de um tempo passado que a história constrói as suas. São estas narrativas que dão vida aos acontecimentos e aos sujeitos afetados por eles.

O jornalismo e a história se assemelham, porque são lugares de produção de sentido sobre o tempo. Ao informar, explicar, dar a conhecer os acontecimentos do presente ou do passado, estes acontecimentos são recriados, recebem a roupagem das palavras disponíveis ao seu narrador.

Muitas disciplinas se ocupam do binômio *Tempo e Narrativa*, sendo este o título da obra de Paul Ricoeur (1994), que orienta investigações também dos pesquisadores da comunicação que se aventuram pela temática. O volume três da obra, cujo subtítulo é *O tempo narrado*, problematiza os entrecruzamentos entre ficção e história. Diz ele: "não devemos esquecer que o abismo entre tempo do mundo e tempo vivido só é transposto por intermédio da construção de alguns conectores específicos que tornam o tempo histórico pensável e maleável" (RICOEUR, 1994, p. 313). Talvez se o autor tivesse incluído o jornalismo no universo de suas preocupações, ele seria um exemplo de conector entre os tempos dos mundos por contribuir para tornar pensável o tempo presente.

Havia acordo quanto à constatação de que a narrativa aproximava os dois ofícios e de que o tempo a ser narrado é que os diferenciava. No entanto, desde os anos 70 do século XX, a noção de que o presente pertencia aos jornalistas e o passado aos historiadores foi se diluindo. Em 1980, com a criação, na França, do Instituto de História do Tempo Presente (IHTP), os historiadores foram "autorizados" a refletir sobre o passado recente, trazendo para o ofício uma série de métodos e novas fontes de análise como a escuta dos sujeitos que viveram os acontecimentos (história oral) em conjunto com os documentos.

Nesta perspectiva, jornalistas e historiadores compartilham também o tempo superando a dicotomia maniqueísta de que as narrativas superficiais dos jornalistas registram apenas os ecos da atualidade, enquanto os historiadores ocupam a posição de árbitros capazes de reconhecer o que de fato aconteceu.

O grande encontro possível destes "sujeitos das letras" permite que o tempo presente seja uma não-história do instante. É o pensar a complexidade, os detalhes, a produção de novas formas, o entrelaçamento de fatos. Essa outra racionalidade do tempo não é uma "chapa fotográfica" que se contenta em observar os fatos. Ambos os profissionais que têm como mote o presente desejam contribuir para desvendá-lo. E nada mais importante do que a narrativa jornalística e a reflexão histórica sobre um período, por diversos ângulos, para que isso possa acontecer. (KUSHNIR, 2004, p. 59)

O jornalista polonês Ryszard Kapuscinski (2002), aquele que afirma que os cínicos não servem para este ofício, considera todo jornalista um historiador:

O que ele faz é investigar, explorar, descrever a história enquanto está se desenvolvendo. Ter uma sabedoria e uma intuição de historiador é uma qualidade fundamental para todo jornalista. O bom e o mau jornalismo se diferenciam facilmente: no bom jornalismo além da descrição de um acontecimento, temos também a explicação de por que ele aconteceu assim; no mau jornalismo, em troca encontramos apenas a descrição, sem nenhuma conexão ou referência ao contexto histórico. (2002, p. 58)

Pensando no bom jornalismo e examinando exemplares de periódicos, Maurice Mouillaud (1997, p. 78) vê os jornais sujeitos a uma tensão que compreende diferentes dimensões de temporalidade, de um presente em direção a um passado e a um futuro de sequências de fatos que irão se sobrepor. Em sua ponta, lá nos títulos, afirma, o jornal está na atualidade, já na sua base tende para a História. Isto porque no plano dos títulos há uma sucessão de acontecimentos que impõe uma leitura linear, e no artigo, na matéria "a narrativa segue o eixo da coluna que mergulha na profundidade da página". Ali se encontra, conforme o autor, o contexto, o mesmo que Kapuscinski (2002) reivindica para conferir importância ao jornal, pois em sua materialidade se dá o movimento que vincula o acontecimento do presente às razões de sua aparição. Ou seja, o jornal diário contempla a história, ou pensando com Todorov (2009 p. 25), "a narrativa é potência", podemos reconhecer no jornal potência de historicidade.

Queria ilustrar com um caso minha compreensão das relações existentes e/ou possíveis entre jornalismo e história. No entanto, as coberturas atuais que pensei trazer para fazer trabalhar a narrativa jornalística, imaginando seu potencial de historicidade, me pareceram demasiadamente próximas e polêmicas para garantir o distanciamento mínimo exigido para uma abordagem acadêmica. Então escolhi compartilhar uma história que muito me sensibilizou quando a conheci através da narrativa da filósofa espanhola Marta Tafalla (2004) e que, para mim, é exemplar de muito do que aqui está em questão:

1. o real se revela a nós através de narrativas;
2. a narrativa é lugar de produção de sentido, de conhecimento e de esclarecimento acerca do mundo;
3. narrativas não só dão a conhecer o acontecimento como têm poder curativo para quem narra e para quem ouve;[2]
4. narrativas servem para dizer "o mundo é assim";[3]
5. a compreensão sobre "esse mundo" propicia o desejo de agir para sua transformação.

O acontecimento símbolo dos horrores do século xx é o Holocausto ou *Shoah*[4] para os que querem desvencilhar-se da ideia de sacrifício que

---

[2] Hannah Arendt escolheu como epígrafe para o capítulo sobre a ação, no livro *A Condição Humana* (2007), um verso da poeta Isak Dinesen: "todos os sofrimentos podem ser suportados se você os puser numa história ou contar uma história sobre eles".

[3] Louis Quéré (2005) considera que o poder hermenêutico do acontecimento está no potencial de apontar campos problemáticos da sociedade. Ao reconhecer estes campos está a se dizer que "o mundo é assim".

[4] Holocausto significa "sacrifício" enquanto *Shoah* significa "destruição". *Shoah* passa a ser usada depois do filme de Claude Lanzmann (1985; 2010) assim nomeado e corresponde à memória dos judeus.

está inscrita na designação Holocausto. O nazismo, os campos de concentração, os campos de extermínio, as perseguições e as resistências, toda a experiência deste tempo está registrada pela História e pela Arte[5].Três indivíduos, Franz Kafka, Milena Jesenská, Margarete Buber-Neuman, contemporâneos do processo que desembocou no nazismo tiveram seus corpos e suas narrativas misturadas. A história que aqui passo a contar é uma história de amor e de amizade em tempos sombrios (ARENDT, 1987) que chega a nós graças à sucessão de registros em formas de narrativas de memória[6].

Em *A Metamorfose*, publicado pela primeira vez em 1915, assim como em textos posteriores, Kafka (1948) narra uma premonição dos horrores que vão atingir de cheio o século XX. Ninguém soube escrever com a mesma crueza como um indivíduo pode perder seu próprio corpo, deixar de ter um corpo humano, perder sua humanidade em uma regressão biológica a mera animalidade de um inseto. Walter Benjamin (1940) usava a expressão "avisadores do fogo"[7] para designar os indivíduos capazes de alertar sobre catástrofes sociais. Ele mesmo foi considerado por seus biógrafos como um anunciador do fogo que representou o nazismo.

Kafka foi uma voz de alarme, "quando o horror se fez real, já havia sido narrado por ele" (TAFALLA, 2004, p. 3). Theodor Adorno, que escreveu sobre Kafka diz que "narrar uma coisa significa ter algo a dizer que seja especial e singular. Quando já não restam indivíduos capazes de captar o especial e singular já não é possível narrar" (*apud* TAFALLA, 2004, p. 4). Kafka, conforme Adorno, captou o singular ao lograr refletir em sua escritura a desaparição do indivíduo, oferecendo uma resposta antecipada

---

[5] Adriana Kurtz (2007) estudou a filmografia sobre o nazismo e é impressionante como o tema é explorado pelo cinema desde 1955, quando Alain Resnais produziu o documentário *Nuit et Brouillard*. A lista de filmes e livros não para de crescer.

[6] *Homens em Tempos Sombrios* é o livro de Hannah Arendt (1987) que toma a expressão *Tempos sombrios* do poema "À posteridade", de Bertold Brecht, que se refere ao período histórico do nazismo, mas que Arendt afirma que não são novos e não são uma raridade na história. Por isso, a expressão pode ser usada também para o tempo que nos cabe viver.

[7] Expressão que é bastante conhecida na literatura sobre o Holocausto e retomada por Tafalla (2004).

a catástrofe dos totalitarismos. Ele é o exemplo maior de "avisador do fogo".

As advertências de Kafka não tiveram muitos leitores durante sua vida, mas entre eles estava uma leitora muito especial: a jornalista Milena Jesenská. Eles se conheceram em Viena e tiveram uma intensa relação intelectual e amorosa. Ela traduziu seus livros para o tcheco. Quando o nazismo se alçou ao poder na Alemanha e legalizou a violência, Milena assimilou os fatos de forma mais intensa, porque lhe soava o que a literatura de Kafka já anunciara. Seu destino talvez tenha sido comprovar como os pesadelos de Kafka configuravam o presente e descobrir a si mesma dentro dos relatos agora feitos realidade. Comprovava em seu entorno histórico a premonição de Kafka e, como jornalista, assume que lhe cabe observar e denunciar o que sucedia.

Nascida em Praga, Milena viveu nos círculos intelectuais e artísticos para além de seu país. Casou duas vezes, além de seu romance epistolar com Kafka, e teve uma filha. Trabalhou em distintos jornais, escreveu três livros. Em 1931, sua crescente consciência política e o temor diante dos rumos que estavam tomando os acontecimentos na Europa a fez entrar para o Partido Comunista, que abandonou, decepcionada, depois de cinco anos em que aliou a militância política com a atividade jornalística. Em 1939, quando a Tchecoslováquia é invadida por Hitler, ela escreve sem parar, com seu nome e com pseudônimos, tornando sua escritura a sua resistência. Denuncia a prisão de jornalistas e abriga em sua casa, judeus e intelectuais de esquerda. É presa no início de 1940 e deportada para o campo de concentração de Ravensbrück, onde se encontram cerca de 25 mil prisioneiras. O jornalismo não a abandona na prisão, segue atenta o que acontece ali e as notícias que chegam do exterior junto com cada nova prisioneira. Escreve relatos, cartas e reflexões, mesmo sabendo que serão destruídas, mesmo sabendo que poucos terão acesso. "A permanência do escrito não é a única razão da narrativa" (Tafalla, 2004, p. 9), diz ela. É uma forma de sobrevivência e tem, acima de tudo, esperança de que suas análises poderão permanecer na lembrança dos que a lerem.

Durante os quatro anos de prisão seu temor foi não sobreviver para escrever e denunciar tudo o que viveu. Doente, morre em maio de 1944 e, de fato, seu destino poderia ter sido o esquecimento. No entanto, duas narrativas deram visibilidade a sua história exemplar. Em 1952, são publicadas as cartas que recebeu de Kafka, já considerado um grande escritor, e que ela deixou aos cuidados de um amigo – ele não guardou as cartas que recebeu, então só sabemos delas pelo que suscitaram de respostas. *Cartas a Milena,* assim se chama o livro, foi traduzido para muitos idiomas, inclusive ao português (KAFKA, 2000).

A outra narrativa são as memórias escritas por sua companheira de prisão, Margarete Buber-Neuman. Alemã perseguida pelo nazismo por ser comunista está na União Soviética com seu marido, que ao criticar decisões de Stalin é preso e ela, por ser sua esposa, é deportada para o campo de Ravensbrück. Quando Milena sabe que uma prisioneira de Stalin se encontra entre elas, volta a sua vocação de perguntar, como procedimento para apreender e analisar o presente. Ouve atentamente e com suas perguntas ajuda também Margarete, uma militante operária, a organizar suas ideias e percepções. Passam então a partilhar suas histórias. Assim Margarete conhece Kafka, conhece a vida dos intelectuais de Praga e o sofrimento de Milena. A amizade se fortalece nas trocas, nos cuidados e no pacto de que Margarete deve escrever as histórias de Milena se esta não resistir. Elas trabalham no projeto de um livro, que tem até o título *A Época dos Campos de Concentração* (JESENKÁ; BUBER-NEUMAN, 1948), pois para elas nazismo e comunismo são os dois nomes para o mesmo mal que assola a Europa.

Ao terminar a guerra, Milena está morta e Margarete cumpre o prometido: escreve livros, artigos e dá conferências até morrer, em 1989. Publica o livro planejado com Milena em 1948, o que lhe acarreta muitos desafetos. Reunir na mesma denúncia o nazismo e o comunismo, exigia mais tempo para ser autorizado a ser dito e assimilado como possibilidade de verdade. Todorov em *Memoria del mal, tentación del bien* (2002) não só reconhece o livro como o melhor documento histórico sobre os totalitarismos, como também elege Margarete como uma testemunha exemplar do século XX:

Es ejemplar, primero por su destino, luego por su actitud, hecha de rectitud y de rigor: en sus declaraciones sólo contaba

lo que había vivido o conocido de primera mano, daba pri-
macía a los hechos en detrimento de los juicios, no buscaba
atribuirse el buen papel y ni siquiera permanecer siempre en
el centro de la atención. Uno sale de la lectura de sus libros
confiando un poco más en los recursos de la especie humana:
he aquí una ex deportada que no perdió el sentido del humor,
su respecto por el poder del relato. Conseguía siempre man-
tener su curiosidad por el mundo y los hombres, algo que,
añadido a su excepcional memoria de los detalles, aseguró
la calidad de sus relatos. (TODOROV, 2002, p. 133)

Dos sete livros escritos por Margarete, a biografia de Milena, que
recolhe o que esta contou na prisão, ampliada por testemunhos de amigos
e dos seus artigos nos jornais, é o que mais teve repercussão:

Margarete, que tomou a decisão de dedicar-se a escrever
graças a ela, decidiu escrever sua biografia para resgatá-la do
esquecimento. Do esquecimento a que o nazismo sentenciava
todas suas vítimas, mas também ao esquecimento involuntário
a que Kafka tinha lhe imposto ao transformá-la em mera
leitora de suas cartas. (TAFALLA, 2004, p. 15)

Trouxe esta história em primeiro lugar para enfatizar a ideia das camadas que as narrativas, constituidoras de sentido e de conhecimento, vão
produzindo, ora simultaneamente aos acontecimentos, ora ao longo do tempo.
Neste caso, temos a narrativa premonitória da literatura de Kafka, a narrativa
da atualidade que descreve, analisa, denuncia os acontecimentos na narrativa
de resistência da jornalista Milena Jesenská e a narrativa da memória que fez
Margarete Buber-Neuman deixar de ser objeto do mal para se transformar
em sujeito ao narrar a sua história e as memórias alheias. As três narrativas
expressam a experiência vivida, que, reunidas, compõem a matéria-prima
para os estudiosos da história com letra maiúscula, como se dizia quando a
disciplina historiográfica não era reconhecida como uma narrativa.

O método da disciplina prevê conhecer todas as narrativas existentes
sobre o acontecido, ouvir todas as fontes para produzir a sua narrativa,

aquela que tem vocação ao factual, compromisso de fidelidade aos fatos, técnicas para auscultar o que aconteceu considerando o tempo presente que ilumina o olhar para trás. A escolha dos acontecimentos e o modo de narrá-los segue diferenciando um historiador de outro.

Assim como a diferença entre os jornalistas se dá, em primeiro lugar, pelo lugar de onde olham o mundo que devem descrever. A sensibilidade à situação dos excluídos, a apuração incansável dos fatos com a escuta de fontes não oficiais, conjugada a uma narrativa capaz de suscitar empatia e cumplicidade é o que encontramos em reportagens exemplares do lugar singular que o jornalismo tem quando é bom. Jesenská faz parte da lista de jornalistas deste perfil, da qual não pode ficar de fora a jornalista russa Anna Politkovskaya.[8]

Adorno aconselhou a "atuar de tal modo que Auschwitz não se repita, que não volte a suceder nada semelhante" (ADORNO *apud* TAFALLA, 2004, p. 10), no que é acompanhado por muitos pensadores depois desta experiência traumática. Talvez o exemplo que escolhi narrar e o conselho de Adorno possam dirigir nosso olhar para a história recente do Brasil, que também merece cuidados para não se repetir. A ditadura brasileira vem recebendo camadas de sentido desde que foi instalada. São matérias jornalísticas, testemunhos, filmes, documentários e capítulos nos livros de história do Brasil contemporâneo. São narrativas de referendamento, de resistência, de memória, de confrontação com os que preferem o esquecimento. Acompanhar a instalação da Comissão da Verdade[9] e sua repercussão é uma oportunidade para identificarmos as potencialidades das

---

[8] Cito Roberto Herrscher, que no livro *Periodismo Narrativo* traz um epílogo dedicado à memória de Anna Politkovskaya. "Entre la prisa, el frio, el miedo y las bombas, Anna hizo tal vez el mejor periodismo narrativo de las dos últimas décadas, en cualquier idioma. Por qué murió? Por su trabajo, por tomarse tan a pecho y cumplir tan bien su misión de contar la verdad. Por su uso de las herramientas del periodismo narrativo hasta las últimas consecuencias, para despertar conciencias, para emocionar, indignar, educar, informar, enriquecer y golpear. Por eso la mataran" (2009, p. 323).

[9] No dia 16 de maio de 2012 foi instalada em cerimônia oficial com a presença da presidente da república Dilma Rousseff a Comissão da Verdade. Sua incumbência é de investigar as violações de direitos humanos entre 1946 e 1988, com especial ênfase no período da ditadura militar (1964-1985).

narrativas. Dores, traumas e silêncios antigos abandonam o lugar da memória individual e transformam-se em memória coletiva – basta ler e ouvir relatos de tortura dos presos políticos de então – para reconhecer os sentidos ali produzidos[10]. Outro exemplo das potencialidades contidas nas narrativas é quando estas se transformam em ações de julgamento, exigência de reparação e punição ao nomear torturadores e seus mandantes.

A narrativa jornalística é o fio que costura as demais narrativas. Informa a eclosão do acontecimento, acompanha as repercussões, registra o retorno simbólico do acontecimento, anunciando o lançamento de livros, filmes e exposições, traz relatos dos que vivenciaram o acontecimento, acompanha as intrigas que o mantêm em pauta e subsidia a narrativa da história. E o fio da narrativa jornalística e da narrativa histórica é a memória, composta por lembranças, compromissos, não-ditos e silêncios que emolduram a narrativa do acontecimento. Pollack (1989) pensa no encontro das memórias como um espaço de disputa e negociação: memória individual e memória política; memória oficial e memória subterrânea; memória dos dominantes e memória dos dominados; memória altiva e memória envergonhada.

No caso da ditadura brasileira que oscila entre períodos de mais e menos exposição, os enquadramentos dos jornais às funções da Comissão da Verdade vão produzindo camadas de sentido que deixam claro que não existe uma memória nacional e consensual das situações históricas traumáticas. Considerando que as narrativas são lugares onde sentidos são propostos, levando em conta as potencialidades que as narrativas contêm é que emerge com a força do esclarecimento, a responsabilidade dos jornalistas conhecidos, também, por historiadores do presente, operários da história e historiadores com o pé no acelerador.

---

[10] *Memórias do Esquecimento*, de Flávio Tavares (1999), é exemplar na descrição e na reflexão sobre o conflito entre a obrigação de lembrar e o desejo de esquecer. As torturas que Carlos Araújo relatou nos dias seguintes à instalação da Comissão (Villaméa, 2012) tiveram grande repercussão na imprensa.

Não há dúvida de que o jornalismo e a história se entrecruzam e, se incluimos a ficção[11], temos um *continuum* de narrativas que formam o conjunto de que necessitamos para dar sentido e suportar os acontecimentos da nossa existência.

---

[11] Um exemplo de narrativa que parte de memórias pessoais, se diz ficção e contribui para o entendimento da história da ditadura no Brasil é o excelente livro *K*, de Bernardo Kucinski (2012), que inicia com uma advertência ao leitor: "Tudo neste livro é invenção, mas quase tudo aconteceu. Deixei que as lembranças fluíssem diretamente da memória, na forma como lá estavam, há décadas sorretadas, sem confrontá-las com pesquisas, sem tentar contemplá-las ou lapidá-las com registros da época. Depois, valendo-me da fabulação, levei essas recordações a cenários imaginados; juntei situações ocorridas em tempos diferentes, algumas idealizei do quase nada e preenchi as lacunas de esquecimento e os bloqueios do subconsciente com soluções inventadas".

# REFERÊNCIAS BIBLIOGRÁFICAS

ARENDT, Hannah. *A condição Humana*. 10.ª ed. Rio de Janeiro: Forense Universitária, 2007;

_____ *Homens em Tempos Sombrios*. São Paulo: Companhia das Letras, 1987;

BENJAMIN, Walter. *Sobre o conceito de história*. In: *Magia e Técnica, Arte e Política. Obras escolhidas*. v.1. São Paulo: Brasiliense, 1987;

HERRSCHER, Roberto. *Periodismo Narrativo*. Santiago do Chile: RIL Editores, 2009;

KAFKA, Franz. *A Metamorfose*. São Paulo: Nova Época Editorial, 1948;

_____ *Cartas a Milena*. Belo Horizonte: Editora Itatiaia, 2000;

KAPUSCINSKI, Ryszard. *Los cínicos no sirven para este oficio: sobre el buen periodismo*. Barcelona: Anagrama, 2000;

KUCINSKI, Bernardo. *K*. São Paulo: Expressão Popular, 2012;

KURTZ, Adriana. *O destino da memória das vítimas da Shoah na cinematografia de um mundo administrado*. 2007. Tese (Doutorado em Comunicação e Informação) – Programa de Pós-Graduação em Comunicação e Informação. Universidade Federal do Rio Grande do Sul, Porto Alegre, RS, 2007;

KUSHNIR, Beatriz. *Cães de Guarda: jornalistas e censores, do AI-5 à Constituição de 1988*. São Paulo: Boitempo, 2004;

MOUILLAUD, Maurice. "A crítica do acontecimento ou o fato em questão". In: MOUILLAUD, Maurice; PORTO, Sérgio D. (org.). *O Jornal: da Forma ao Sentido*. Brasília: Paralelo 15, 1997. pp. 49-83;

POLLAK, Michel. "Memória, esquecimento, silêncio". *Estudos Históricos*. Rio de Janeiro, v. 2, n.º 3, 1989. pp. 3-15;

QUÉRÉ, Louis. "Entre facto e sentido: a dualidade do acontecimento". *Trajectos*, Revista de Comunicação, Cultura e Educação, Lisboa, n.º 6, pp. 59-76, 2005;

RESENDE, Fernando. "Às desordens e aos sentidos: a narrativa como problema de pesquisa". In: SILVA, Gislene; KÜNSCH, Dimas; BERGER, Christa; ALBUQUERQUE, Afonso. *Jornalismo Contemporâneo, Figurações, Impasses e Perspectivas*. Salvador: Compós; Edufba, 2011. pp. 119-138;

RICOEUR, Paul. *Tempo e Narrativa*. São Paulo: Martins Fontes, 1994, v. 3;

SHOAH. Direção: Claude Lanzmann Produção: Brigitte Faurex. [S.l]: New York Filmes, 1985. (540 min), son., color;

TAFALLA, Marta. "La escritura como libertad y como memoria: Margarete Buber Neumann". In: BIRULÉS, Fina; PEÑA AGUADO, Maria Isabel (ed.) *Passió per la libertat*. Barcelona: Publicacions i edicions de la Universitat de Barcelona, 2004;

TAVARES, Flávio. *Memórias do Esquecimento*. São Paulo: Globo, 1999;

TODOROV, Tzvetan. *Memoria del mal, tentación del bien: indagación sobre el siglo XX*. Barcelona: Ediciones Península, 2000;

_____ *O Medo dos Bárbaros: para além do choque das civilizações*. Petrópolis: Vozes, 2010;

VILLAMÉA, Luiza. *O Cara da Dilma*. Entrevista com Carlos Araújo. *Revista Brasileiros*, São Paulo, n.º 58, maio 2012.

# Capítulo 2

## JORNALISMO: TEMPORALIDADES, ÉTICA E MEMÓRIA

Ana Regina Rêgo

O Jornalismo na atualidade encontra-se sujeito às tiranias do tempo[12] impostas ao processo de produção da informação a partir de uma cultura social que preza a velocidade informativa em detrimento do trabalho investigativo apurado e de um texto bem elaborado. Em outro prisma, as mudanças na escala de valores morais e nos padrões éticos sociais impulsionam e promovem mutações na ética e na deontologia jornalísticas, o que muitas vezes acarreta a adoção de posturas reprováveis por parte dos profissionais que, sujeitos ao tempo e à competição, apostam, muitas vezes, no "vale tudo" para conseguir se destacar no competitivo mercado de trabalho.

Nesse panorama, imposições temporais e ausência de uma postura ética são fatores constituintes de um discurso jornalístico que compromete as memórias coletiva e histórica, pois informações equivocadas nem sempre são fáceis de detectar e raramente é possível modificar as versões dos acontecimentos noticiados, uma vez que uma retratação jornalística não consegue reflexividade pública em grande escala, como a primeira chamada de uma notícia de grande impacto social.

---

[12] Mesmo concordando com Franciscato (2003), para quem a questão da atualidade temporal é uma categoria inerente à natureza do jornalismo, não podemos desconsiderar que as condições sociais e tecnológicas de sua produção elevaram a categoria, a uma condição impositiva que faz com que os jornalistas, em busca da temporalidade rápida e com um discurso de *real time*, esqueçam procedimentos necessários à construção de um bom texto jornalístico. Por outro lado, é certo que a pressão temporal eleva a probabilidade de erro em muitas instâncias.

O presente texto discorre sobre as questões acima colocadas a partir de uma analogia com os deuses gregos: Cronos, a personificação do tempo, Têmis, a representação da justiça e da ética e Mnemosine, a memória. A ideia é refletir sobre como o tempo e a ética se articulam no fazer jornalístico e que implicações provocam na memória. Deste modo e com o objetivo mencionado, este artigo se estrutura da seguinte forma: em primeiro lugar nos concentramos no tempo, em seguida nos dedicamos à ética e, posteriormente, à memória, para depois nos centrarmos na convergência dos três no processo jornalístico. É válido ressaltar que objetivando complementar a concepção adotada por nós para os termos mencionados, utilizamos duas outras abordagens: uma filosófica e outra histórica, além de trabalharmos ainda o tempo, sob o prisma das Ciências Sociais.

Em outro foco, fatores influentes na adoção de condutas reprováveis por parte dos profissionais do jornalismo, como o individualismo, a concorrência, o mercado e a evolução tecnológica constante, entram em nossa análise, porém como coadjuvantes.

## O Tempo

O tempo tem sido objeto de especulação e estudo da humanidade desde épocas remotas. Da mitologia grega, passando pela Filosofia, pelas Ciências Sociais, pela Física, pela Meteorologia até chegar à organização do cotidiano através do calendário, o tempo tem sido um dos protagonistas. Tudo converge para o tempo e em alguns casos, como afirma Einstein, este pode ser considerado, inclusive, a quarta dimensão do espaço.

Na mitologia grega o tempo é representado por deuses de formas distintas e as narrativas sobre o tema são tanto contraditórias, como se confundem. A maioria dos deuses possui gênese com múltiplas versões, pois estas foram sendo aperfeiçoadas e adaptadas a cada realidade conforme evoluía aquela sociedade e de acordo com o lugar social (CERTEAU, 2011) de seus pensadores e escritores. Com o tempo, a coisa se passa do mesmo modo, pois existem versões distintas para seu mito. Assim é que no contexto grego *Aión* seria o deus da eternidade, do tempo da vida. Para aquele povo, *Chronos*[13] seria o tempo cronológico e tirânico que tudo devora e, por último, *Kairós*, o deus de um certo momento no tempo, da oportunidade; aquele que se opunha a *Chronos*. Em outra versão, Brandão (2009) afirma que Cronos, o Titã, filho de Urano, foi confundido como o tempo personificado, já que, em grego, *Chronos* ou *Khrónos* significa tempo. Por isso, se "na realidade, *Krónos, Cronos*, nada tem a ver etimologicamente com *Khrónos*, o tempo, semanticamente a identificação, de certa forma, é válida: *Cronos* devora, ao mesmo tempo que gera [...]" (BRANDÃO, 2009, p. 208).

Pelo prisma filosófico as interpretações e visões são as mais distintas possíveis e também seguem o processo evolutivo do pensamento nesse campo. Nesse ínterim, portanto, recorremos a Deleuze (2005), que realiza uma leitura diferente dos mitos acima mencionados. Para ele, *Chronos* seria o responsável por um tempo anárquico e não cronológico, situado entre o Caos e a ordem de Zeus, tempo este, denominado pelo autor, de *crônico*. Já Cronos, o Titã, pai de Zeus, representaria o tempo. *Aión*[14], por sua vez, guardaria em si, enquanto tempo do acontecimento e considerando sua incorporiedade apontada por Deleuze, uma temporalidade paradoxal. De um lado, se manifesta a partir dos efeitos de superfície que tornam possível a linguagem que o faz ter visibilidade. De outro, é um tempo morto, um não tempo, onde nada acontece e mesmo assim, ainda se encontra dentro do tempo. Essa instância paradoxal é o que autor considera como ponto aleatório, o sem sentido da superfície, que divide e subdivide o presente nos dois sentidos, passado e futuro, formando uma linha que possui dupla direção e se coloca como um marco divisório entre a linguagem e os corpos.

---

[13] A criação do universo sob o prisma mitológico grego afirma, dentre inúmeras outras coisas, que no meio do Caos surgiu *Chronos*, mencionado como um ser incorpóreo, embora incoerentemente também seja descrito com três cabeças. *Chronos* uniu-se a *Anaké*, a deusa da inevitabilidade e dessa união nasceu o Universo. Chronos aqui se confunde em certa medida com *Aión* e se diferencia de Cronos, Titã, filho de Urano e Gaia e pai de Zeus. Cronos que devorou os filhos. Desta forma, o Deus do tempo cronológico seria Cronos e não Chronos.

[14] Em certa medida, *Aión* de Deleuze se afasta de *Chronos* definitivamente e se aproxima *Kairós*, enquanto tempo do acontecimento.

Contrapondo o discurso mitológico de *Aión*, Deleuze analisa o mito de *Cronos* e o apresenta como o tempo. Nesse contexto, destaca que o presente é o tempo mais importante e que passado, presente e futuro não seriam três dimensões do tempo, pois o presente é o que o reina, enquanto o passado e o futuro só existem enquanto tempos relativos ao presente. Para este autor, *Cronos* é corporal e situa-se no presente, que, por sua vez, mede as ações dos corpos e das causas. Nesse sentido, temporalizar é o mesmo que mesclar, incorporar. Portanto, o presente sob a perspectiva mitológica de *Cronos*, torna-se maior, torna-se divino a partir do reflexo da mescla das ações corporais entre si. Entretanto, "o presente maior, não é, pois, ilimitado, em absoluto: é próprio do presente delimitar, ser o limite, a medida da ação dos corpos, ainda que seja maior que os corpos a unidade de todas as causas (Cronos)"[15] (Deleuze, 2005, p. 170).

Por outro lado, *Cronos* por essa perspectiva se contrapõe novamente a *Aión*, já que em *Aión* somente o passado e o futuro subsistem no tempo. E, ao invés de um presente que reabsorve o passado e o futuro como em *Cronos*, se destaca um futuro e um passado que, por sua vez, dividem o presente em instantes infinitos, em ambos os sentidos. É pois, "o instante sem espessura e sem extensão que subdivide cada presente em passado e futuro, em lugar de presentes vastos e espessos que compreendem, uns em relação aos outros, o futuro e o passado (Deleuze, 2005, p. 172)[16].

E vai mais adiante ao afirmar que as diferenças não se situam entre *Aión* e *Cronos*, simplesmente, mas que estas se situam entre *Aión* e as superfícies e *Cronos* e o devenir *louco* das profundidades, já que não é o futuro e nem o passado quem subverte o presente, mas é o instante quem perverte o presente transformando-o em futuro e passado insistentes.

Esse cenário que Deleuze (2005) projeta para *Aión* é representativo de como se encontra a sociedade hoje e, nela, a prática jornalística. Em verdade, *Aión* comprime a durabilidade temporal. Todos se encontram reféns de um presente que se transforma em passado instantaneamente e que corre em busca do futuro, o que torna o presente efêmero, cada

---

[15] Tradução nossa.

[16] Tradução nossa.

vez mais efêmero. É válido observar ainda que, mesmo que o jornalismo trabalhe com o tempo presente, procurando estendê-lo ao máximo através da presentificação verbal dos acontecimentos, a própria dinâmica social, empurra o discurso que se impôs na linguagem do presente para o passado. O presente torna-se rapidamente passado, embora a linguagem o mantenha no presente e essa realidade incontestável empurra para a memória as falas de um presente apagadas instantaneamente por outras falas que se sobrepujam umas às outras a cada momento.

Nesse cenário, e já entrando na esfera das ciências sociais e na compreensão da temporalidade jornalística, creio que a afirmativa de Franciscato (2003) nos é adequada, uma vez que

> A intenção de falarmos aqui sobre um "tempo social" enquanto um fenômeno específico é consequência da percepção de que a temporalidade jornalística, ao se constituir em uma rede de relações imersas no presente e, ao mesmo tempo, constituir relações com sentido temporal de presente, está ligada a duas ordens de fenômenos sociais: por um lado, a prática jornalística atua como mediadora e articuladora de uma série de relações sociais em processos macrossociais (processos discursivos no espaço público, racionalidade da produção e do mercado, recursos tecnológicos), auxiliando sua institucionalização num tempo e num espaço particulares. (FRANCISCATO, 2003, p. 54)

Nesse contexto, os sociólogos situam o tempo como uma dimensão da realidade, ou seja, reconhece-se nessa perspectiva que o tempo encontra-se intimamente ligado às relações sociais e delas não se separa, pois estas se concretizam espacial e temporalmente. Para Gurvitch (*apud* BRAUDEL, 1976, pp. 62-63), o edifício social é composto pelas "arquiteturas fundamentais, quais sejam: níveis em profundidade, as sociabilidades, os grupos sociais, as sociedades globais e os tempos".Este autor ainda propõe temporalidades múltiplas que passam pelo tempo de longa duração, pelo tempo surpresa, pelo tempo irregular, pelo tempo cíclico, pelo tempo atrasado sobre si mesmo, pelo tempo alternadamente atrasado e adiantado, pelo tempo antecipado em relação a si mesmo, e pelo tempo explosivo. Essas categorias vão constituir a base da análise de Franciscato (2009) sobre as temporalidades múltiplas do webjornalismo e suas peculiaridades no ambiente da rede mundial de computadores. Ainda no campo sociológico, Elias (*apud* FRANCISCATO, 2003, p. 57) considera o tempo como uma "representação simbólica de uma vasta rede de relações que reúne diversas sequências de caráter individual, social ou puramente físico" sendo esta "rede de relações" o que possibilita que um sentido de tempo presente possa ser capturado, o que em certa medida avaliza a construção social que o jornalismo faz do tempo.

No contexto historiográfico, o tempo também é visto a partir de diversos olhares. De acordo com Marc Bloch (2001, p. 22) a história não é a ciência do passado, mas a ciência dos homens no tempo, o que indica uma humanização da história e sua correlação com o tempo vivido. A Escola dos Anais, fundada por Bloch e Febvre[17], trabalhou a noção de tempo histórico ligado aos conceitos de processo, pluridirecionamento e multiplicidade, englobando as sociedades como um todo. Nesse panorama, Braudel (1976) definiu que a articulação entre os diversos tempos sociais comporiam o que ele denominou de *dialética da duração* que se constituiria de relações entre o *contínuo* e o *descontínuo*, ou seja, o tempo de longa duração e o evento, o tempo de curta duração; e ainda a *permanência* e a *mudança*; estes por sua vez, comporiam o *processo conjuntural*. Este autor privilegiou o tempo de longa duração e buscou construir um discurso histórico considerando o tempo histórico por este prisma. Conforme Burke (1997, p. 47) Braudel se preocupava em situar indivíduos e eventos em um contexto e destacava que a história de eventos, embora fosse "rica em interesse humano", era também superficial. Assim procurou situar o homem e o meio no centro do processo histórico, buscando escavar a história que existe por baixo "das correntes sociais". Para ele, o maior problema a resolver era demonstrar que o tempo avança com diferentes velocidades (BRAUDEL *apud* BURKE, 1997, p. 52)

---

[17] A Escola dos Anais nasceu a partir da *Revue des Annales* que foi criada para promover "uma nova espécie de história" (BURKE, 1997, p. 11).

Em outro processo analítico, Paul Ricoeur trabalha com a noção de *tempo histórico* a partir de uma mediação entre o *tempo vivido*, da consciência, e o *tempo universal*, da natureza, estando os dois últimos, em sua concepção, intrinsecamente ligados. Para Ricoeur (2010, p. 9) a articulação entre tempo e narrativa é primordial para a compreensão do *tempo histórico*, pois este "torna-se tempo humano na medida em que está articulado de maneira narrativa; em contraposição, a narrativa é significativa na medida em que desenha as características da experiência temporal".

Em comparação aos tempos históricos, é certo que a prática jornalística se inclina para o evento, para o tempo de curta duração, embora o discurso produzido, a notícia sobre o acontecimento singular, possa se perpetuar, como bem afirma Said (1997, p. 20) para quem "a singularidade está ligada ao tempo curto, em sentido figurado ela é apenas um rápido ponto de passagem para uma temporalidade mais longa, a conjuntura e, *a posteriori*, para a estrutura".

É possível ainda destacar que a narrativa jornalística, embora se distancie da histórica, também desta se aproxima. A distância ocorre, sobretudo, pelos objetivos de cada área e de seus profissionais na construção discursiva, que acarretam no uso de temporalidades distintas na construção do discurso, já que o jornalismo fala no presente sobre o presente, enquanto a história fala sobre o passado, mesmo que este passado[18] se reintegre no presente pela mão do historiador que, na operação histórica (CERTEAU, 2011), direciona a pesquisa a partir da formulação da intriga e do problema e insere suas características no discurso pretendido. Por outro lado, as duas narrativas também se aproximam, principalmente pela vontade de verdade (FOUCAULT, 1996) que carregam em si, assim como pelos caminhos que trilham ou dizem trilhar; tal como as pretensas objetividade e imparcialidade. E, mesmo quando se negam a seguir tais caminhos também continuam próximas, já que as narrativas mencionadas, sem a vontade de verdade, se tornam similares à narrativa fictícia. Nesse ponto, é preciso ainda destacar a posição de autores como

---

[18] O afastamento com relação ao presente mostra o lugar onde produz a historiografia ( CERTAU, 2011, p. xxii).

Sommerville (*apud* FRANCISCATO, 2003, p. 198), que trabalha não com a pretensão de verdade científica mas com a intenção do jornalismo em oferecer conteúdos que pudessem orientar o leitor e estimular discussões e formar opiniões.

Por outro lado, creio ser importante abordar a perspectiva de Park, que situa os dois discursos de forma bem pontual. Para este autor, notícia não é história porque trata de eventos isolados e história não apenas descreve os eventos, mas procura colocá-los em seu lugar na sucessão dos fatos históricos (PARK *apud* FRANCISCATO, 2003, p. 81). A esse respeito, Franciscato (2003, p. 81) corrige a abordagem de Park, que parece desconsiderar o processo de produção da notícia e suas variáveis intermitentes.

É, pois, entre as temporalidades impostas e a coragem de adoção de um discurso pretensamente verdadeiro que o jornalismo se equilibra e nessa hora a Ética deve se fazer presente.

## A Ética

A deusa *Têmis*, uma das Titânides, filha de Urano e Gaia, irmã de Cronos e segunda esposa de Zeus, seu sobrinho, talvez seja a divindade mais indicada para que possamos realizar um paralelo com a ética, embora no mundo dos deuses gregos a ética fosse um tanto peculiar, já que aos deuses era permitido fazer tudo o que era condenável na conduta humana. Etimologicamente, *Thémis* ou *Têmis* originou-se do verbo grego *tithénaí*, que significa estabelecer como norma "o que é estabelecido como a regra, a lei divina ou moral, a justiça, a lei, o direito [...]" (BRANDÃO, 2009, p. 211). *Têmis* é, pois, considerada a deusa das leis eternas, da moral, da justiça[19] divina, onde os sentimentos de equidade e humanidade prevalecem. Como esposa de Zeus foi sua conselheira.

Nesse contexto, e sendo a ética a filosofia da moral, é pois a *Têmis* que recorremos para entrar nesse ambiente, pois a ausência do que esta

---

[19] A imagem de Têmis é representada de olhos vendados e com uma balança na mão, símbolos da imparcialidade e da Justiça.

representa pode acarretar problemas sérios para as sociedades, já que sem uma noção prévia dos valores, assim como do que vem a representar o bem e o mal, não há obediência civil em prol do bem comum e o caos se restabelece.

A ética (*ethikê*), enquanto exigência moral, possui, segundo Morin (2005), duas fontes principais: uma interior e outra exterior. A primeira vem do espírito como algo que se assemelha a um dever. A segunda nasce na cultura, nas crenças e nas normas sociais. Para este autor existe na ética um principio ativo que busca a harmonia pré-estabelecida e que incentiva os cidadãos a aderir a uma ética solidária. Segundo ele "todo o olhar sobre a ética deve perceber que o ato moral é um ato individual de religação; religação com o outro, religação com a comunidade com a sociedade e, no limite, religação com a espécie humana" (MORIN, 2005, p. 21). E ainda que, ao observar os fundamentos éticos, não se pode deixar de considerar e reconhecer o aspecto vital do egocentrismo e, em contraposição, perceber a real possibilidade de desenvolvimento do altruísmo.

Ainda de acordo com Morin (2005), existe uma crise nos fundamentos da Ética que está centrada na crise das instituições que historicamente lhe davam sustentação, como as grandes religiões, a família, a escola, por exemplo. Contudo, este mesmo autor é incisivo ao observar que esta crise também passa pelo crescimento do espaço do individualismo nas sociedades contemporâneas em detrimento do sentimento de comunidade compartilhada, de altruísmo, de solidariedade. A competição individual e a busca incessante pelo sucesso nas sociedades das aparências fazem com que os sentimentos coletivos que movem a humanidade se retraiam. A eticidade pública enquanto pacto moral concebido coletivamente sofre assim, perdas irreparáveis, já que passa a valer o que é interessante para cada um em seu ambiente individual – observação já realizada por nós, em outro processo de pesquisa quando percebemos que

[...] o que se observa é uma involução no sentimento de comunidade e no universalismo ético, em favor do crescimento da individualidade, sobretudo, em decorrência da nova relação do indivíduo com a sociedade, criando um fosso

entre os valores individuais e tendências coletivas, entre a
ética individual e a ética da sociedade. (Rêgo, 2007, p. 129)

No ambiente jornalístico as coisas se passam de forma similar, de um
lado temos um individualismo arraigado nos profissionais que disputam
mais do que pautas, fontes, notícias e furos, mas que brigam pela construção de uma imagem diferenciada e credibilizada frente aos públicos. Para
fazer valer a notícia e a imagem dos meios e dos profissionais, lançam mão
de práticas, algumas vezes, nada éticas, que incluem desde investigações
duvidosas, chantagem, arrogância, plágio até parcerias mercadológicas que
transformam o discurso jornalístico em um "guarda-chuva" para tudo o que
se quer comunicar e, por vezes, vender. Essa conduta última, transforma
o processo do marketing, por exemplo, em um processo jornalístico, ao
emprestar a credibilidade da instituição jornalística a outras áreas que,
necessariamente, não precisam desse recurso para sobreviver.

Para além dessa realidade, o jornalismo convive com dilemas diários
e constantes e que se agravam a cada dia diante das possibilidades de
práticas de difusão de informações por parte do público, que já há alguns
anos não se comporta mais apenas como consumidor, mas também como
produtor de conteúdos. Nessa realidade, os códigos deontológicos não dão
conta da pluralidade de contextos e ações que hoje envolvem a profissão.
Entretanto, é certo que

> [...] face as dúvidas éticas e morais do jornalismo que se
> apresentam diariamente, durante o processo de constru-
> ção da notícia é que se faz imprescindível a adoção de um
> código de ética relativo às atividades da profissão. Ações,
> como respeitar a privacidade, os preceitos de verdade,
> manter a imparcialidade e a objetividade e ainda conseguir
> se manter no emprego e praticar um jornalismo de qualidade
> e vendável, sem utilizar métodos ilícitos, nem lançar mão do
> sensacionalismo, integram o fazer jornalístico, a cada dia.
> (Rêgo, 2007, p. 130)

A preocupação e uma análise mais acurada das incoerências deontológicas identificadas nos códigos de ética do jornalista em várias partes do mundo apontam para uma adequação espaço-temporal da prática jornalística, que, assim como outras profissões, se constrói em cima das experiências vividas e logo atende ou busca se moldar às exigências sociais e/ou do mercado. Ética, deontologia e prática precisam se encontrar e nesse encontro deve prevalecer a ética social e não a corporativista. A nossa sociedade, do mesmo modo que as sociedades passadas, não pode prescindir da ética, nem tampouco dos códigos deontológicos, mesmo que se questione o peso do poder na construção do discurso de uma ética coletiva e de sua deontologia. É bem verdade que esse poder, independente de sua fonte, é fator orientador do discurso e logo da aplicação que se fará do mesmo, entretanto, o poder não anula, ou deve pretender anular os preceitos éticos que servem de base para sociedade e em nosso caso, para o jornalismo.

Aqui, é válido ponderar que os padrões éticos devem se adequar ao contexto social evolutivo, o que do ponto de vista conservador pode transparecer como danoso, entretanto, poderá ser benéfico se a sociedade assim o exigir, a partir da manutenção e/ou criação de padrões e valores que favoreçam a vida social e que possam abranger o modo de vida das novas gerações. Para Sodré (2002), e no que concerne à ética, o valor atua como um parâmetro basilar de conduta que delimita o bem e o mal para uma determinada coletividade. Por outro lado, este autor afirma que projetar uma ética futura corresponde a conceber novos padrões, "longe de toda a moralidade do velho humanismo, como *poiesis* e *práxis* da 'criação' rumo a uma 'vida boa' para o homem" (SODRÉ, 2002, p. 220).

Em nosso contexto, a ética e a deontologia jornalísticas funcionam como parâmetros de conduta para os profissionais da área do jornalismo. Sua ausência pode causar não somente danos irreparáveis às pessoas, sociedades e instituições e suas reputações, mas também às suas memórias.

## A Memória

A deusa Mnemosine é considerada a personificação da Memória, sendo uma das Titânides, filha de Urano e Gaia (*Geia*), irmã de Cronos, também esposa de Zeus, seu sobrinho, e com ele teve as nove Musas[20]: Calíope (Poesia épica), Clio ( História), Érato (Poesia Romântica), Euterpe (Música), Melpômene (Tragédia), Polímnia (Hinos), Terpsícore (Dança), Tália (Comédia) e Urânia (Astronomia). Etimologicamente, Mnemosine ou Mnemósina vem do grego *Menemosýne* e prende-se ao verbo *mimnéskein*, "lembrar-se de", motivo pelo qual representa diretamente a Memória, e por sinal, também surge como mãe da História, Clio, uma das Musas acima mencionadas.

Segundo Hesíodo (2006, p. 32), Mnemosine é omnisciente, sabe "tudo aquilo que foi, tudo aquilo que é, tudo aquilo que será" e suas filhas, as Musas, atuam diretamente na perpetuação da memória. Assim, o lugar da memória é o lugar do eterno, onde tudo permanece, onde não há morte. Pela memória o passado presentifica-se através dos cheiros, da leitura, da audição musical ou até mesmo de um simples gesto. É, portanto, um dos fatores constituintes e mais influentes do senso de pertencimento social e da identidade individual e cultural.

Halbwachs (1990), ao desenvolver extenso estudo sobre a memória coletiva, afirma que inexiste memória individual fora da memória coletiva, pois a primeira comumente toma como referência pontos externos ao sujeito. O suporte em que se apoia a memória individual encontra-se relacionado às percepções produzidas pela memória coletiva e pela memória histórica (Halbwachs, 1990, p. 57). Entretanto, a construção de uma narrativa sobre o passado apoia-se muito mais na memória do passado vivido do que no passado aprendido pela história escrita. Para este autor, a memória histórica constitui-se pela sucessão de acontecimentos e a memória coletiva pauta-se na continuidade dos acontecimentos.

---

[20] Assim como os demais mitos gregos, as Musas possuem mais de uma versão para sua genealogia e como afirma Brandão (2009, p. 213) "há outras tradições e variantes que fazem delas filhas de Harmonia ou de Urano e Geia, mas essas genealogias remetem direta ou indiretamente a concepções filosóficas sobre a primazia da Música no Universo. Nesse olhar as Musas são apenas cantoras divinas [...]".

Do ambiente da História, Le Goff (2003, p. 419) nos fala que a memória é o lugar aonde conservamos as informações e que somente por isso é permitido ao homem trazer para o presente informações passadas. Para ele, a memória é um elemento fundamental da identidade, seja ela coletiva ou individual e, portanto, é um objeto de poder.

É nesse contexto que esse autor chama a atenção para a memória, que, assim como no mito de Mnemosine, é o lugar aonde nasce e cresce a história, e esta última, por sua vez, a alimenta. Sua função seria salvar o passado para servir o presente e o futuro. É ainda Le Goff quem caracteriza o jornalismo como um lugar de memória ao conferir ao profissional desta área o estatuto de especialista da memória. Para ele, cabe, "com efeito, aos profissionais científicos da memória, antropólogos, historiadores, jornalistas, sociólogos, fazer da luta pela democratização da memória social um dos imperativos prioritários da sua objetividade científica" (LE GOFF, 2003, p. 471).

Já Nora apresenta preocupação com os lugares de memória, para ele existem lugares de memória porque não há mais meios de memória. Para este autor, a memória representa o vivido, enquanto a história é um discurso que se reporta a uma reconstrução problemática e incompleta do que não existe mais. A memória situa a lembrança no sagrado e emerge de um grupo que ela termina por unir, ao passo que "a história ao contrário pertence a todos e a ninguém". A memória situa-se no reino do absoluto e a história só conhece o relativo (NORA, 1993, p. 9).

Os lugares de memória são depósitos de restos e vestígios do passado. Esses espaços estão muito mais ligados aos sentimentos sociais e à necessidade de afirmação identitária do que a uma vontade de uma memória espontânea. Os lugares de memória são marcadores de um pretenso dever de memória social.

Os lugares de memória adquirem em Nora uma dimensão que ultrapassa o domínio do físico e se revestem sempre de três sentidos imprescindíveis para sua existência, qual sejam : o material, o funcional e o simbólico. Para este autor, mesmo

> [...] um lugar de aparência puramente material, como um
> depósito de arquivos, só é lugar de memória se a imaginação o

investe de uma áurea simbólica. Mesmo um lugar puramente funcional, como um manual de aula, um testamento, uma associação de antigos combatentes só entra na categoria se for objeto de um ritual. (Nora, 1993, p. 21)

Ainda para este autor, o que constitui os lugares de memória é tão somente um jogo de memória e de história, que inicia com a vontade de memória sem a qual os lugares de memória se tornam somente lugares de história.

Desse modo e diante do exposto, consideramos o jornalismo como um lugar de memória, a partir de novos olhares sobre o texto jornalístico em um momento posterior a seu tempo de produção, pois o texto jornalístico continua, mesmo situado no passado e falando sobre um determinado presente; a reunir as três condições essenciais de consolidação de um lugar mnemônico, ou seja: material, funcional e simbólica.[21]

Assim é que, como um lugar de memória, o jornalismo torna-se influente na conformação da memória coletiva e no imaginário simbólico de um povo e ainda constituinte de uma memória histórica. Deste modo, torna-se necessário pensar sobre a responsabilidade social desta profissão em uma dimensão que extrapola a imediaticidade do acontecimento e, portanto, do tempo natural do jornalismo que é, essencialmente, de curta duração e voltado para os eventos. A mídia e, em nosso caso particular, o jornalismo, possui na contemporaneidade específica influência no processo de consolidação da memória, o que aumenta a responsabilidade dos profissionais em construir um discurso jornalístico que, para além de perseguir a objetividade e de tentar uma impossível imparcialidade, possa se aproximar e refletir a realidade, como também possibilitar reflexões sobre a mesma, de modo que não sejam construídas cortinas que não permitam a visibilidade dos acontecimentos, tal qual aconteceram.

---

[21] Ricouer qualifica os lugares de memória de Nora como insólitos e destaca as características criadas por Nora para os liex de mémorie, a saber: material, simbólica e funcional, sendo que em sua concepção a funcional seria destituída pela história ( Ricouer, 2012, p. 412-416).

## O Jornalismo entre Cronos, Têmis e Mnemosine

Duas questões são centrais nesse processo discursivo que ora iniciamos. O primeiro deles refere-se à temporalidade do jornalismo que no tempo e no templo da memória não é mais o do instante e, portanto, não é o tempo de *Kairós* na concepção grega, nem tão pouco o tempo da atualidade na visão de Franciscato (2003), é o tempo da conjuntura na perspectiva histórica.

A outra questão se refere à prática jornalística ética, cujos valores e deontologia não estão atrelados diretamente à característica temporal intrínseca a prática social do jornalismo, mas que dela não se aparta por se configurar no ambiente social, em que as relações ditam a temporalidade e também a conduta ética.

Contudo, no campo jornalístico, a articulação entre tempo, ética e construção de uma memória se realiza no tempo presente, no tempo do acontecimento. Quando relações sociais, prática jornalística, critérios de noticiabilidade e atualidade do acontecimento se unem na formação do discurso que, mesmo possuindo uma natureza perecível em se tratando de valor informativo, possui também uma natureza mnemônica que lhe garante o interesse social e ainda científico e histórico.

Assim, para que possamos pensar o tempo da conjuntura no jornalismo no momento da memória, faz-se necessário que nos voltemos primeiro para o tempo presente, pois

> [...] a temporalidade da atividade jornalística é composta não somente pela temporalidade do objeto noticiado, mas pela temporalidade do ato de informar publicamente (na forma de um discurso) que tal fato está ocorrendo numa dimensão do presente. O jornalismo como um discurso apresentado publicamente marca também um sentido de tempo tanto para o jornalista quanto para o público: o tempo do ato de reportar, de contar, de narrar, de enunciar o fato – conforme os termos usados para descrever o processo. (FRANCISCATO, 2003, p. 9)

Mas como nos bem lembra esse mesmo autor, a atualidade jornalística, a presentificação dos acontecimentos, não é uma invenção do próprio campo apartado da realidade social. "O jornalismo não cria o tempo presente. Em vez disso, o jornalismo atua de forma privilegiada como reforço de uma temporalidade social, enquanto produtor de formas específicas de socialibidade" (FRANCISCATO, 2003, p. 10).

Essa atuação privilegiada acontece, no entanto, e na contemporaneidade, em nosso tempo, considerado por Bauman (2007) como líquido em diversos segmentos e que proporciona uma prática social jornalística cada vez mais rápida, calcada em uma temporalidade impositiva, tirânica e veloz, na qual pensam os ditames do cotidiano, cujas peculiaridades possuem critérios de noticiabilidade naturais que atraem e mantêm os leitores e a audiência presos a uma notícia cujo interesse, por ser imediato, é perecível, e sua morte é anunciada em uma periodicidade cada vez mais curta.

A aceleração do tempo, imposta pelo processo tecnológico que permite cada vez mais que possamos fazer rapidamente o que levávamos muito mais tempo para fazer e que possamos ver, assistir e ter acesso a muito mais informações do que tínhamos antes, chega ao jornalismo como um fator impositivo para a produção de notícias em tempo real. Essa condição temporal, que já atuava no processo produtivo dos telejornais e radiojornais e com maior elasticidade para os jornais impressos, chega aos meios virtuais com uma carga muito maior, pois nesse universo é a instantaneidade, também enfocada por Franciscato (2003), que se impõe com maior força. A força do instante e o discurso de ubiquidade provocam posturas equivocadas em todo o processo de produção noticiosa, desde a escolha, apuração, redação até a publicização, ou seja, impele o jornalista a imprudência. Essa presença de um Cronos, que exatamente por ser intrínseco à natureza e ao *ethos* jornalístico termina se tornando tirânico e que devora (a informação) ao mesmo tempo em que gera (mais informação), acarreta erros na produção discursiva da mediação dos acontecimentos do tempo presente e isso terá consequências nas memórias coletiva e histórica.

No ambiente da ética. A ausência de Têmis também é sentida pela presença do mercado na construção da narrativa jornalística. Ramonet

(1999, pp. 52-53) é enfático ao afirmar que a questão ética encontra-se no centro das preocupações dos profissionais da área e muitos são os fatores que influem na adoção de uma prática pautada ou não, em princípios socialmente acordados como necessários ao jornalismo. Nesse ínterim, e considerando como realidade a comercialização de notícias como uma atividade rentável e ainda o advento das evoluções tecnológicas que terminaram por provocar uma superabundância informativa, é que visualizamos os processos de acirramento da concorrência mercadológica, ou seja, a briga por leitor e audiência, como uma prática constante. Do ponto de vista do marketing e do mercado, isto revela que os meios de comunicação devem procurar um diferencial para conseguir se manter competitivos no mercado e a ética é um dos fatores primordiais nesse contexto. Contudo, há os que preferem buscar o diferencial competitivo através da adoção de posturas nada éticas, em que os braços do mercado são sentidos diretamente na redação.

Diante disso é que Ramonet (1999, p. 25) nos alerta para a suspeição levantada pela sociedade em relação à credibilidade midiática. Segundo ele, a desconfiança permeia o relacionamento dos cidadãos com a mídia em geral e, no que concerne ao sistema informacional, este também não possui a propagada credibilidade, pois é falível e, muitas vezes, pode apresentar mentiras como verdades. Antes, a veracidade garantia o valor da notícia, hoje, transformar a notícia em algo atrativo e vendável vale mais. Deste modo, a credibilidade jornalística, tida como seu principal valor, é atualmente posta a prova, por inúmeras variáveis que conduzem o processo de produção do discurso jornalístico.

A ausência de *Têmis* também se faz sentir a partir de elementos constrangedores do trabalho jornalístico que se apresentam na própria hierarquia interna das redações, ou através da política editorial e do posicionamento da empresa, e ainda na conduta pessoal de cada profissional, que traz para o ambiente do trabalho a ética que carrega na vida. E esta ética foi moldada conforme o seu lugar no espaço social, mas também sofreu e sofre influências dos valores atuais que prezam pelo individualismo na busca pelo sucesso. A ética, nesse momento, pode ser um empecilho para o jornalista que almeja o sucesso a qualquer custo. Nessa visão, tanto *Cronos* como *Têmis* se tornam inimigos do profissional que muitas vezes não está nem um pouco preocupado com *Mnemosine*, já que entende que só com o sucesso e a distinção social poderá construir uma reputação positiva e perpetuada eternamente pela memória. Esquece que para a memória passam todos os traços de sua identidade[22] e não só o reflexo das experiências imagéticas[23] projetadas na reputação[24].

Nesse cenário, e considerando tanto a *influência* de *Cronos* como a *ausência* de *Têmis* e a presença do mercado no fazer jornalístico atual, é que percebemos que as razões tecnológica e mercadológica, que trabalham dentro de conceitos de durabilidade e temporalidade mínimos, transformam a mídia em porta de visibilidade para produtos, informacionais ou não, que são impostos ao público de forma intermitente. A sua função inicial de prestador de serviços foi substituída, em grande medida, pela função de vender, seja informação rápida, sejam produtos comerciais. "A sua lei, a sua moral e a sua ética são guiadas pelas leis que regulam o consumo" (Rêgo, 2007, p. 33).

Assim, e diante do exposto, é que percebemos que ambos, tempo e ética, interferem no processo de consolidação da memória seja ela coletiva ou história, já que o jornalismo vem desde o advento da modernidade, ocupando

> [...] o espaço vivo de produção da atualidade, lugar de agendamento imediato e *igualmente lugar de memória*, produtor de repositórios de registros sistemáticos do cotidiano, para posterior apropriação e (re)construção histórica. (Palacios, 2010, pp. 39-40, grifos do autor)

---

[22] O conceito de identidade adotado aqui compõe-se de todos os aspectos que envolvem a vida pessoal, profissional, social e cultural, de uma pessoa. É similar ao que usamos na área corporativa para empresas e instituições.

[23] A imagem para nós se forma a partir das experiências que cada profissional possui com seus públicos de interesse, englobando públicos pessoais e profissionais. É, portanto, uma percepção externa ao sujeito ou a empresa e somente a adoção de condutas realmente verdadeiras e positivas podem moldá-la.

[24] Consideramos Reputação a justaposição das experiências imagéticas e sua consolidação através do tempo e no espaço social.

Esse lugar de memória do jornalismo, fator constituinte e importante da memória coletiva e da memória histórica, visto que com suas imagens, mensagens, informações, notícias, etc., intervém e influi diretamente no imaginário simbólico coletivo, é fonte para as pesquisas históricas, assim como também é um componente imperativo para o desenvolvimento de uma conduta socialmente e eticamente responsável.

No espaço da memória, no tempo da conjuntura, o discurso jornalístico, enquanto prática que traduz a atualidade de um momento espaço-temporal definidos, termina por extrapolar a imediaticidade do acontecimento e se perpetua como no tempo de deus, *Aión* na visão grega, onde as narrativas permanecem guardadas até que um novo olhar se volte sobre elas e as traga à vida.

Para a memória e por todos os ângulos, a repercussão do discurso jornalístico, *a posteriori*, pode ser tanto positiva, quanto mais ética tiver sido a postura dos profissionais que o construíram, ou mais negativa, quanto maior tiver sido a ausência de uma conduta socialmente responsável.

Necessário se faz, pois, que o profissional do jornalismo adote uma postura condizente com o tamanho da responsabilidade que lhe é imputada, já que, como vimos, não cabe somente manter o dito no presente, mas prever a repercussão deste mesmo dito no futuro, através do recurso à memória, visando minimizar as consequências negativas nas sociedades, atual e futura.

## Referências Bibliográficas

BAUMAN, Zygmunt. *Vida Líquida.* Rio de Janeiro: Jorge Zahar, 2007;

BLOCH, Marc. *Apologia da História.* Rio de Janeiro: Jorge Zahar, 2001;

BRANDÃO, Junito de Souza. *Mitologia Grega.* Petrópolis: Vozes, 2009. v.1;

BRAUDEL, Fernand. *História e Ciências Sociais.* Lisboa: Ed. Presença, 1976;

BURKE, Peter. *A Escola dos Annales.* São Paulo: Ed. UNESP, 1997;

CERTEAU, Michel. *A Escrita da História.* Rio de Janeiro: Forense, 2011;

DELEUZE, Gilles. *Lógica del sentido.* Buenos Aires: Paidós, 2005;

FOUCAULT, Michel. *A Coragem da Verdade.* São Paulo: Martins Fontes, 2011;

_____ *Microfísica do Poder.* Rio de Janeiro: Graal, 1996;

FRANCISCATO, Carlos. *A Atualidade no Jornalismo, base para sua sustentação teórica.* Tese de Doutorado em Comunicação. Programa de Pós-Graduação em Comunicação. Universidade Federal da Bahia. Salvador, 2003;

_____ *Temporalidades Múltiplas no Webjornalismo.* In: Congresso Brasileiro de Ciências da Comunicação. 32, 2009, Curitiba. *Anais...* Curitiba: Universidade Positivo, 2009;

HALBWACHS, Maurice. *A Memória Coletiva.* São Paulo: Vértice, 1990;

HESÍODO. *Teogonia :* A Origem dos Deuses. São Paulo: Iluminuras, 2006;

LE GOFF, Jacques. *História e Memória.* Campinas: Ed. UNICAMP, 2003;

MALCON, Janet. *O Jornalista e o Assassino.* São Paulo: Companhia das Letras, 1990;

MORIN, Edgar. *O Método 6: Ética.* Porto Alegre: Sulina, 2005;

NORA, Pierre. "Entre memória e história: a problemática dos lugares". *Projeto História,* São Paulo, n.º 10, dez. 1993, pp. 7-28;

PALACIOS, Marcos. "Convergência e memória: Jornalismo, contexto e História". *Matrizes*, São Paulo, ano 4, n.º 1, jul-dez., 2010, pp. 37-50;

RAMONET, Ignacio. *A Tirania da Comunicação*. Petrópolis: Vozes, 1999;

RÊGO, Ana Regina. *Jornalismo, Cultura e Poder*. Teresina: EDUFPI, 2007;

RICOEUR, Paul. *Tempo e Narrativa*. São Paulo: Martins Fontes, 2010. v.1;

SAID, Gustavo. *Jornalismo e História*: *uma análise do tempo histórico da notícia*. Teresina: APeCH/UFPI, 1997;

SODRÉ, Muniz. *Antropológica do Espelho*. Petrópolis: Vozes, 2002.

# Capítulo 3

## ENTRE MEMÓRIA E ESQUECIMENTO:
## A MÍDIA E OS DIFERENTES USOS DO PASSADO

Ana Paula Goulart Ribeiro

O processo de estruturação da memória, seja de que natureza for, pressupõe sempre um trabalho de seleção. Não é possível lembrar tudo. A memória implica necessariamente esquecimento. A começar por um simples motivo: não é possível lembrar tudo, porque não é possível perceber tudo. Mesmo a mais simples experiência de um indivíduo é constituída de uma complexidade de sensações e cercada por uma infinidade de detalhes que ele não consegue dar conta. E, mesmo se o imaginássemos capaz disso, lembrar uma experiência na sua integralidade significaria revivê-la de tal forma que o ato mnemônico substituiria a vivência do presente. Seria preciso toda uma vida para relembrar uma vida, o que seria um paradoxo.

Esquecemos a maioria das nossas experiências, porque percebemos uma ínfima parcela daquilo que vivenciamos, e recordamos menos ainda daquilo que percebemos. Como afirmou David Lowenthal (1989), "a memória filtra novamente aquilo que a percepção já havia filtrado, deixando-nos somente fragmentos dos fragmentos do que inicialmente estava exposto".

Esse caráter necessário do esquecimento se dá não só pela própria natureza da percepção, mas também pelo caráter discursivo da memória. Não há lembrança que preexista a uma realização semiológica qualquer. As recordações ganham forma a partir do uso da linguagem (verbal ou não verbal). E a linguagem implica escolhas, simplificações, abstrações. O indivíduo, por exemplo, para falar (e mesmo para pensar) precisa usar as categorias da língua e combiná-las a partir de certas regras e normas gramaticais e sintáxicas. Além disso, necessita seguir uma lógica narrativa, que define o que se deve dizer segundo dadas circunstâncias. Nós não podemos lembrar tudo, porque não podemos contar tudo, nem de qualquer maneira, nem para qualquer um e em qualquer lugar.

O presente – definido seja pelos contextos sócio-históricos amplos, seja pelas circunstâncias mais específicas de interação social – determina o que e de que maneira lembrar, como muito claramente demonstrou, em suas reflexões fundadoras, Maurice Halbwachs (1990; 1994). Os contextos e as circunstâncias definem o conteúdo e a forma das lembranças, porque remetem a determinados quadros sociais ou a memórias coletivas específicas.

Lembrar é, portanto, antes de tudo, selecionar. A memória humana não é cumulativa. Para lembrar é preciso ter a capacidade de esquecer. Recordações precisam ser continuamente descartadas. E isso é válido tanto para as memórias mais pessoais, quanto para aquelas socialmente compartilhadas, a memória das coletividades, das nações e mesmo as supranacionais. A memória implica que – entre todos os fatos e experiências vividas – os sujeitos ou os grupos separem alguns deles e os relevem a certa dimensão de importância, subestimando ou simplesmente ignorando outros.

O holocausto nazista ocupa, por exemplo, um lugar inequívoco de destaque nas narrativas históricas sobre a Segunda Guerra Mundial em vários países do mundo. Ao lançar luz sobre aquele que é considerado o fato central do período, a maioria dos textos sobre o assunto – livros, filmes ou documentários – deixa na sombra outros fatos que, por comparação, parecem menos importantes. O mesmo se poderia dizer de qualquer outro momento da história ou aspecto de nossa vida pessoal. Quando nos lembramos, alguns acontecimentos ou aspectos deles ganham relevância em detrimento de outros, que são esquecidos ou subdimensionados.

Para compreender a lógica de funcionamento da memória, entretanto, é necessário ir além da afirmação – óbvia, num certo sentido – de que o esquecimento é constitutivo da memória. Isso porque a questão da seleção é mais complexa. Nesse sentido, um aspecto a considerar é que o esquecimento não é o mesmo que silêncio. Quando alguém se cala sobre determinados fatos do seu passado, isto não significa que a pessoa os tenha esquecido. No seu célebre texto "Memória, esquecimento, silêncio", Michael Pollak (1989) mostrou que o silêncio, algumas vezes, pode estar mais relacionado com um trabalho de gestão dos fatos do passado do que com o esquecimento puro e simples.

Pollak (1989,1992) se apoiou na teoria de Halbwachs (1990) para desenvolver suas reflexões sobre memória, mas avançou na discussão ao politizar o assunto, introduzindo a questão do poder. Ele fez isso ao trazer o debate para o campo dos conflitos e das lutas sociais. Seu ponto de partida foi a crítica à influência de Durkheim no pensamento de Halbwachs, que teria levado o autor a enfatizar a dimensão institucional da memória coletiva, sua duração, continuidade, estabilidade. Foram acentuadas as funções positivas desempenhadas pela memória, como o reforço da coesão social, que se daria pela adesão afetiva dos sujeitos e não pela coerção apenas. O foco da análise estava nos processos de negociação, através dos quais se constroem consensos entre indivíduos e coletividades em torno dos fatos do passado.

Em suas reflexões e pesquisas sobre memória, ao contrário, Michel Pollak (1989) não privilegiou o consenso, mas a luta; não a continuidade e a estabilidade, mas os processos e as dinâmicas de transformação. Por isso, seu enfoque foram os conflitos e competições entre lembranças concorrentes. Para ele, a memória é um campo em constate disputa e, por isso, se realiza como processo, sempre dinâmico e instável, tal como as identidades sociais, que nela (na memória) se forjam.

Em função disso, o autor postulou a existência de duas formas de estruturação da memória coletiva. Haveria, de um lado, uma memória oficial, que ao selecionar e ordenar os fatos segundo certos critérios, se construiria sobre zonas de sombras, silêncios, esquecimentos e repressões. De outro lado, haveria, opondo-se à oficial, várias *memórias subterrâneas* que, seja nos quadros familiares, em associações ou em grupos étnicos, culturais ou políticos, transmitiriam e conservariam lembranças proibidas, reprimidas ou simplesmente ignoradas pela visão dominante.

Os limites entre essas duas memórias são, claro, muito difíceis de traçar. Apesar de obedecerem a lógicas diferentes (até mesmo opostas), não há, entre elas, uma separação estanque. As memórias se perpassam, se contaminariam. Por isso mesmo, não existe um sentido único para o silêncio. Ele pode significar coisas muito distintas, dependendo do contexto e dos sujeitos envolvidos nos atos mnemônicos.

O silêncio sobre determinados fatos do passado pode ser resultado de políticas de repressão ligadas ao Estado e a outras formas de poder coercitivo. Esse é o caso de lembranças proibidas e censuradas no contexto de regimes de exceção. Mas o silêncio também pode estar relacionado ao fato de algumas lembranças serem simplesmente indizíveis. A memória relacionada a situações de trauma, por exemplo, evoca sentimentos ambivalentes e contraditórios. Pode-se silenciar uma lembrança traumática – como um estupro ou a experiência do campo de concentração – para que ela não sirva como instrumento de vinganças ou mesmo de culpabilização da vítima. Pode-se fazer isso também por vergonha, pelo medo de mal-entendidos ou pela simples impossibilidade de reviver uma dor muito forte através do relato da experiência.

As memórias subterrâneas não estão relacionadas apenas a situações de opressão. Podem significar também uma forma de resistência, na medida em que, apesar de não serem contempladas pelos discursos hegemônicos, essas lembranças se mantêm vivas em redes de sociabilidade variadas, políticas ou afetivas. Essas memórias, marcadas por diferentes formas de silêncio, têm em comum o fato de testemunharem a vivacidade das lembranças individuais e dos grupos, que podem sobreviver, por longos períodos de tempo, em oposição à memória hegemônica. Essas lembranças – proibidas, indizíveis ou vergonhosas – são guardadas em estruturas de comunicação informais.

Pollak (1989) afirma que as memórias silenciadas podem manter-se vivas, à espera de, um dia, aflorar no espaço público e se integrar à memória coletiva da nação ou mesmo – acrescentaríamos – de comunidades mais amplas, transnacionais. Certo. Mas é importante sublinhar que há também lembranças que não são simplesmente silenciadas, mas apagadas de fato, como lembra Tzvetan Todorov (1995). Nesses casos, os traços do que aconteceu são destruídos ou transformados profundamente; mentiras e invenções substituem por completo a realidade dos acontecimentos.

Entra em jogo, aqui, novamente a ação de Estados autoritários ou de grupos de poder que se arrogam o direito de controlar os elementos do passado. Manipulações espúrias – como a já tantas vezes citada tentativa stalinista de apagar Trotski das fotos em que aparecia ao lado de Lenin – algumas vezes fracassam, como o próprio famoso exemplo mencionado.

Mas provavelmente muitos traços do passado foram eliminados com sucesso, e – exatamente por isso – jamais seremos capazes de saber.

No direito público criminal da Roma Antiga, havia um conceito jurídico denominado "condenação da memória". Tratava-se de um castigo que atingia governantes e outros membros da elite dirigente quando, após uma alguma mudança política significativa, eles eram declarados "inimigos do Estado". Nesses casos, seus retratos eram destruídos, suas estátuas derrubadas, seus nomes removidos das inscrições. Enfim, todos os vestígios de suas existências eram apagados (WEINRICH, 2001, pp. 59-60).

Durante a Idade Média, a Igreja Católica também criou uma espécie de *damnatio memoriae* cristã. O sínodo de Reisbach, em 798, declarava que, depois da morte de um excomungado, nada fosse escrito em sua memória. Da mesma forma, o sínodo de Elne, em 1027, decretou que os nomes dos condenados jamais estivessem no altar sagrado entre os dos fiéis mortos (LE GOFF, 1992, p. 448).

Claro que podemos supor que alguns registros sobre esses personagens inimigos do Estado ou da Igreja sobreviveram à Antiguidade e à Idade Média, através de diferentes formas de memórias subterrâneas, não oficiais. Mas quantos, no caminho, não se perderam definitivamente, para sempre?

### Verdade, Política e Moral

A memória, por conta de tudo o que foi dito até aqui, é normalmente vista de forma positiva, como um ato político, de resistência, de contraposição às forças hegemônicas, pelo poder que estas exercem seja no silenciamento, seja no esquecimento. É em nome da verdade histórica, do compromisso com o que de fato aconteceu, que a memória é valorizada e considerada positivamente em muitos contextos. Trata-se da dimensão heurística de que fala Paul Ricouer (1984; 1996).

É claro que não se trata, necessariamente, de uma defesa ingênua, que postula a memória como uma dimensão de acesso direto, sem mediações, aos fatos do passado. Ainda que se considere o trabalho da memória, a ação do tempo e do presente no ato de lembrar, acredita-se que a memória, de alguma forma, é uma via concreta de acesso às experiências do passado. Mas, além da verdade, ou talvez exatamente por causa dela, a memória é também defendida porque é considerada um elemento reparador dos danos sofridos, uma forma de redenção do passado. Considera-se, nesse caso, a sua dimensão moral.

A valorização política da memória levou, sobretudo a partir dos anos 1970, a um crescimento dos discursos sobre o passado tanto na Europa, quanto nos Estados Unidos. É interessante observar como, nesse movimento, o holocausto nazista foi ganhando, pouco a pouco, espaço nas práticas mnemônicas de diferentes grupos sociais e como passou a ocupar um lugar de destaque nas demandas de memória. Tornou-se um elemento de comparação fundamental para as denúncias a situações limites, como os massacres na Bósnia e em Ruanda. Passou-se de uma memória que, no imediato pós-guerra, era tímida, envergonhada e silenciada para uma memória super ativa e poderosa.

Um exemplo paradigmático desse processo é a trajetória pessoal do escritor Elie Wiesel. Ainda adolescente, ele passou pelos campos de concentração de Auschwitz e Buchenwald, onde perdeu o pai, a mãe e uma irmã. Durante muitos anos, ele se negou a falar publicamente sobre o que viu e viveu, porque achava que era impossível transmitir adequadamente sua experiência. Em 1958, depois de um longo silêncio, publicou o livro de memórias *Noite*, na França. Desde então, não parou de escrever. Redigiu mais de 40 outros textos e se engajou em diversas causas que lhe remetiam à situação de opressão vivida pela comunidade judaica durante a Segunda Guerra. Lutou, por exemplo, na Nicarágua em defesa dos sandinistas e na África do Sul contra o *apartheid*. O escritor, que ganhou o Nobel da Paz em 1986, na cerimônia de entrega do prêmio, afirmou o seguinte:

> Tentei manter a lembrança viva, tentei *lutar contra aqueles que se esqueceriam.* Porque *se nós esquecermos, seremos culpados, seremos cúmplices.* [...] E é por isso que jurei nunca ficar em silêncio quando e onde quer que seres humanos passem por sofrimento e humilhação. Devemos sempre apoiar os lados. *A neutralidade ajuda o opressor, nunca a vítima. O silêncio encoraja o atormentador, nunca o atormentado.* [...] O que todas

estas vítimas precisam acima de tudo é saber que não estão sozinhas: que *não estamos nos esquecendo delas, que quando suas vozes forem silenciadas lhes emprestaremos a nossa*, que embora sua liberdade dependa da nossa, a *qualidade de nossa liberdade depende da deles*. (WIESEL, 1986, grifos nossos)

A fala de Wiesel remete, de forma bastante eloquente, a duas questões fundamentais que envolvem a valorização moral do passado: a *memória exemplar* e o *dever de memória*. A primeira questão, trabalhada por Todorov (1995), se baseia numa ideia relativamente simples: é preciso lembrar para que a história não se repita. Uma experiência vivida pode servir de princípio de ação para os indivíduos e as sociedades. O passado pode se tornar um modelo para compreensão de situações do presente. Para isso, basta que se perceba, apesar das especificidades e singularidades históricas das experiências, aquilo que elas têm de potencialmente similar ou análogo.

A memória dessa forma se torna um projeto de justiça. Foi justamente ao ser acionada de forma exemplar que a memória do holocausto se globalizou, se tornou transnacional, e foi (e ainda é) utilizada para denunciar casos de genocídio e atentados aos direitos humanos em diferentes partes do mundo.

Essa perspectiva moral da memória, presente em diversos movimentos políticos e sociais, impregnou também, no campo acadêmico, a história como disciplina. Já desde o início do século XX, tanto a historiografia marxista quanto a Escola dos Annales chamavam atenção para o fato de que o conhecimento do passado servia para compreensão e ação sobre o presente.

Nas últimas décadas, e a partir de outros referenciais teóricos, alguns historiadores têm reforçado a ideia de que há um compromisso social no seu ofício profissional. E a esse compromisso, eles sintomaticamente denominaram *dever de memória*. A expressão, criada na França na década de 1990, por Henry Rousso, traduz o sentimento mais geral de que sofrimentos e opressão geram obrigações por parte do Estado e da sociedade, em especial das elites políticas e intelectuais, em relação às vítimas desses sofrimentos e opressão. Lembrar seria quase que uma maneira de ressarcir essas pessoas por suas dores e perdas, uma forma – em última instância – de fazer justiça.

Essa ideia do dever moral da memória pode novamente ser ilustrada pelas palavras de Wiesel: "Decidi dedicar minha vida a contar a história porque senti que tendo sobrevivido [ao holocausto], devo algo aos mortos, e todo aquele que não se lembra os trai mais uma vez" (Wiesel, 1986).

A noção de dívida é aqui muito forte. Ela perpassa em igual medida os conceitos de *memória exemplar* e de *dever de memória*, ambos ancorados na crença de que fazer justiça pela lembrança é um imperativo categórico, seja para os indivíduos seja para as instituições e as sociedades.

A politização da memória não aconteceu apenas na Europa e nos Estados Unidos. Também ocorreu em vários países da América Latina no final da década de 1980, logo após o desmonte dos governos militares e o processo de redemocratização do continente. A valorização das lembranças fez parte de um processo de reação às políticas de esquecimento promovidas pelos regimes pós-ditatoriais. Ocorreu de forma e com intensidades variadas em diferentes países. São inúmeros os exemplos. Poderíamos citar as mães da Praça de Maio e tantos outros casos na Argentina e no Chile.

No Brasil, essas batalhas tiveram configurações específicas, que não nos cabe discutir aqui. Mas é interessante observar que, depois de alguns anos em que a questão ficou de certa forma silenciada ou adormecida, retornou com força impressionante no governo de Dilma Rousseff, a partir de uma série de ações e políticas de memória implementadas pelo governo federal. A própria biografia da Dilma é, em certo sentido, exemplar. Todos viram, reproduzida em páginas de jornais, em revistas e nas mídias sociais – a foto da presidente com 22 anos sendo interrogada sobre sua participação na luta armada. A foto em que Dilma Rousseff aparece depondo é quase uma imagem síntese. Ela ali representa, metonimicamente, uma parcela da sociedade, em especial a juventude engajada, o movimento estudantil, aqueles que sofreram com a repressão. E é desse lugar – da vítima do regime – que a presidente clama pelo *dever de memória*.

No dia 16 de maio de 2012, depois de meses de discussão, Dilma instalou uma comissão, que não por acaso tem nome de Comissão da Verdade. Como esse sugestivo título, a comissão é responsável por apurar, no prazo de dois anos, casos de violação dos direitos humanos ocorridos entre 1946 e 1988. Apesar de retroceder até o pós-guerra, o foco dos trabalhos é, de fato, como todos sabem, o período da ditadura militar. Vale a pena reproduzir uns trechos do discurso da presidente Dilma Rousseff, tão oportuno para a discussão sobre memória e esquecimento:

> A palavra verdade, na tradição grega ocidental, é exatamente o contrário da palavra esquecimento. [...] É memória e é história. É a capacidade humana de contar o que aconteceu. Ao instalar a Comissão da Verdade não nos move o revanchismo, o ódio ou o desejo de reescrever a história de uma forma diferente do que aconteceu, mas nos move a necessidade imperiosa de conhecê-la em sua plenitude, sem ocultamentos, sem camuflagens, sem vetos e sem proibições [...].
> A ignorância sobre a história não pacifica, pelo contrário, mantêm latentes mágoas e rancores. A desinformação não ajuda apaziguar, apenas facilita o trânsito da intolerância. A sombra e a mentira não são capazes de promover a concórdia. O Brasil merece a verdade. As novas gerações merecem a verdade, e, sobretudo, merecem a verdade factual aqueles que perderam amigos e parentes e que continuam sofrendo como se eles morressem de novo e sempre a cada dia.
> É como se disséssemos que, se existem filhos sem pais, se existem pais sem túmulo, se existem túmulos sem corpos, nunca, nunca mesmo, pode existir uma história sem voz. (ROUSSEFF, 2012)

Outro aspecto que vale a pena sublinhar é que, num contexto ainda anterior a este, movimentos sociais organizados e grupos de esquerda de várias tendências passaram a defender – de uma forma sistemática – posições na arena da memória, procurando inverter situações de opressão ou de preconceito. Dessa maneira, houve muitas tentativas de estruturação de novas formas a memória das chamadas "minorias": mulheres, negros, trabalhadores, grupos religiosos e outros. A percepção de que o que estava em jogo eram disputas de sentido sobre o passado impulsionou variadas formas de exercício sobre a memória.

Podemos citar como exemplo o movimento negro e sua luta pela valorização de personagens como Zumbi de Palmares e pela inclusão do estudo de história da África nos currículos escolares. Um dos resultados foi a promulgação da lei 10.639, de 2003, que criou o Dia da Consciência Negra (comemorado em 20 de novembro) e que também tornou obrigatório o ensino da história e da cultura afro-brasileira em todos os estabelecimentos de ensino fundamental e médio do país.

Interessante também são os diversos projetos de memória ligados às favelas, caracterizados pela busca de uma ressemantização desses espaços sociais em direção ao fim dos estigmas. A memória, nesse caso, torna-se uma arma na luta contra o preconceito e a exclusão social. Nos anos 2000, foi criado, por exemplo, o Museu da Maré, cujo acervo é todo composto de fotos documentos e objetos doados por antigos moradores da Favela da Maré. A mesma comunidade, através do Centro de Estudos e Ações Solidárias da Maré (Ceasm), criou a Rede Memória, que desenvolve – entre outras atividades – um programa de história oral.

Outro desses movimentos de defesa dos direitos dos moradores de comunidades carentes é o projeto "Favela tem memória". O seu site se insere no portal Viva Favela, de iniciativa da organização não governamental Viva Rio e traz depoimentos colhidos com moradores, uma cronologia dos acontecimentos históricos dessas regiões desde o final do século XIX, uma galeria de fotos e uma seção que reúne um conjunto de músicas que foram produzidas nos morros cariocas. No site, o projeto se apresenta da seguinte forma:

> O site Favela tem Memória vem se somar às várias iniciativas recentes de construção da memória das favelas no Rio de Janeiro. Queremos *valorizar as lembranças* dos moradores mais velhos e resgatar experiências coletivas de participação política, associativa ou religiosa. Queremos *fazer circular histórias do passado para reforçar laços, identidades e sonhos do presente.* (VIVA FAVELA, 2012)

## Os Diferentes Usos do Passado

Apesar de todo esse otimismo e engajamento, é preciso lembrar que o culto da memória nem sempre serve a boas causas. A referência constante ao passado pode ser utilizada também para acirrar e manter ódios. Muitas guerras e conflitos – seja entre indivíduos, famílias, grupos ou nações – têm sido sustentados em nome de um sentido ancestral. Isso constitui o que Todorov (1995) chama de um mau uso – ou um abuso – da memória.

> Uma das grandes justificativas dadas pelos sérvios a suas agressões contras outros povos da ex-Iugoslávia vem da história: o sofrimento que eles infringem seria apenas uma revanche em relação ao que eles foram submetidos no passado recente (II Guerra Mundial) e longínquo (o combate contra os turcos muçulmanos). (TODOROV, 1995, p. 26)

A relação entre ódio e memória foi o tema do livro *Abril Despedaçado*, do escritor Ismail Kandaré (2001), que inspirou o filme homônimo dirigido por Walter Salles. Um código de leis – o *Kanun* – rege a vida e a morte dos habitantes das montanhas do norte da Albânia. E, em nome da honra, determina que famílias inteiras passem gerações a se matar em rituais de vingança. E, para que ninguém jamais esqueça, há um livro de contabilidade, extraordinariamente volumoso, que registra nos mínimos detalhes todas as dívidas de sangue que as famílias haviam contraído umas com as outras, os pagamentos de uma e de outra parte, e o sangue não pago:

> O livro era antigo [...]. Não faltava nada ali, e suas páginas eram abertas para investigações a pedido dos enviados de famílias ou clãs que viviam havia tempo sem vendeta, porém voltavam a se conturbar, baseados numa dúvida, numa suposição, numa impressão ou num sonho mau. Então, o feitor de sangue, Mark Ukaçjerra, assim como tinham feito dezenas de predecessores, abria o registro e pesquisava página por página, coluna por coluna, através das redes de linhagens de sangue,

até enfim achar algo: "Sim, de fato, vocês têm uma dívida de sangue. No mês tal, do ano tal, houve um débito que não foi saldado". [...] Entretanto, isso ocorria muito raramente. Na maioria das vezes, todas as dívidas de sangue eram relembradas, geração após geração, por todos os membros da família. Constituíam a memória mais importante do clã, que só se apagava no caso de acontecimentos excepcionalíssimos e de longa duração, como guerra, êxodos, pestes... (KANDARÉ, 2001, pp. 130-131)

Outro exemplo possível – e menos óbvio – de abuso da memória citado por Todorov (1995) é quando, nas democracias liberais, em sociedades do entretenimento, o consumo rápido de informação condena os indivíduos a celebrar alegremente o passado e a se contentar com o prazer da lembrança instantânea. Nesse caso, a memória estaria ameaçada, não mais pelo apagamento e manipulações das informações, mas pela sua superabundância – o *boom* da memória de que fala Andreas Huyssen (2000). Excesso de memória pode, em alguns casos, significar memória nenhuma.

O interessante nesta discussão é perceber que a memória possui uma dimensão pragmática, que não se pode ignorar. A memória pressupõe sempre um uso do passado – consciente ou não – por parte dos indivíduos ou das coletividades. Implica, portanto, numa forma de gestão e numa política.

A partir dessa perspectiva, uma série de perguntas se coloca para aqueles que se dedicam a estudar o assunto. O que fazemos do nosso passado? Que sentidos adquire a memória para aqueles que produzem lembranças ou para aqueles que as consomem? Como lembramos? E, afinal, por que lembramos? O que silenciamos e por que silenciamos? O que esquecemos e por que esquecemos?

No plano individual, o esquecimento pode ser sinônimo de recalque e pode servir para defender o sujeito de uma dor insustentável, para protegê-lo do intolerável – como já mencionamos. Mas esse esquecimento defensivo, apesar de benéfico inicialmente, pode evoluir para uma forma de amnésia que inibe o pensamento crítico e degenera em sintomas psicossomáticos, em angústias, em neuroses. Aqui, entramos no terreno da teoria psicanalítica, e a grande contribuição de Sigmund Freud (1974), neste caso, foi perceber que a memória pode estar no centro da cura do indivíduo. É lembrando os traumas (através da anamnese) e revivendo-os (através da catarse) que o psiquismo pode refazer sua vida saudável.

Mecanismos psíquicos complexos tendem a recalcar os traumas sofridos e as lembranças muito dolorosas, mas recalque não é esquecimento absoluto. É por se manter latente, como uma espécie de lembrança inconsciente, que o passado doloroso está na origem de diversas patologias. Ele retorna inesperada e sintomaticamente, sem o controle ou a consciência do sujeito, determinando muitas vezes seus atos e suas maneiras de sentir e pensar.

E é nesse sentido que a memória ocupa um lugar central na teoria e na clínica psicanalítica. Freud (1974) chama de compulsão da repetição à resistência do recalque, aos obstáculos criados pelo sujeito para não recordar suas experiências traumáticas. A pessoa não consegue transformar o passado em lembrança, mas o repete em forma de ação. A psicanálise consiste em reconciliar o paciente com o seu recalcado e a chave para isso é justamente a rememoração, que se realiza através de muito trabalho, tanto do analista (que tem que ter paciência com as repetições do analisando) quanto do analisando (que tem que ter coragem de se reconhecer enfermo e de buscar uma relação verídica com o seu passado) (RICOUER, 2007, p. 85).

A grande questão, entretanto, é que, se a memória pode curar problemas psíquicos, ao desmontar os mecanismos de recalque, pode também ser seu motor. A lembrança superativada pode servir como elemento de reforço de vínculos neuróticos. Durante toda a minha infância, por exemplo, eu ouvia as histórias de uma tia amargurada que tinha se separado do marido havia uns 20 anos, mas que todo o tempo só falava dele. Essa tia rabugenta vivia das suas lembranças e das histórias que ela compulsivamente repetia. Solitária, cuidava dos pais idosos e morreu alguns meses após o falecimento dos dois.

A memória, nesse caso, funcionou como uma espécie de prisão, como algo que mantinha minha tia atada ao passado e impossibilitada de viver o presente e projetar um futuro. Esse é um exemplo típico da *memória impedida* de que fala Paul Ricouer (2007): memória ferida, doente, que aprisiona o indivíduo ao passado. Essa tia, na realidade, jamais foi capaz de realizar o trabalho de luto em relação a seu casamento fracassado.

O luto, aliás, é outro conceito freudiano fundamental, relacionado à questão da memória e do esquecimento. Segundo Freud (1974, pp. 276-277), quando o objeto amado deixa de existir no mundo real é necessário que a libido renuncie ao vínculo que a liga àquele objeto. Mas isso exige um grande investimento de tempo e de energia, porque o objeto perdido continua existindo psiquicamente. Só depois que o luto se conclui – num processo extremamente prolongado e gradual – é que o ego fica novamente livre e desinibido.

O luto, tal como desconstrução do recalque na passagem da repetição à lembrança, requer paciência e tempo. É enquanto trabalho da lembrança que o luto se revela penosamente libertador. Como sugere Ricoeur (2007, p. 86) "o trabalho do luto é o custo do trabalho da lembrança; mas o trabalho da lembrança é o benefício do trabalho de luto". A pessoa ou o objeto amado nunca será esquecido, mas sua lembrança, aos poucos, vai se tornando menos dolorida. Vai se domesticando e apaziguando.

Tal como no plano individual, também no social, a memória pode servir a diferentes fins. E se não é possível uma transposição mecânica das reflexões sobre o funcionamento da psique para o das sociedades, a psicanálise pode servir muito bem como analogia para o cientista social. Também os grupos ou as sociedades às vezes tentam esquecer (negando, ocultando, minimizando) momentos traumáticos do seu passado. Ou, ao contrário, em certos casos, se apegam de forma patológica a algumas experiências, conformando um "passado que não quer passar", como disse François Dosse (2003, p. 288). Nesse sentido, é possível falar em traumas sociais e em feridas da memória coletiva. E também se pode pensar na validade do conceito de "memória histórica enferma" (Ricouer, 2007).

Nessa mesma direção, cito novamente Elie Wiesel. Desta vez, reproduzo um trecho de um de seus discursos publicado no prefácio do livro *Porquoi se souvenir?*, coletânea que reuniu palestras de vários intelectuais – Umberto Eco, Julia Kristeva, Michelle Perrot, Henri Rousso, Alain Touraine e outros – proferidas no Fórum Internacional sobre Memória e História, ocorrido na Sorbonne em 1998. Disse ele:

Na Bósnia ontem, em Kosovo hoje, homens e mulheres se odeiam até a morte porque seus avós eram inimigos. Não acontece algo parecido na Irlanda, em Ruanda, em certas regiões da Índia? Se certos fanáticos pudessem esquecer, verdadeiramente esquecer, as razões de seus ódios ancestrais, nosso planeta não poderia ser melhor? (WIESEL, 1999)

Certa dose de esquecimento que, além de salutar e politicamente desejável, é também absolutamente necessária, como já foi dito. Vários textos sobre memória, ao falar de seu caráter seletivo, citam o famoso conto *Funes, o memorioso*, do escritor argentino Jorge Luis Borges (2007). Funes é exemplo perfeito de como uma memória integral, se possível, seria insuportável. O protagonista é um rapaz de 19 anos que, depois de uma queda de cavalo, fica paralítico, mas ao mesmo tempo adquire uma incrível habilidade: é capaz de perceber e se lembrar de tudo. Mas o narrador suspeita que Funes, exatamente por causa de sua prodigiosa percepção e memória, não seja capaz sequer de pensar, pois pensar é esquecer diferenças, é generalizar, abstrair (BORGES, 2007). E o memorioso não tem vida longa. Morre aos 21 anos, de congestão pulmonar.

## Em Busca do Esquecimento

Um dos principais defensores do esquecimento talvez tenha sido o pensador alemão Frederico Nietzsche (1976), que escreveu o famoso ensaio "Da utilidade e dos inconvenientes da história para a vida", segunda parte de suas *Considerações Intempestivas* (ou *Considerações Extemporâneas*, segundo algumas traduções). O foco principal do seu ataque é a filosofia da história, mais especificamente o historicismo, no seu auge no final do século XIX. Nietzsche escreveu esse texto em 1873, quando tinha apenas 30 anos e ensinava filologia na Universidade da Basileia.

Segundo ele, a memória, quando hiperativada, pode manter o homem eternamente amarrado ao seu passado e ter, portanto, um efeito imobilizador. O peso do passado esmagaria e desviaria o homem da vida; tornaria pesada a sua caminhada como um invisível fardo de trevas. Nas palavras do próprio Nietzsche:

> Todo acto exige esquecimento, da mesma forma que a vida dos seres orgânicos exige não só a luz como também a obscuridade. Um homem que tudo quisesse ver historicamente seria semelhante àquele que fosse obrigado a prescindir do sono ou ao animal cuja vida fosse ruminar e ruminar sem fim. Portanto, é possível viver quase sem recordar e viver feliz, como demonstra o animal, mas é impossível viver sem esquecer. Ou, mais simplesmente, *há um grau de insônia, de ruminação, de sentido histórico que prejudica o ser vivo e que acaba por destruí-lo, que se trate de um homem, de uma nação ou de uma civilização.*
> Para definir o grau e fixar o limite em que é absolutamente necessário esquecer o passado, sob pena de se tornar coveiro do presente, seria necessário conhecer a medida exata da força plástica de um homem, de uma nação, de uma civilização, quer dizer, a faculdade de crescer por si mesmo, de transformar e de assimilar o passado e o heterogêneo, de cicatrizar as suas feridas, de reparar as suas perdas, de reconstruir as formas destruídas. [...] Quanto mais o temperamento do homem está fortemente enraizado nele, tanto melhor saberá apropriar-se se largas porções do passado, ou dominá-las. (Nietzsche, 1976, pp. 107-108, grifos nossos)

Na realidade, Nietzsche esboça uma ideia que nos parece interessante para a discussão sobre memória e esquecimento, que é a questão da justa medida:

> Trata-se de saber esquecer a tempo, como de saber recordar a tempo; é imprescindível que um instinto vigoroso nos advirta sobre quando é necessário ver as coisas historicamente e quando é necessário não as ver historicamente. É este o princípio sobre o qual o leitor deve refletir: *o sentido histórico*

*e sua negação são igualmente necessários à saúde de um indivíduo, de uma nação e de uma civilização.* (NIETZSCHE, 1976, p. 109, grifos nossos)

Para Nietzsche, a consciência histórica é útil quando está a serviço da vida, quando serve de estímulo para a ação individual ou coletiva, e perniciosa quando funciona como escapismo e elemento imobilizador. O pensador, portanto, não negava a validade e a importância do conhecimento do passado, seja na sua forma crítica, tradicionalista e mesmo monumental. Ele próprio, aliás, cultuava seus heróis antigos e fez questão de se assumir como discípulo da antiguidade grega.

Nietzsche (1976) afirma, provocativamente, que é possível viver quase sem recordar, e viver feliz. Os animais seriam exemplo disso. É difícil, no entanto, imaginar o humano (seja em sua dimensão subjetiva ou social mais ampla) sem memória. Desde sempre, o humano foi pensado essencialmente como um ser que lembra. Não por acaso a mitologia grega localizava a fonte do esquecimento no inferno. Lete era um dos rios do Hades e quem bebesse das suas águas esqueceria por completo o passado.

Além da mitologia, mais uma vez a literatura pode ser uma fonte inspiradora. E assim como há a história do memorioso de Borges, que adverte para a necessidade de esquecer, há também a *Aventura da Memória*, de Voltaire, que fala do contrário. Nessa pequena fábula, de 1775, Mnemosine dá as suas filhas, as musas, a tarefa de tirar da humanidade a sua memória e lançar o mundo no esquecimento total. Imediatamente, rompe o caos. As pessoas não se lembram mais como satisfazer suas necessidades mais elementares: não sabem como comer ou defecar. Não há nenhuma inibição moral quanto a roubar ou fornicar. Os delitos, aliás, nem sequer podem ser nomeados, porque os significados das palavras foram esquecidos. "Tudo estava confuso. Por falta de compreensão, tudo ameaçava sucumbir de fome e miséria" (VOLTAIRE, 2009). Alguns dias depois, Mnemosine e suas filhas se apiedam da humanidade e lhe devolvem a capacidade de lembrar. E os homens passam a perceber que não se pode viver inteiramente sem memória.

## E a Mídia?

A questão da memória se constituiu, nos últimos anos, num privilegiado objeto de estudos no campo das ciências sociais: na história, na antropologia, na ciência política. Mas, embora já exista uma farta literatura a respeito da questão da memória no mundo contemporâneo (como a obra de alguns autores já citados, como o Pollak, Todorov, Ricoeur), ainda são poucos os trabalhos que analisam o papel desempenhado pelos meios de comunicação nos processos mnemônicos. A mídia é, muitas vezes, pensada apenas como um dispositivo que leva ao enfraquecimento e esfacelamento da memória social.

Muitos teóricos da chamada pós-modernidade enfatizaram a perda da memória e da referencialidade histórica como uma das marcas do nosso tempo. Para esses autores, isto ocorreria exatamente por causa da mídia e das novas tecnologias da comunicação que, com suas redes de informação e acelerados ritmos de transformação, induziriam – pelo desejo de fruição plena no presente – ao enfraquecimento da consciência histórica.

Mas, como já mostraram autores como Andreas Huyssens (2000), é possível afirmar que, ao contrário, a contemporaneidade seria profundamente mnemônica. Estamos vivendo hoje uma dilatação do campo do memorável, com uma multiplicação de práticas voltadas para o passado. São inúmeros exemplos que evidenciam o que o autor chamou de "cultura da memória": a restauração dos centros urbanos, o crescimento dos espaços de comemoração, o sucesso editorial de biografias e de outros relatos memorialísticos, a profusão de filmes e programas televisivos inspirados em fatos históricos e o impulso preservacionista que tem levado a criação de vários arquivos públicos e pessoais.

Mas, num certo sentido, e o próprio Huyssens é obrigado a admitir, os autores pós-modernos não estavam totalmente errados. Se a contemporaneidade é profundamente mnemônica, é também – na mesma proporção – inerentemente amnésica. Lembramos muito, é verdade. Mas nossas formas de recordar não são mais iguais às das gerações que nos antecederam. Lembramos profundamente marcados pelas lógicas do nosso tempo. Nossas práticas e maneiras de acionar o passado são velozes e voltadas, em grande medida, para o consumo e o entretenimento.

A verdade é que, nos tempos em que vivemos, lembrar e esquecer se articulam numa lógica que vai além da dialética fundadora de toda memória e constitui a próprio princípio contraditório do seu funcionamento. É sobre essa complexa, difícil e problemática articulação entre memória e esquecimento que nos interessa pensar. O desafio é tentar entender de que maneira essas duas dimensões coexistem nas sociedades contemporâneas e perceber quais as relações que entre si estabelecem. Em que medida amnésia e a memória podem coexistir e se relacionar?

Como vimos a memória, numa sociedade, pode ser exercitada num plano pragmático, de forma instrumentalizada. Pode-se ter uma memória mistificadora do passado, que funcione como legitimadora das estruturas de poder. A lembrança pode ser utilizada para justificar a opressão, a agressão, a perseguição a determinados indivíduos ou grupos sociais. Mas pode funcionar, ao contrário, como um elemento desmitificador, que procure subverter os poderes constituídos e que lute contra as representações dominantes do passado, como é o caso das *memórias subterrâneas* e das memórias das minorias políticas, contra-hegemônicas, já citadas. A memória pode servir para libertar, mas também pode acirrar ódios e fazer guerras; pode curar, mas igualmente adoecer.

Na realidade, o que estamos tentando chamar atenção é que tanto o elogio incondicional da memória, quanto o desprezo em relação ao esquecimento são ambos problemáticos, tanto em termos de indivíduo quanto de sociedade. Os dois termos – lembrança e esquecimento – não se opõem.

Se a memória é uma conquista, esquecer é muitas vezes também necessário e desejável. Paul Ricouer (2007) chamou atenção para o fato de que muito se fala do direito de lembrar, mas pouco sobre o dever de esquecer. O esquecimento – tal como a memória – exige um esforço e um trabalho, implicando também uma forma específica de gestão e uma ética, que é preciso considerar.

Já no início do seu livro *La mémoire, l'histoire, l'oubli*, o autor confessa que, além da uma preocupação pessoal e profissional – que sempre o associou à problemática do tempo e da narrativa –, sua reflexão sobre esse assunto é resultado do seu incômodo com o mundo contemporâneo que ora apresenta excesso de memória, ora excesso de esquecimento. Sua busca – diz ele – seria por uma política justa da memória (RICOUER, 2007). Saber esquecer a tempo e saber recordar a tempo, nas palavras de Nietzsche.

Como essa reflexão parte do campo da comunicação, termino com uma pergunta que nos toca de perto: qual é o papel da mídia na conformação de uma memória social no mundo contemporâneo? Se examinarmos de perto a cultura da memória e seus produtos, percebemos facilmente o lugar privilegiado que os meios de comunicação em geral – sejam os novos ou os tradicionais – ocupam na produção e fortalecimento de práticas mnemônicas. Mas como os meios de comunicação – entre lembrança e esquecimento, entre fala e silêncio, entre o luto e recalque – realizam o trabalho sobre o passado?

# REFERÊNCIAS BIBLIOGRÁFICAS

BLOCH, Marc. *Introdução à História*. Lisboa: Publicações Europa América;

BORGES, Jorge Luis. *Ficções*. São Paulo: Companhia das Letras, 2007;

DOSSE, François. *A História*. Bauru: EDUSC, 2003;

FREUD, Sigmund. "Luto e melancolia". In: FREUD, Sigmund. *Edição standard brasileira das obras psicológicas completas de Sigmund Freud*, volume xiv. Rio de Janeiro: Imago, 1974;

HALBWACHS, Maurice. *A Memória Coletiva*. São Paulo: Vértice, 1990.;

_____ *Les cadres sociaux de la mémoire*. Paris: Albin Michel, 1994;

HUYSSEN, Andreas. *Seduzidos pela Memória*. Rio de Janeiro: Aeroplano, 2000;

KANDARÉ, Ismail. *Abril Despedaçado*. São Paulo: Companhia das Letras, 2001;

LE GOFF, Jacques. *História e Memória*. Campinas: Unicamp, 1992;

LOWENTHAL, David. *Past is a foreign country*. Nova Iorque: Cambridge University Press, 1989;

NIETZSCHE, Friedich. *Considerações Intempestivas*. Lisboa: Presença, 1976;

POLLAK, Michael. *Memória, Esquecimento, Silêncio. Estudos Históricos*, ano 2, n.º 3. Rio de Janeiro, 1989;

_____ *Memória e Identidade Social. Estudos Históricos*, ano 5, n.º 10. Rio de Janeiro: 1992;

RICOUER, Paul. *Tempo e Narrativa*. São Paulo: Papirus, 1996;

_____ *Memória, História e Esquecimento*. São Paulo: Unicamp, 2007;

ROUSSEFF, Dilma. Discurso, 2012. Disponível em: <www.pt.org.br>. *Acesso em: 16 jun 2012;*

TODOROV, Tzevtan. *Les abus de la mémoire*. Paris: Arléa, 1995;

VIVA FAVELA, 2012. Disponível em: <www.favelatemmemoria.com.br>. Acesso em: 16 jun 2012;

VOLTAIRE. *A Aventura da Memória e Outros Contos*. Cascais: Estrofes & Versos, 2009;

WEINRICH, Harald. *Lete: arte e crítica do esquecimento*. Rio de Janeiro: Civilização Brasileira, 2001;

WIESEL, Elie. Discurso 1986. Disponível em: < www.chabad.org.br>. Acesso em: 16 jun 2012;

_____ Prefácio. In: AHLMARK (org.) *Pourquoi se souvenir?* Paris: Grasset, 1999.

# Capítulo 4

## AS NARRATIVAS DA HISTÓRIA E DO JORNALISMO E A CONSTRUÇÃO DO TEMPO:
### DELINEAMENTOS TEÓRICO-METODOLÓGICOS

Gustavo Said

Tanto para a atividade narrativa da História quanto para a prática jornalística, a discussão sobre uma fenomenologia do tempo tem sido colocada sob uma questão de fundo ontológico-epistemológico: as narrativas correspondem e se equivalem ao real narrado?; o tempo da narrativa é o mesmo tempo do real histórico?

Para resolver esta aporia, a proposta de Paul Ricoeur (1983; 1985) é a de que a única forma de abordar o tempo é aquela feita pela imitação narrativa, que para ele seria uma abordagem indireta da temporalidade: "entre narrar uma história e a estrutura temporal da experiência vivida humana, ele (Ricoeur) sugere, parece haver uma correlação necessária." (REIS, 1994, p. 142). A ideia de Ricoeur é que o tempo só pode ser apreendido por meio da narrativa, seja histórica ou ficcional, e do ciclo hermenêutico que a mesma propõe: prefiguração, configuração e refiguração. Segundo ele, o tempo é experiência indireta, construída em função da *mimesis* discursiva, portanto, uma categoria da linguagem, prefixada na estrutura da narrativa, que jamais pressupõe a exata equivalência do tempo real e do tempo do discurso. O ciclo hermenêutico propõe a construção do tempo: através de uma configuração narrativa do mundo, que é apenas uma das muitas possíveis, o leitor refigura esta experiência da qual ele também participa.

Maurice Mouillaud (1997, p. 76) comenta a relação entre história e narrativa, a partir da apropriação do tempo:

A História (mostrou-se de Pierre Janet a Emile Benveniste
e a Ricoeur) e a narrativa formam corpo único; e a narrativa

é feita de tempos que se encadeiam e apoiam-se uns sobre os outros. Uma temporalidade autônoma tende assim a constituir-se. Ela institui um tempo que não depende de nós e com relação ao qual devemos aprender a situar-nos (como no caso do mapa). Ela tende (desde as narrativas míticas) a atribuir-se seu próprio fundamento em origens que a amarram em um solo ou a suspendem a um céu. Ela inscreve um arquivo na memória dos viventes.

É a narrativa que põe ordem à sucessão dos acontecimentos, uma vez que toda linguagem, conforme Jorge Luís Borges (*apud* Nunes, 1995), tem um caráter sucessivo e não é hábil para falar do intemporal, do eterno, do permanente. Na narrativa, a dimensão episódica corresponde à sucessão dos acontecimentos na história, e é ela que procura – imitando o tempo, substituindo o tempo físico pela cronologia – criar efeitos de continuidade temporal. A inteligibilidade do tempo da história está, em parte, vinculada à sucessão dos acontecimentos no episódio narrativo, embora não se deva confundir o tempo do acontecimento com o tempo da narrativa.

Benveniste (1966;1974) distingue claramente o tempo crônico (ou cronológico, para outros autores) e o tempo linguístico. Para ele, situar um acontecimento no tempo linguístico é uma operação diferenciada daquela que situa o mesmo acontecimento no tempo crônico ou físico. O tempo linguístico está ligado ao exercício da fala e, por consequência, só existe em função da enunciação e da noção de presente que ela instaura. Somente a partir do presente é que, na enunciação, se instauram os outros tempos.

Neste sentido, a narrativa, segundo Benedito Nunes (1995), possui três planos: 1) o da história, relativo ao conteúdo; 2) o do discurso, ligado à forma de expressão; 3) o da narração, que pertence ao ato de narrar. Esses três planos não aparecem de maneira dissociada, mas, ao contrário, engendram conexões e articulações entre si. O tempo da narrativa (o narrar), portanto, só pode ser analisado em função da sua relação com o tempo da história (o narrado), e esse último é sempre pluridimensional.

## Tempos da Enunciação no Enunciado

Porque é da ordem da sucessão acontecimental é que a narrativa pertence à história, já que a História, enquanto disciplina, é entendida de forma estrita "como uma narrativa dos acontecimentos, dispostos em uma sequência no tempo" (FOSTER *apud* NUNES, 1995). A enunciação é, desta forma, um evento singular, jamais repetido, que se processa somente a partir da instauração das categorias de tempo, pessoa e lugar. São estas categorias que sugerem a passagem da língua ao discurso, por isso, somente no segundo – o discurso – se podem perceber as marcas enunciativas de tempo, espaço e pessoa. Benveniste (1966; 1974) chama de aparelho formal da enunciação os fatos enunciativos projetados pela enunciação no enunciado, ou, em outras palavras, as projeções das categorias da enunciação (tempo, espaço e pessoa) no enunciado. Em consideração a esta ideia, significa dizer que, como todo discurso não prescinde da instauração da categoria do sujeito, as demais categorias – tempo e espaço – só podem ser fundadas em função da instauração da pessoa que enuncia. Tomado como ponto de referência da enunciação, é em torno da pessoa que se organizam as relações temporais e espaciais. "O aqui é o espaço do eu e o presente é o tempo em que coincidem o momento do evento descrito e o ato de enunciação que o descreve" (FIORIN, 1996, p. 42).

Assim, o ciclo hermenêutico de Ricoeur – prefiguração, configuração e refiguração – está quase completo, faltando apenas relacionar a ele a figura do enunciatário. É com ele que se consuma a reatualização da narrativa, a reconfiguração do real, através da recepção dos textos:

> [...] o enredo sintetiza duas dimensões discordantes da narrativa: a episódica dos acontecimentos, requerendo a ordenação cronológica a que a história, isolável num resumo, sempre remete, e a configurante, não cronológica, fundada no discurso enquanto forma de expressão, que se responde pela obra enquanto todo significante, com princípio, meio e fim. Essa discordância se manifesta na aptidão da história para ser seguida, e se resolve, dialeticamente, no ato de leitura. (NUNES, 1995, pp. 76-77)

O problema é que para validar os acontecimentos do passado como verdadeiros, a História precisa conferir a eles o caráter da narratividade – e não há outro modo de fazê-lo – e esta, por sua vez, afasta qualquer possibilidade de contiguidade e equivalência – a não ser no próprio enunciado – entre o fato narrado, que acontecera no passado, e o momento da enunciação – o aqui e agora do enunciador. Os fatos do passado narrados pela história só podem adquirir certa ordenação cronológica no enunciado, mediante a instauração de determinadas categorias e do correlato uso de formas pronominais e tempos verbais. Por outro lado, apenas a narratividade não confere legitimidade aos fatos históricos. Devido ao fato de a história pertencer à linguagem natural e estar sujeita a critérios de verdade, ela não refuta o argumento, e, portanto, o comentário ou o discurso, que é uma situação de locução oposta à narrativa histórica. A enunciação histórica remete, assim, a dois planos – o discursivo e o narrativo – que, associados, produzem a possibilidade de se instaurar uma nova forma de enunciação, ligada à produção discursiva do acontecimento e a sua inscrição na ordem histórica. Enquanto o discurso é da ordem do acontecimento, do presente, a história está ligada às transformações e às passagens acontecimentais presentes no enunciado, é relativa ao passado.

Maurice Mouillaud (1997) aprofunda a análise sobre a narrativa da história. Ora, se na narrativa da história também está presente o discurso, isto leva a crer que a mesma é também da ordem do acontecimento e, por conseguinte, da atualidade, do presente, mesmo que a sua lógica seja a de narrar eventos passados. Como a historiografia se inscreve nos quadros da enunciação, e esta só pode existir em função do presente, qualquer relato historiográfico remete para a relação entre a História e a Atualidade. Mouillaud (1997) diz que a história escrita se mantém da presença do presente. Comentando Pierre Nora, ele diz que a história vivida "...não é simplesmente um passado alienado ao presente dos viventes. Cada presente tem um horizonte, o horizonte de um passado que é para ele um passado que vive" (Mouillaud, 1997, p. 79). É neste sentido que Mouillaud acredita que a História mantém uma relação muito próxima – que não fora suficientemente apontada por Benveniste ao analisar as narrativas – com a atualidade, sobretudo no momento em que proliferam as micronarrativas com suas diferentes temáticas e metodologias. Mouillaud (op. cit., p. 80) diz que "a narrativa histórica não é somente sequencial, é secretamente animada por uma atualidade." Esta atualidade a que se refere o autor diz respeito ao caráter acontecimental e discursivo da história, porque a sua legitimidade está baseada não só na evidência dos fatos, mas na capacidade de narrá-los. É legítimo aquilo que aconteceu, e o que aconteceu já é passado, não pode mais ser presente. O presente sempre passa, mas é a partir dele que se abrem outros presentes, que também passam. A atualidade nutre-se de si mesma e apaga-se a toda hora; ela se fundamenta no presente, que é o tempo do discurso. Mouillaud (op. cit., p. 72) explica:

> [...] o presente não é um tempo como os demais; ele não se encadeia com outros tempos, sucede-se a si mesmo sob a forma de um outro presente. O processo é composto tão-somente do surgimento perpétuo de uma diferença no horizonte. Os presentes não se articulam para formar uma narrativa, fundem-se sobre um assunto cuja presença os sustenta. Ele é, dizem os gramáticos, "aquilo que é contemporâneo à instância do discurso".

Talvez Mouillaud critique a separação feita por Benveniste, entre discurso e narrativa da história, baseado na ideia de que, se o presente – único tempo do discurso – não pode fundar uma narrativa, é a narrativa que articula a noção de presente e a relaciona, a partir deste, com as noções de passado e futuro. Diante disto, parece aceitável a concepção de que na narrativa estão presentes – e são todos "presentes" – a atualidade, o passado e o futuro. Enfim, a história só pode existir mesclando narrativa e discurso, presente e passado, atualidades que se sucedem.

A ideia de Benveniste sobre a produção de um terceiro tipo de enunciação, nascido da relação entre a enunciação histórica e a enunciação discursiva, não descarta a possibilidade de articular-se a atualidade (o acontecimento discursivo) e o passado (narrativa histórica), mas, ao contrário, parece haver em Benveniste uma clara intenção de apontar esta ligação. O grande ponto de dúvida é sobre se Benveniste considerou apenas as narrativas clássicas da história, esquecendo-se de toda uma produção histórica, à época, em fase de recrudescimento, que escapara aos padrões tradicionais, mas que se impunha com novas abordagens e novos meios de construção discursiva, como aqueles decorrentes da produção midiática, onde não há, a rigor, a nítida separação entre história e discurso, baseada, por exemplo, na questão da impessoalidade do enunciador (para recordar, Benveniste propunha que a narrativa histórica fosse impessoal). Benveniste opta por um tipo de narrativa e a elege como modelo historiográfico, o que se configura uma opção metodológica, imune, portanto, a maiores críticas. Aliás, uma crítica mais contundente à obra do autor citado seria infunda, tendo em vista a profundidade da sua análise e toda a coerência metodológica que a embasa.

Como diz François Dosse (2001), a leitura histórica do acontecimento não se limita e não se reduz ao próprio acontecimento e é vista numa cadeia de acontecimentos, se apropriando e se apoderando dos vestígios deixados por eles. É isso que forma um enredo e ressalta a trama discursiva que liga os diversos acontecimentos em cadeia. Esse enredo, por seu turno, só pode ser percebido na forma como se instauram e se mesclam, nas narrativas, as categorias referentes à pessoa, ao tempo e ao espaço, e como estas estão articuladas às condições de produção dos acontecimentos discursivos.

### Regras de Produção da Notícia e da Narrativa Histórica

A afirmação de Mouillaud (1997, p. 77) – "o fundamento da atualidade é o próprio leitor" – é, sem dúvida, valiosa. Primeiro, porque coloca mais uma vez em jogo a questão do ciclo hermenêutico de Ricoeur, consolidado na prática da leitura, que supõe inúmeros outros pontos que estão relacionados ainda à produção e à circulação dos discursos; segundo, porque sugere implicitamente a ideia de que, se a leitura é o fundamento da atualidade, não há texto que não pertença ao plano do atual, uma vez que o presente instaura os outros tempos.

A história é, portanto, cria do presente, e toda sua constituição discursiva está vinculada a ele. A respeito da produção discursiva da história, Hans Kellner (1997, p. 128) argumenta: "porque as fontes da história incluem num sentido primário a fundamental prática humana da retórica, nós não podemos esquecer que os nossos modos de construir o sentido histórico devem enfatizar o 'fazer'." Desta forma é que, segundo o autor, qualquer direção da história é uma invenção retórica, que está relacionada ao processo de auto-entendimento e auto-criação da humanidade.

Partindo da asserção anterior, compreende-se perfeitamente a importância das técnicas de narração para a estruturação do conhecimento histórico. Neste sentido, todo discurso, seja consubstanciado na notícia jornalística ou na narrativa histórica, cristaliza um determinado fato social e, por conseguinte, a ele confere uma espécie de contrato de leitura, que, segundo Fausto Neto (1996), apoiando-se em Eliseo Veron, significa um conjunto de normas e prescrições que se impõem como condições de interpretação do texto. A leitura do texto, conforme Fiorin (1996), não pertence à instância do enunciado, como se quer crer, mas da enunciação, pois é esta que subsume produção e recepção, enunciador e enunciatário. Do ponto de vista metodológico, no entanto, as marcas da enunciação estão presentes no enunciado, daí ele ser o ponto de partida empírico, já que é impossível, ao pesquisador, recuperar na íntegra o momento da enunciação. Com base nisto, pode-se afirmar que as regras de produção de um discurso estabelecem o tipo de contrato de leitura e, por esse motivo, devem ser analisadas à luz do momento histórico em que o discurso foi produzido.

Para se compreender o sentido produzido por um discurso qualquer, é necessário entender as condições de sua produção. Milton José Pinto (1995, p. 6) afirma que "as condições de produção devem ser definidas em diversos níveis de abstração, que vão desde as forças sócio-históricas ou psíquicas mais profundas, que fornecem o quadro ou cenário do ritual comunicativo, até níveis mais superficiais, como o das cristalizações que conduzem as falas de um diálogo verbal a se estruturar [...]".

Benedito Nunes (1995) acrescenta que durante a leitura se reatualiza a narrativa através do diálogo entre o tempo do texto e o tempo do leitor, sendo que o segundo, externo à narrativa, depende das circunstâncias histórico-culturais e do tempo histórico real que condiciona a recepção do texto.

Seguindo a mesma linha de raciocínio, e em específico sobre as regras de produção do discurso jornalístico, Fausto Neto (1991, p. 32) diz que

[...] o processo de enunciação [...] é regulamentado através de procedimentos mais generalizados e que se encontram estabelecidos em espécies de "macrocódigos": a língua, as matrizes culturais, as regras sociais, a ética e as ideologiais. Mas também, os "microcódigos", como por exemplo, os dispositivos que são criados, internamente, no interior dos próprios meios de comunicação, como códigos particulares de onde devem ser manejados e mobilizados os instrumentos enunciativos, e que, neste caso, são, por exemplo, os chamados manuais de redação.

A afirmação de Fausto Neto diz respeito à lógica de produção do material jornalístico, sempre subordinada aos imperativos culturais (a língua, os valores éticos, as normas e regras sociais), à maneira como se estrutura o trabalho nas empresas de comunicação (a estrutura burocrático--administrativa, com seus rigores e valores profissionais) e às questões de ordem técnica (as técnicas específicas de produção da notícia, os manuais de redação). Estas questões apontadas pelo autor evidenciam um tipo de metodologia que deve orientar a análise de discurso: a produção do sentido se dá no entrecruzamento da dimensão situacional (contexto sócio-cultural e profissional) com a dimensão discursiva (regras de produção). Portanto, o contexto social sempre revela as condições de produção do discurso, mas, por assim se constituir, a análise de discurso também evidencia aspectos de natureza contextual que anteriormente não se revelavam à análise do pesquisador. Isso indica que o acontecimento jornalístico está eivado de temporalidades distintas, como propõe Antunes (2009, p. 2):

> Por um lado, o acontecimento não aparece, do ponto de vista temporal, como tão facilmente delimitável. Na representação contemporânea do que seja uma notícia, o acontecimento jornalístico se esparrama sobre diferentes temporalidades e tem seu início e fim como pontos de flutuação de opera-ções sujeitas ao contexto sócio-cultural, à própria dinâmica editorial e às modalidades narrativas que irão representá-lo. E, ainda que o circuito coleta, produção, difusão tenha se

tornado potencialmente mais reduzido em termos de tempo gasto, por outro lado, quando da apropriação pelo leitor, o acontecimento jornalístico faz sua aparição crivado de outras visadas – e temporalidades – do ambiente midiático.

Roberto Elisio dos Santos aponta a lógica de produção (1989) do material jornalístico como reveladora do contexto social no qual este material está inserido. Para tanto, é preciso recorrer ao método da análise de discurso, formalizando a análise em dois pontos já mencionados: a dimensão situacional e a dimensão discursiva. Os textos (ou enunciados), desta forma, passam a ser entendidos como projeções da enunciação, uma espécie de referencial empírico onde se cruzam fatores diversos e em que se revelam princípios de uma intertextualidade discursiva, pois, como diz Fiorin (1996, p. 39), "subjacente ao dito há o dizer que se manifesta".

É preciso identificar fatores desta mesma ordem que se inserem no processo de produção das narrativas históricas. A rigor, neste caso, ainda que resguardadas as diferenças entre o trabalho do historiador e do jornalista, também a história se constrói através dos discursos e submete-se, por conseguinte, à sua lógica produtiva.

Michel de Certeau (1995) aponta para uma metodologia similar que deve percorrer a análise dos textos historiográficos. Ele define a produção historiográfica como resultado da combinação de lugares sociais e práticas científicas. Ana Paula Goulart Ribeiro (1994, pp. 17-18), comentando o pensamento de Certeau, diz que

> [...] toda pesquisa historiográfica é articulada a partir de um lugar de produção sócio-econômico, político e cultural, em função do qual se instaura um método, se precisa uma tipologia de interesses, se faz indagações aos documentos, se define, enfim, o que é ou não histórico. Certeau considera esse lugar em relação a duas dimensões: a da subjetividade [...] e da instituição do saber.

A análise da historiografia deve percorrer o mesmo caminho traçado para o discurso jornalístico, situando-se no cruzamento da dimensão situacional com a dimensão discursiva. Assim, o discurso historiográfico passa a ser produzido em função da relação que se estabelece entre fatores de ordem sócio-cultural e profissional e fatores de ordem técnica. No primeiro caso, que diz respeito aos macrocódigos aludidos por Fausto Neto (1991), podem ser incluídos as matrizes culturais, a língua, a cultura profissional e, principalmente, os paradigmas científicos – na acepção adotada por Kuhn – aos quais se vinculam os historiadores. No que tange aos micro-códigos, são as técnicas específicas empregadas e os rigores metodológicos que determinam certas regras de produção do discurso historiográfico.

Neste sentido, inúmeros são os fatores que se impõem como con-dição para a produção historiográfica. Além dos paradigmas científicos e dos seus rigores epistemológicos, teóricos e metodológicos, os valores e as regras estabelecidos nos ambientes acadêmicos e intelectuais e as imposições de determinadas editoras, responsáveis muitas vezes pela publicação do material coletado, funcionam como determinantes do processo de produção das narrativas históricas.

Ana Paula Goulart Ribeiro comenta (1994) que a produção histo-riográfica é configurada pelo sistema onde a pesquisa é elaborada, seja esta realizada na universidade, seja em qualquer centro de pesquisa. E se organiza necessariamente em torno das equipes de pesquisadores, das instituições de financiamento, de proximidades políticas e de alguns líderes, os orientadores, que Certeau chama de a *intelligentsia* acadêmica.

Dessa forma, tanto o discurso jornalístico quanto o historiográfico se submetem a regras de produção de uma mesma natureza (a dimensão situacional e a dimensão discursiva), mas as marcas deixadas no enunciado durante o processo de enunciação podem apresentar-se diferentemente, por conta da própria adversidade das condições que geraram os textos.

Há, assim, diferenças marcantes entre a produção discursiva do jornalismo e da história, no entanto, isto não impede que se amplie a possibilidade do diálogo entre estes campos do saber, afinal, mesmo que resguardadas as especificidades e os dispositivos enunciativos de cada discurso, tanto a estrutura narrativa da notícia quanto dos textos da história apresentam marcas da instauração das categorias de pessoa, espaço e tempo.

# Referências Bibliográficas

ANTUNES, Elton. "Enquadramento: considerações em torno de perspectivas temporais para a notícia". *Galáxia*, São Paulo, n.º 18, pp. 85-99, dez. 2009;

BENVENISTE, Emile. *Problémes de linguistique générale*. 2 v. Paris: Gallimard, 1966- 1974;

CERTEAU, Michel de. "A operação histórica". IN: LE GOFF, Jacques; NORA, Pierre. *História: Novos Problemas*. Rio de Janeiro: Francisco Alves, 1995;

DOSSE, F. *A História, a Prova do Tempo: da história em migalhas ao resgate do sentido*. São Paulo, UNESP, 2001;

FAUSTO NETO, Antônio. *Mortes em Derrapagem: os casos Corona e Cazuza no discurso da comunicação de massa*. Rio de Janeiro: Rio Fundo, 1991;

_____ *Televisão e Vínculo Social*. São Paulo: COMPÓS, 1996. Mimeo;

FIORIN, José Luiz. *As Astúcias da Enunciação: as categorias de pessoa, espaço e tempo*. São Paulo: Ática, 1996;

KELLNER, Hans. *Language and historical representation*. IN: JENKINS, Keith (Org). *The Posmodern History Reader*. New York: Routledge, 1997;

MOUILLAUD, Maurice. *O Jornal: da forma ao sentido*. Brasília: Paralelo 15, 1997;

NUNES, Benedito. *O Tempo da Narrativa*. São Paulo: Ática, 1995;

PINTO, Milton José. "Semiologia e Imagem". In: FAUSTO NETO, Antonio; BRAGA, José Luis e PORTO, Sergio. (Org.). *A Encenação dos Sentidos*. Rio de Janeiro: Diadorim, 1995;

REIS, José Carlos. *Nouvelle Histoire e Tempo Histórico: a contribuição de Febvre, Bloch e Braudel*. São Paulo: Ática, 1994;

RICOEUR, Paul. *Temps et récit*, 3 vols. Paris: Seuil, 1983-1985;

RIBEIRO, Ana Paula Goulart. *A História do seu Tempo*: *a imprensa e a produção do sentido histórico*. Dissertação (Mestrado em Comunicação e Cultura), Programa de Pós-Graduação em Comunicação. Escola de Comunicação, Universidade Federal do Rio de Janeiro. Rio de Janeiro,1994;

SANTOS. Roberto Elísio dos. "História e Comunicação – Elementos para uma teoria". *Comunicação e Sociedade*. São Bernardo do Campo. n.º 16, p. 147 – 167, jul 1989.

# Capítulo 5

## LA MEMORIA HISTORICA, LA INFORMACIÓN Y LA EXIGENCIA ETICA

Manuel Parés i Maicas

# I. La Memoria

Considero oportuno iniciar mi exposición tratando este concepto. Una definición sencilla y ampliamente aceptada, expresa que es la capacidad mental que permite a una persona registrar, conservar, recordar y evocar las experiencias en forma de imágenes, acontecimientos, sentimientos, etc. El Diccionario de la Real Academia Española la define como "Potencia del alma, por medio de la cual se retiene y se recuerda el pasado". También ha sido definida como la aptitud de conservar todas ls impresiones, en especial las que afectan al espíritu, y de reproducirlas, consciente o inconscientemente, en forma de conducta, imágenes o ideas.

El filosofo catalán Josep Ferrater Mora, en su famoso Diccionario de Filosofia, le dedica una amplia entrada de la que extraemos las citas siguientes: "La memoria sería la facultad del recordar sensible, la retención de las impresiones y de las percepciones, en tanto que el recuerdo seería un acto espiritual, o sea aquél mediante el cual el alma ve en lo sensible lo inteligible, de acuerdo con los modelos o arrquetipos contemplados cuando estaba desprendiéndose de las cadenas y del sepulcro del cuerpo....

Con independencia del tono alegórico utilizado, creo que esta es una definición pertinente y, en mi opinión, el recuerdo, acto individual, normalmente, forma parte de la memoria en su conjunto.

Mas adelante, Ferrater Mora "Hace observar que San Agustín consideró la memoria como el alma misma en tanto que recuerda: el alma recuerda en la medida de lo que es. Distingue entre memoria sensible y memoria inteligble, memoria positiva y memoria negativa... Posteriormente señala que la memoria representa la continuidad de la persona, la realidad fundamental, la conciencia de la duración pura. Observada en este sentido, es el ser esencial del hombre en cuanto entidad espiritual, pudiendo definirlo, en cierta manera, a diferencia de todos los demás seres, como "el ser que tiene memoria", que conserva su pasado y lo actualiza en todo lo presente y que, por tanto, tiene historia y tradición....

Existen diferentes clasificaciones y tipos sobre la memoria, pero, por razones obvias, en este texto solo me ocupo de la memoria colectiva y de la memoria històrica, primordialmente. Como he indicado antes, me ha parecido oportuno iniciarlo con una referencia al concepto memoria en sí, porque explica el desarrollo de las dos que son objeto de mención en este texto.

## II. Memoria Colectiva

Maurice Halbwachs, gran investigador francés de origen judio, que murió en el campop de concentración de Buchenwald, parte de la idea que la memoria individual sólo existe en función de los marcos sociales que ofrecen la posibilidad de reconstruir el recuerdo. Los recuerdos los volvemos a encontrar en función de las exigencias del presente y lo esencial de esto lo tomamos de los marcos y nociones que nos depara la colectividad. Subraya el papel de los grupos sociales. Observa que sólo recordamos aquello que tiene sentido para nuestra comunidad

La memoria colectiva es compartida, transmitida y construida por el gupo o la sociedad. Atribuye a los grupos una memoria colectiva, familiar, religiosa, de clase, etc. Y les permite que conserven sus instituciones. Indica el rol que juegan las influencias externas. Es importante destacar el papel que desempeñan las ideologías, los intereses asi como la cultura y la cultura politicaa.

Es fundamental hacer notar que este tema se halla en el campo de las distintas ciencias sociales y que hay que prestar la debida atención a las identidades de los ciudadanos, la diversidad de sus culturas, la trasnsdisciplinariedad y transversalidad de las distintas situaciones en las que se sitúa a memoria histórica.

Jan Assman (*Das kulturelle Gedächtnis*) distingue entre Memoria cultural (que cumple la función de almacenamiento) y Memoria comunicativa (memoria cotidiana que se sitúa en la actualidad).

En su opinión, sus funciones son: a) situar la psicología individual en los modelos sociales, que la organizan; b) definir la función temporal de la ideologia, que asume el pasado para ponerlo al servicio del presente. Por su parte, Roger Bastide ha aplicado este concepto a la sociologia.

Quiero señalar que los Gobiernos y los medios de comunicación tratan de influir en la memoria ccolectiva de una comunidad a través de la reescritura de la historia, a menudo rehabilitando o vilipendiando los líderes polítios o los intelectuales. En la práctica es más fácil influir en los mensajes públicos que en lo privados. Si estos esfuerzos son consistentes y se llevan a cabo a través del tiempo, pueden cambiar la memoria politica de una generación, originando su memoria histórica, de la que me ocupo más adelante.

Si establecemos una relación entre este concepto y el de opinión pública, comprobamos que ésta no tiene la estabilidad y la permanencia de aquella, ya que está muy influenciada por la actualidad y por lo diferentes grupos de poder, públicos o privados, asi como por los acontecimientos, en particular los conflictivos.

Otras aportaciones que merecen ser citadas son las de Pierre Nora, que destaca el rol del lugar y de los espacios de memoria compartida, y la de Connerton, que incluye el cuerpo humano como un sitio para los procesos colectivos de retención y propagación de la memoria.

Si nos situamos en el marco de la memoria colectiva de una nación, vemos que, en parte, estáa representada por sus monumentos, y singularmente a través de los medios de comunicación. Benedict tAnderson ha aportado el concepto de comunidades imaginadas en las que compartimos un sentido de herencia y puntos en común con muchos seres humanos que nunca llegaron a reunirse. E. Young ha tratado la noción de "legado de la memoria", en oposición a la memoria colectiva, mediante su fragmentación, recopilación y su carácter singular.

El papel de la educación globalmente considerada, de la formación civica y de la cultura política democrática de los ciudadanos, constituyen unos hitos básicos. Opino que en el espiritu de los que participemos en el Congreso debería una premisa primordial.

# III. La Etica

Al estudiar la memoria histórica de una determinada comunidad, nos hallamos ante una problemática ética que deberia ser el punto de partida de los análisis de los países que la han sufrido. Por ello, considero un acierto que este tema haya sido incluido en laa agenda del congreso, y a tenor de la información recogida, trato de ofrecer una panorámica global, partiendo logicamente de la realidad española, que es la que conozco. Será muy oportuno contrastar mi aportación, con la que hagan los especialistas brasileños. Primero para arrojar la luz sobre lo acontecido en ambos países y segundo para sensibilizar a los ciudadanos para que no vuelvan a producirse esta situaciones para comprender en toda su extensión el papel que la memoria histórica tiene en el desenvolvimiento global de la misma. Dado que la ética es susceptoble de multibles clasificaciones, citaré la definición global que figura en el libro *Etica, deontologia y comunicació* (27):

"Es el estudio, la valoración y la promoción de una conducta correcta en función de los parámetros considerados moralmente más apropiados. Por tanto debe tenerse en cuenta cómo las personas, interpretan, aplican, equilibran y modifican sus principios en los hechos nuevos, la influencia del impacto tecnologico, de las nuevas actitudes sociales y de las condiciones económicas y sociales cambiantes. Por ello el papel del cambio social es paradigmático, porque las ética nunca puede concebirse como un hecho estático, sino que consiste en la permanente dinámica de los principios y de los valores" (p. 27).

Según Mel Thompson (-1-2) debe distinguirse entre Etica *descriptiva* que menciona las opciones morales y los valores que se dan en una determinada sociedad. Expresa lo que la gente hace y formula elementos expuestos objetivamente de las razones que los ciudadanos ofrecen para justificar su comportamiento. Contiene elementos sociológios y psicológicos y no juzga lo que es bueno y lo que no lo es.

Etica *normativa,* analiza las normas en virtud de las cuales las personas formulan sus opciones morales. O sea, por una parte examinar los deberes de cada uno, lo que tendrían que hacer, es decir, la deontología; por la otra, estudia los valores que se expresan a través de las acciones morales, o sea, la axología.

Por consiguiente, no se puede concebir el estudio de la memoria colectiva, y mayormente, en nuestro caso, de la memoria histórica, sin que la ética no tenga una función y un rango determinantes. Todo lo que es expone a continuación debe ser siempre entendido en la perspectiva que la ética juega en cada supuesto.

En todo estudio sobre la ética de una situación conflictiva que ha originado que surja una memoria histórica, deben tenerse muy en cuenta la cultura dominante y la cultura ética, la influencia de la ideología y de los intereses. La relación entre la ética y el concepto de verdad. La ética individual y la ética grupal. La incidencia positiva o negativa de los grupos de presión.

Eticamente hablando es singularmente relevante el riesgo de la existenciab de mensajes mentirosos, engañosos, y, en la dimensión comunicativa, de propaganda o de desinformación, hechos todos ellos lamentablemente frecuentes, con el consiguiente perjuicio que originan

# IV. Memoria Historica

Para mi constituye un reto abordar este tema, dado que en España ha surgido con fuerza en los ultimos años, como consecuencia de la legitima acción reivindicativa de las victimas de la Guerra Civil. Gracias a la decidida acción y al impulso de las mismas, de publicó la Ley 2007, muy discutida, atacada y controvertida, a pesar de su necesidad y de su necesidad y urgencia, por parte de la oposición de los grupos de poder que ganaron la Guerra.

Deseo señalar de antemano que la bibliografia que he podido consultar es limitada, generalmente considerada, sobre los diferentes aspectos estudiados en este texto y se centra especialmente en España. En los Estados europeos democràticos, por naturaleza, no es una cuestión que se haya planteado a menudo, puesto que el respeto y la reflexión por su memoria histórica no es una cuestión que los historiadores situen en este nivel. Es decir, en el sentido que lo hacemos en España y en aquellos países donde se han producido hechos parecidos de dictadura represiva, de colonialismo y aun de racismo.

Algunas de las consideraciones efectuadas en el capitulo anterior, son aquí de aplicación, con la particulardad que el factor constitutivo es la historia y el marco geográfico en el cual se inserta.

Se trata de una dimensión historiogràfica de desarrollo limitadamente reciente, de caràcter personal, en el cual ha tenido un papel importante Pierre Nora, en el libro citado. Es un concepto que designa el esfuerzo consciente de los grupos por entroncar con su pasado, sea real o imaginado, valorándolo y tratándolo con especial respeto.

Según Francesc Marc Alvaro es hija de un trauma, y no la podemos separar de la emoción, ni de su propia carga emocional. No se acerca a la verdad en sentido ccognitivo. No es sinónimo de recuerdo porque es producto de la tensión entre el recuerdo y el olvido. Estima que es un oximorón, porque la disyuntiva es si es memoria o si es historia. Por esta razón, a su juicio, conecta muy bien con el cine, el comic o la literatura

Cabe destacar le función de los recuerdos, especialmente de los acontecimientos traumáticos Debo señalar la relevancia de los factores de sensibilidad (sensibilización), y el de su impacto sobre los ciudadanos

Por lo que se refiere a la trascendencia de las trradiciones, los prestigiosos historiadores, Eric Hobsbawn y Terence Ranger han analizado los mecanismos mediante los cuales se generan o se inventan las tradiciones.

En el marco español, a raíz de la utilización de este concepto, convertido en un instrmento de movilización intelectual, por Emilio Silva y la Asociación por la Recuperación de la Memoria Histórica, se suscitó un debate historiografico muy vivo sobre la oportunidad y empleo de este concepto, que ha originado actitudes opuestas, positivas y negativas. Desde una perspectiva crítica de ese concepto, en una entrevista efectuada a Stanley Payne, de tendencia más bien conservadora (ABC, 17 de dicienmbre de 2006), manifestó: "Una memoria histórica", no es memoria ni história. Lo que se denomina asi es "memoria colectiva", o no es tal cosa, sino una versión, o versiones, creadas por publicitarios, patriotas, activistas politicos, periodistas o hasta por algunos historiadores interesados. Se trata, esencialmente, de mitos o leyendas creados acerca del pasado. Pueden tener algunas dosis de verdad empírica, o ninguna."

Desde un punto de vista positivo sobre la Ley, el forense Francisco Etcheverría (según Nuria Tesón, en El País, San Sebastián, 18 de diciembre de 2006), que he exhumado a más de 500 fusilados de la Guerra Civil, afirma "no puede ser que todavía haya personas en España que cuando hablen de la Guerra Civil y de la Represión, lo hagan con miedo, a esa gente hay que decirle que aquello fue injusto, que les comprendemos y les apoyanos. No puede seguir existiendo miedo".

Por la parte franquista, debo señalar el papel destacado que juega la Fundación Francisco Franco, presidida por Carmen Polo, hija de Franco, financiada con recursos públicos, que contiene el archivo personal de aquél. Los observadores señalan que su gestión es parcial y muy discutible, ya que no todo el mundo tiene acceso a ella.

## A) Lugares de la memoria y los países

Como he indicado es un aspecto subrayado por Pierre Nora. Pueden citarse muchos casos; En España: El Valle de los Caidos, donde está enterrado José Antonio Primo de Rivera, fundador dela Falange. y muchas victimas de la Guerra Civil, de ambos bandos; El Alcazar de Toledo: sometido a un largo asedio durante la guerra por parte de las tropas gubernamentales. El franquismo lo convirtió en una gesta memorial.

Citaré el caso de Argentina, en el que las organizaciones de derechos humanos, se han ocupado principalmente de las desapariciones, los asesinatos de las victimas, de los hijos de los opositores. Hay que subrayar el papel muy positivo y valiente, jugado por la organización de Las Madres de la Plaza de Mayo, integradas por abuelas de los niños desaparecidos y secuestrados, que ha tenido una intervención muy destacada y decisiva desde 1977. Un lugar siniestro fue la Escuela de Mecánica de la Armada, donde se perpetraron muchos crímenes y torturas.

Posteriormente, en 1983, la Comisión Nacional sobre los Desaparecidos elaboró el informe "Nunca Más" que fue un instrumento básico en la persecución de los opresores. Quiero recordar que Nancy Pillay, Comisaria de la Onu para los Derechos Humanos afirmaba en 2010 que Argentina era el país con más juicios sobre derechos humanos del mundo.

## B) Los regímenes dictatoriales

Son los que ejercen formas de poder por parte de gobiernos autoritarios o dictatoriales que recurren a formas normalmente violentas y opresivas, con pleno desconocimiento y violación de los derechos humanos. Desgraciadamente, los partidos politicos estan estrechamente controlados por el poder politico o economico, sirven los interes de aquellos y actuan según su dictado.

Contra su acción opresora, suelen surgir los movimientos sociales reivindicativos del sistema democràtico y del regimen de libertades, que suelen actuar, en ocasiones, en circunstancias peligrosas para ellos Normalmente, en este supuesto, tratan de luchar contra el sistema opresor, y los integran una amplia heterogeneidad de miembros, a los que singulariza su rechazo de dicha situación injusta y lesiva. En los sistemas políticos, especialmente en los democráticos, su papel cada vez es mayor. En los dictatoriales su capacidad de acción es, por desgracia, más restringida.

En este terreno deben mencionarse los *foros de la memoria,* que se trata de plataformas de lucha en los casos de secuestro de la memoria.

Debo subrayar que la memoria histórica se refiere casi siempre a actos violentos, conflictivos, de represión, cometidos por los que tienen el poder sobre los ciudadanos. Quiero destacar el papel esencial que juega aquí el ejercicio abusivo e indiscriminado de los que ejercen el poder supuestamente legítimo o, mayormente ilegítimo, según los supuestos, junto con el expolio de los bienes de aquellos. En ciertas circunstancias también puede darse, desgraciadamente en los llamados países democráticos.

## D) La población y la ciudadanía

Los ciudadanos que han perdido sus derechos o no los pueden ejercer, son los que sufren la violencia y la represión. Son sus víctimas. Pueden ser autóctonos, inmigrados de todo tipo, exilados políticos, pertenecientes a diferentes religiones e ideologías. Víctimas de una situación de racismo por causas de origen, color, raza, nacionalidad, clase social.

En este contexto tienen un papel destacado la ideología, los intereses, la religión, la cultura política, tanto de los opresores como de los oprimidos, en sus respectivos roles.

## E) Conmemoraciones y símbolos

Cabe citar la obra de Jesús de Andrés Sanz, que es una interesante aportación.

Los actos conmemorativos, las fechas simbólicas como batallas, los movimientos nacionales, las catástrofes, la publicación de leyes, las fechas de nacimiento, las de fallecimiento, los espacios simbòlicos en las guerras, como el Desembarco de Normandía o la batalla de Waterloo, o el 20 de Noviembre en la Plaza de Oriente, son ejemplos que deben citarse.

# V. El Rol de la Historia

Naturalmente la memoria y la historia son dos elementos intrinsecamente unidos, que en el espiritu de las victimas juegan un rol determinante en el mantenimiento de la opresión y de la violación de los derechos humanos.

En este caso, la historia está muy unida a la ideologia y a la mentalidad de las victimas y de los opresores, en un contexto concreto, sometidas, logicamente, a las exigencias del cambio social. Por tanto, esto no quiere decir que una interpretación histórica constituya la verdad objetiva, ya que ésta no existe nunca, por lo expuesto anteriormente. El concepto de pasado conflictivo es determinante. Por ejemplo se puede citar el caso del Holocausto judío.

Un ejemplo evidente de una interpretación maliciosa y falsa de la historia de la Guerra civil española nos lo da el *Diccionario de la Historia de España*, en particular los textos elaborados por Luis Suárez Fernandez, conocido profesor franquista de historia medieval. Es una obra altamente perniciosa porque sólo una expone una visión, muy sesgada, además errònea en mi opìnión de una realidad muy conflictiva y que tiene distintos matices.

Los mitos, los estereotipòs ejercen un papel muy importante, con todas las consecuencias, negativas o positivas que ello comporta. Desde un punto de vista democrático, y primordialmente, por razones éticas, es oportuno tratar de demistificar todo relato histórico que sea falso o no se ajuste a la verdad, que sea consecuencia de una situación de opresión. Por esta razón es tan importante la labor de los historiadores objetivos e imparciales, en el establecimiento de la verdad histórica, como, por ejemplo, el británico Paul Preston o el catalán Josep Fontana, cuya aportación ética y educativa es inapreciable.

Por otra debo destacar la función culturalizadora que tiene la historia en su papel socializador de origen democrático y como referencia fundamental de nuestras vidas.Personajes históricos

Tienen un rol importante en la evolución de la memoria histórica. Pueden ser politicos, gobernantes, demócratas o dictadores, guerreros y militares, cientificos y sabios, creadores e interpretes culturales en todos los ámbitos, profesores. Deportistas. Igualmente, por desgracia, delincuentes. En suma, aquellos que son líderes en su campo respectivo, aunque tambien pueden convertirse en líderes en un sentido global.

# VI. España y Cataluña

Una parte relevante de las consideraciones efectuadas tienen su punto de partida en España, ya que, como he indicado antes, es mi principal punto de referencia. Por ello, a continuación me ocupo de la llamada Ley de Memoria Histórica de España, aprobada por el Congreso de Diputados el 31 de octubre de 2007, y aprobada por el Senado, el 10 de diciembre siguiente. Se reconocen los siguientes aspectos: Juicios sumarísimos del franquismo; Ayudas a los represaliados; fosas comunes (quiero recordar que aún no se han recuperado los restos mortales de Federico Garcia Lorca, en los cementerios de Granada); también los Simbolos franquistas.

Gracias a esta Ley, que tuvo un largo y conflictivo proceso legislativo y que no satisfizo a todos y que los demócratas juzgaron incompleta, el tema de la memoria histórica adquirió legalmente carta de naturaleza, aunque las reacciones fueron distintas según al bando que se perteneciera durante la Guerra Civil. Quiero recordar que Mariano Rajoy, líder del Partido Popular, actual jefe de gobierno, en julio de 2007 prometió derogar esta ley, pero luego, sorprendentemente, votó a favor de algunos de sus articulos.

Desde el punto de vista jurídico cabe subrayar la labor realizada por el juez Baltasar Garzon, especialmente en relación con las penas de muerte dictadas por Franco, lo que le granjeó el odio de los franquistas, que con el apoyo de muchos representantesdel poder judicial, de marcado signo derechista y por otraas causas de origen personal, lograron la inhabilitación de dicho juez, con el estupor y la indignación de una parte significativa de la opinión pública española e internacional, y, en especial, de los circulos juridicos, que se sienten muy identificados y agradecidos por la labor que había realizado. Eticamente lo considero un acto injusto.

En congruencia con ella, debo mencionar los llamados Papeles de Salamanca, o sea la documentación requisada, por orden de Franco, del diciembre de 1938 a enero de 1939, integrada en gran parte por documentos catalanes, que fue utilizada en las causas judiciales contra la Masoneria y el Comunismo, considerados delitos graves o muy graves, y sus respectivas victimas.

Quiero recordar aquí el discurso de Miguel de Unamuno, a la sazon rector de la Universidad de Salamanca, ante la actitud agresiva e insolente de los franquistas: ""Venceréis, pero no convenceréis", en respuesta a sus gritos de "viva la muerte" y "mueran los intelectuales". Autenticamente indignos y lamentables. Igualmente hay que traer a colación el intento de agresión contra él, durante el mismo acto, intentado por el general Millan Astray, y evitado por la esposa de Franco. ¡Qué amargo y duro es su recuerdo, ¿Como pudo ser realidad"?

A nivel de los represaliados españoles en general, recomiendo la lecura del gran libro del historiador británico, Paul Preston, el *L'Holocauste espanyol*, que ofrece una documentación muy completa, aterradora, sobre los crimenes cometidos contra los republicanos españoles durante la Guerra Civil.

Debo decir que la protección jurídica de los ciudadanos que son victimas de la opresión y, en este caso que nos ocupa, de su memoria histórica tiene un papel esencial en la vigencia y el respeto de ésta ley, y es un hecho que debe tenerse muy en cuenta, a pesar de los incunmplimientos que se han producido.

Por lo que respecta a Cataluña, dada su especificidad histórica, sus legítimas reivindicaciones como comunidad politica, con una historia, una cultura, una lengua y un sistema jurídico propios, asi como con una economía desarrollada, es lógico que para el franquismo fuera una realidad politica a combatir, a anular, a exterminar y que en la postguerra la persecución de los catalanistas fue muy cruel e implacable. Desgraciadamente, aún hoy, Cataluña es una comunidad histórica que goza de escasas simpatías en muchas regiones españolas, en parte por su carácter centralista y por el peso determinante que tiene Madrid en el marco español. En mi opinión por su gran peso especifico y sus acusadas caracteristicas diferenciadoras.

En el caso del Brasil intuyo que debe distinguirse entre la represión de la pblación indigena, por una parte, y las consecuencias del golpe de Estado militar. Espero con impaciencia mejorar mi conocimiento en este ambito.

# VII. Dimension Comunicativa

*Los medios de información*

En la investigación llevada a cabo sobre el papel que en este terreno desempeñan los medios de información quiero señalar que originariamente no han tenido una función socializadora de este hecho. Sólo se ocupan de ello, cuando surgen conflictos o circunstancia que exigen que sean objeto de infomación por la gravedad o la repercusión social de los hechos que sacuden la memoria histórica.

Si nos atenemos a la realidad española, los hechos que han afectado a la la memoria histórica que ha sido objeto de atención infiormaiva, son más bien recientes cuando los movimientos sociales, los partidos politicos o los gobiernos han estimado que debían concederles una atención determinada, a veces tomando partido y distanciándose dde la mera descripción informativa de los supuestos incriminados Evidentemente cuando se produce un hecho que afecta directamente a la memoria histórica, la atención informativa de los distintos tipos de medios de comunicación, suele ser amplia, lo que no siempre significa que sea objetiva.

# VIII. Conclusion

En este breve trabajo he intentado establecer una relación entre la memoria colectiva y memoria histórica, en las situaciones de conflicto, estudiadas desde la perspectiva de la ética, hoy tan necesaria y al propio tiempo, frecuentemente, tan ignorada. También he querido subrayar el papel dinamizador que tiene la información en su evolución, archivo como documentación y su divulgación de los acontecimientos, normalmente tragícos, que hayan tenido lugar.

# BIBLIOGRAFIA

ABAD LICERAS, José Maria. *La memoria histórica: la problemática jurídica de la retirada o mantenimiento de simbolos y monumentos públicos*, Madrid, Dykinson, 2009;

ACOSTA BONO, Gonzalo; Rio Sánchez, Angel del; Valcuence del Rio, José Maria, coords. *La recuperación de la memoria histórica: una perspectiva trasversal desde las ciencias sociales*, 2008;

ALBERCH FIQUERAS, Ramon. *Los Archivos entre la memoria histórica y la sociedad del conocimiento*, Barcelona, UOC, 2003;

ALCARAZ CASANOVAS, Ignacio. *Marruecos y la recuperación de la memoria histórica: las fosas comunes del Protectorado*, 2011;

ALVARO, Francesc-Marc. *Entre la mentida i l'oblit*, Barcelona, La Magrana, 2010;

ANDRÉS SANZ, Jesús de. *Los símbolos y la memoria del franquismo*. Papers Estudios de Progreso, Fundación Alternativas, n.º 23, 2006;

ASSMANN, Jan. *Das kulturelle Dedächnis, Schrift, Erinnerung und politische Identität in fruhen Hochkulturen*, Munchen, 1997;

BASTIDE, Roger. *Les religions africainmes au Brésil*. Paris, Presses Universitaires de France, 1960;

CENTRO DE ESTUDIOS ANDALUCES. *La recuperación de la memoria histórica: una perspectiva transversal desde las ciencias sociales*, Sevilla, 2007;

COLE, Jennifer. *Forget colonialism? Sacrifice and the art of memory in Madagascar*. Berkeley, Berkeley University Press, 2001;

CORRADO, Daniele e ALARY, Viviane (Eds.). *La guerre d'Espagne en héritage: entre mémoire et oubli, de 1975 à nos jours*. Clermont Ferrand, Presses Universitaires Blaise Pascal, 2007;

DE LA VEGA, R. e Zambrano, A. Memoria (en linea). *Memoria, la Circunvalación del Hipocampo*. Set. 2007;

*Derecho, Memoria Historica Y Dictaduras*. Granada, Comares, 2009;

*Derecho, Memoria Historica Y Dictaduras* DERECHO Y MEMORIA HISTORICA. Madrid, Trotta, 2008;

DURÁN ALCALÁ, Francisco. *Niceto Alcalá-Zamora: un ejemplo de recuperación de la memoria histórica colectiva.* Priego de Córdoba, Patronato Niceto alcalá Zamora, 2003;

ESCURDERO ALDAY, Rafael, (Coord.). *Diccionarios de memoria histórica: conceptos sobre el olvido.* Revista de Derechos Humanos y Estudios Sociales. Año III, n. 6, julio diciembre, 2011;

FERNÁNDEZ-CREHUET, F. e Garcia López, Daniel (Coords.). *Derecho, memoria histórica y dictaduras.* Granada: Comares, 2009;

FERRATER MORA, Josep. *Diccionario de Filosofía.* Buenos Aires, Editorial Sudamericana, 2 vols. 3.ª ed, 1965;

GARCIA CÁRCEL, Ricardo e SERRANO MARTIN, Eliseo, (Eds.). *Exilio, memoria personal y memoria històrica: el hispanismo francés de raíz española del siglo xx.* Zaragoza: IFC, Colleción: De Letras, 2009;

GASCÓN SANMARTIN, Pedro. *Violencia política y memoria histórica en Quart de Poblet (Valencia),* Ayuntament de Quart de Poblet, 2008;

GIL, Alicia. *La justicia de transición en España: de la amnistía a la memoria histórica.* Barcelona, Atelier, 2009;

GÓMEZ VILLAFRANCA, Román. *Extremadura en la Guerra de la Independencia española: memoria histórica.* Brenes, Muñoz Moya, 2004;

GONZALEZ, Damian A. (Coord.). *El Franquismo y la transición en España: desmitificación y reconstrucción de la memoria de una época.* Madrid, Libros de la Catarata, 2008;

HALBWACHS, Maurice. *Les cadres sociaux de la mémoire.* Paris, Presses Universitaires de France, 1925;

HOBSBAWN, Eric e RANGER, Terence. *La invención de la tradición.* Barcelona, Ed. Crítica, 1993;

IBÁÑEZ, Juan Carlos e ANANIA, Francisco, (Coord.). *Memoria històrica e identidad en cine y televisión,* 2010;

INSTITUTO ESPAÑOL DE ESTUDIOS ESTRATEGICOS. La recuperación de la memoria histórica: El nuevo modelo de democracia: Iberoamérica y España al cabo del siglo xx. *Cuardernos de Estrategias*. Madrid, Ministerio de Defensa, 1999;

IZQUIERDO ESCRIBANO, Antonio, (Ed.). *La migración de la memoria histórica*. Barcelo: Bellaterra: Fundación F. Largo Caballero, 2011;

JUAN-NAVARRO, Santiago, Torres Pou, Joan (eds.). *Memoria histórica, género e interdisciplinariedad de los estudios culturales el siglo XXI*. Madrid: Biblioteca Nueva, 2008;

LLORENTE, Juan Antonio. *Memoria histórica sobre cuál ha sido la opinión nacional de España acerca del Tribunal de la Inquisición*. Valladolid, Maxdor;

LUQUE BEDREGAL, Gino. *Memorias obstinadas: violencia politica y memoria histórica y traumas colectivos en las versiones teatrales de Antigona en Latinoamerica: los casos de Argentina, Chile y Perú*. Barcelona: UAB, 2009;

MALUQUER DE MOTES I BERNET, J. *La Guerra Civil Española*. Madrid: Taurus, 2008;

MARTÍN PALLÍN, José Antonio, Escudero Alday, Rafael (Eds.). *Derecho y memoria histórica*. Madrid: Editorial Trotta, 2008;

MARTINEZ BALLESTERO, Antonio. *Tiempo de guerrilla: apuntes de tragedia para una memoria histórica*. Murcia: Universidad de Murcia, 2000;

MATE, Reyes. *La herencia del olvido*. Errata Naturae;

*Memoria de la Guerra y del Franquismo*. Madrid, Fundación Pablo Iglesias, Taurus, 2008;

Memoria histórica = Memoria histórica. Barcelona, Institut de Drets Humans de Barcelona;

*Memoria histórica y educación* (articulos), 2008;

*Memoria histórica: ¿se puede juzgar la historia?* .2009;

*Memoria histórica: veinte años de Parlamento de Andalucia (1982-2002)*. Sevilla, Secretaria General del Parlamento de Andalucia;

MORENO SALAZAR, José. *Un Guerrillero que no pudo bailar: resistencia anarquista en la postguerra española*. Guadalajara, Silente, DL, 2005;

OLAZIREGI, Mari Jose ( Ed.). *Literaturas ibéricas y memoria histórica*, 2011;

OLMEDA, Fernando. *El Valle de los Caidos. Una memoria de España*. Barcelona, Península;

*Paisaje, memoria histórica e identidad nacional*. Soria, Fundación Duques de Soria, Madrid, Universidad Autónoma de Madrid, 2005;

PARÉS I MAICAS, Manuel. *Etica, deontologia i comunicació*. Barcelona, Editorial UOC (Universitat Oberta de Catalunya), Barcelona, 2012;

PÉREZ GARZÓN, Juan Sisinio e MANZANO MORENO, Eduardo. *Memoria histórica*, 1010;

PICO, Fabián.*Memoria histórica para adolescentes: Dictadura y derechos humanos en Argentina*. Homo Sapiens;

PLEYÁN DE PORTA, José. *Memoria histórica acerca de los tiempos árabes y de la restauración de Lérida*. Lérida Tipografía de Lorenzo Corominas, 1850;

PRESTON, Pau. *L'Holocauste español, Odi i extermini durant la Guerra Ciovil i després*. Barcelona, Editorial Base, 2011;

QUERALT JIMÉNEZ, J.J.M. *Posibilidades de la Ley de Memoria Historica: el caso Companys*. Barcelona, 2011;

*Represión, derechos humanos, memoria y archivo: una perspectiva latinoamericana*. Madrid, Fundación 1.º de mayo, GPS, 2010;

RODRIGUES PADILHA, Eusebio. *La República, la Guerra Civil y la represión franquista en Bacares (Almeria)*. Mojácar (Almeria). 2010, Id id, en Fiñana, Almería;

SALAS, Nicolás. *La "otra" memoria histórica: 500 testimonios gráficos y documentales de la represión marxista en España (1931-1939)*. Córdoba. Almazar, 2006;

SANTILLÁN, Ramón. *La momoria histórica de las reformas hechas en el sistema general de impuestos de España y de su administración*. Madrid, Fundación Fondo para la investigación Económica y Social de la Confederación de Cajas de Ahorro, 1997;

SANTILLÁN, Ramon. *Memoria histórica sobre los bancos*. Madrid, Banco de España;

SEBASTIÁN CHENA, Marta. ¿Cómo obtener la declaración de reparación derivada de la Ley de Memoria Histórica?, 2009;

*Sombras de mayo: mitos y memorias de la Guerra de la Independencia en España*. Madrid, Casa de Velázquuez, 2007;

THOMPSON, Mel. *Ethical theory*. London, Hodder and Stoughton, 2005.

# Capítulo 6

## ESTRATÉGIAS DA COMUNICAÇÃO MERCADOLÓGICA E O DISCURSO HÍBRIDO DAS MÍDIAS

Maria Berenice da Costa Machado

Na atual configuração social, massificada, dispersa e múltipla no tocante a quesitos como identidade, cultura, hábitos de consumo e crenças, os processos de comunicação ocupam a centralidade e respondem pela aproximação de pessoas e organizações (privadas, públicas e não-governamentais), em torno do conjunto de ideias que as sustentam, da imagem que projetam, do que produzem e oferecem na forma de serviços ou eventos para os seus públicos-alvo. Considerando a abundância de ofertas e a competitividade que caracterizam o cenário profissional, político e econômico, uma série de esforços – estratégias e táticas de comunicação – são empreendidos no sentido de distinguir a organização dos seus concorrentes.

Há filosofia, valores e práticas discursivas orientando os diferentes estágios de administração, comunicação e relacionamento da organização com seus diversos públicos/*stakeholders* – acionistas, dirigentes, funcionários, parceiros comerciais e fornecedores, consumidores, concorrência, mídia, formadores de opinião, entidades de classe, governos e opinião pública.

A comunicação mercadológica é planejada para representar o que é tangível em uma pessoa, grupo, organização, objeto, serviço, lugar ou evento, agregando com sutileza alguns atributos intangíveis identificados como relevantes para aqueles que estão ou irão interagir com as suas marcas. A arquitetura deste tipo de comunicação é um constructo multidisciplinar que implica espaços, tempo e investimentos em pesquisas, análises e decisões; envolve etapas de planejamento, posicionamento, definição de conceitos, metas, objetivos, estratégias e táticas que são implantadas, executadas, controladas e avaliadas em suas formas e nos contatos com os públicos.

Observa-se no rastro dessa comunicação informação-persuasão--conceito-síntese-representação-publicização-percepção-avaliação--identificação-adesão; seu sucesso decorre e se concretiza com o alinhamento ideológico, a simpatia ou a compra-consumo, ações que podem retroalimentar o processo. Todas estas são funções ligadas, também, à natureza da Publicidade e da Propaganda, e se tornam tangíveis e visíveis através das mídias, que, por sua vez, comportam diferentes discursos, todos compatíveis com o perfil dos seus públicos-alvo, e servem tanto às funções informativas, quanto para a propagação e a publicização dos atributos associados às organizações, traduzidos através da comunicação das suas marcas, produtos, serviços ou ideias. Desta maneira, as mídias e suas mensagens são produtoras de sentidos no contexto sócio histórico.

A leitura da mídia mostra que muitos dos espaços editoriais passaram a ser ocupados por "informações" de natureza propagandística e publicitária. Em nossa tese de doutorado (MACHADO, 2004), a partir do caso de um jornal impresso, estudamos e defendemos a hipótese de que as manchetes de capa, ao divulgar resultados de sondagens eleitorais, continham elementos persuasivos. Trabalhamos com o paradigma da complexidade e articulamos a nossa reflexão analisando os princípios e as funções dos discursos[25] normativo, jornalístico e publicitário, e os confrontamos com o material empírico. Como resultado, obtivemos um discurso híbrido entre a informação e a propaganda. Embora contradizendo as normas do manual de ética e redação do veículo, esse discurso híbrido é compatível com as características da contemporaneidade e estratégico para acomodar os interesses políticos e mercadológicos do jornal.

O fenômeno observado no campo político-eleitoral verifica-se, também, em relação a outros temas. Com frequência encontramos espaços

---

[25] Discurso, segundo Orlandi (2002, p.15), "tem em si a ideia de curso, de percurso, de correr por, de movimento. O discurso é assim palavra em movimento, prática de linguagem [...]". Como objeto sócio histórico, o discurso é o principal produto e o resultado final do funcionamento das mídias; os discursos midiáticos são, em realidade, discursos que se constroem sobre outros discursos.

editoriais com notícias que mais parecem propaganda ou publicidade[26], empreendidas visando interesses particulares e comerciais dos seus emissores (anunciantes, agências e veículos). Distantes, portanto, da função primeira do jornalismo que é a informação de interesse público.

Do outro lado, no campo da comunicação mercadológica, o paradigma a Comunicação Integrada propõe um conjunto de esforços planejados e desenvolvidos por pessoas e organizações com o objetivo de construir e consolidar a imagem desejada junto a públicos específicos ou à sociedade como um todo, agregando valor às suas marcas, produtos, serviços ou ideias, de modo a desequilibrar o jogo racional da escolha, graças ao poder e ao fascínio que passam a exercer sobre quem os reconhece e os elege. Estratégias, táticas e ações são articuladas nas áreas de Relações Públicas, Jornalismo/Assessoria de Imprensa, Publicidade e Propaganda, Promoções, entre outras, por anunciantes e seus agentes para, com unidade e sinergia de conceitos, ocuparem todos os espaços e lugares disponíveis nas mídias e no mercado, e assim aproximarem-se e relacionarem-se, cada vez mais, com o(s) alvo(s) desejado(s).

A criatividade é combustível para persuadir e as mídias são campos privilegiados, considerando a capacidade que têm para amplificar os conteúdos e as formas veiculadas. O atual produto final midiático é fruto de relações de poderes e de interesses políticos e econômicos, muitas vezes distante dos receptores, mas, com certeza, próximos do emissor-anunciante, do planejador-criador-agenciador e do meio-canal-veículo que o exibe.

Entendemos que existem questões técnicas e éticas[27] imbricadas nesse limbo pantanoso que une as necessidades da comunicação organizacional/mercadológica e a sua veiculação no campo das mídias, entre a autorização, o pagamento, a criação, a produção e a veiculação de anúncios publicitários, e a cedência de espaços para *releases* no outrora (con)sagrado campo editorial e da notícia. Denominamos de discurso híbrido o produto resultante desta operação de informação e persuasão e traçamos como

---

[26] No decorrer do texto, apresentamos alguns exemplos selecionados de modo aleatório e qualitativo para este exercício.

[27] Concebemos ética a partir da proposta aberta e pluralista de Lipovetsky (2004).

objetivos deste artigo: a) apresentar e refletir criticamente sobre alguns desses espaços editoriais ocupados por "informações" de natureza propagandística e publicitária; b) oferecer um contraponto a estes híbridos, articulando exemplos onde prevalecem os interesses jornalísticos ao da publicidade; c) tecer algumas considerações sobre as consequências para a memória histórica.

O interesse por tal fenômeno reside na produção de conhecimento sobre os atuais processos da comunicação mercadológica, mais precisamente aqueles que envolvem a hibridação entre os discursos jornalísticos e publicitários, suas posições e/ou transgressões que podem ser particularmente convenientes para a estratégia de ocupação de espaços e tempos no mercado, mas que podem contrariar valores e princípios cultivados pela imprensa e até pelas próprias organizações anunciantes. Além destas motivações, inerentes à condição do exercício crítico da publicitária, docente e pesquisadora do campo comunicacional, como cidadã, consumidora de produtos, serviços e mídias, entendemos relevante desvelar e questionar algumas das atuais práticas da comunicação mercadológica e midiática.

Nossa hipótese é que as organizações buscam através da comunicação mercadológica, estrategicamente, ocupar diversos e originais espaços nas mídias, que cedem ao jogo político e à corte do poder econômico que elas representam, mesmo que isso signifique contrariar os seus códigos normativos e éticos. O resultado é um discurso híbrido, que repercute sobre a credibilidade do campo jornalístico e pode, com o passar do tempo, corroer também as técnicas persuasivas.

## Contexto Sócio-Histórico

Seguimos o Paradigma da Complexidade, proposto por Edgar Morin (1999), para articular algumas das complexas relações que se estabelecem entre a comunicação organizacional e os discursos das mídias. Para tanto, integramos propostas de autores de diferentes campos e áreas. Vemos na contemporaneidade – aquilo que é do tempo vivido (Coelho, 2005) – nas suas complexas e tensas convergências de espaços geográficos e virtuais, convivências e televivências, locais e globais, as condições para o fenômeno que estudamos.

Rubim entende a atual sociedade estruturada e ambientada pela comunicação, como uma verdadeira "Idade Mídia", na qual a publicização define a própria existência, ou seja, "existir fisicamente significa, sem mais, ter existência pública". Assim, as organizações buscam visibilidade e esta é "[ ...] requisitada no âmbito e pelas características peculiares da sociabilidade contemporânea, norteia e tece o poder específico da comunicação: o ato de publicizar ou seu correlato ato de silenciar" (RUBIM, 2000, pp. 14, 29, 42 e 79).

O tempo presente, identificado como o da Pós-modernidade, não sendo "um período histórico nem uma tendência cultural ou política de características bem definidas", mas tempo e espaço privado-coletivos, "dentro do tempo e espaço mais amplos da modernidade" possibilita "ver o mundo como uma pluralidade de espaços e temporalidades heterogêneos" (HELLER, 1998, pp. 11 e 16).

Segundo Coelho (2005, p. 27), na contemporaneidade "uma teoria, uma visão de mundo não supera outra, convive com ela"; nessas superposições ou hibridações, processos que configuram o tempo presente, há que se destacar a centralidade da comunicação, a indeterminação, a diversidade, a pluralidade dos centros de poder a tecer o cenário dos acontecimentos discursivos das mídias.

Um outro detalhe característico do contexto é a contradição entre as atuais práticas e a natureza do jornalismo, inclusive com a quebra da barreira comercial/editorial, como observa Kucinsky (2001). O autor toma como exemplo alguns jornais que não se enunciam mais como a melhor fonte de informação; ao contrário, promovem-se como o melhor veículo para os anúncios publicitários. As *news to users*, ou notícias para consumidores, bem como os acordos e até patrocínios de reportagens vêm desfigurando a atividade jornalística, que vai assim se aproximando da publicidade, das promoções e do próprio *marketing*.

## As Estratégias da Comunicação Integrada

Traçadas algumas considerações sobre o cenário, interessa identificar e refletir sobre as complexas estratégias ligadas à produção, circulação e promoção de produtos e serviços, que interligam campos diversos como o da Política, Economia, Cultura, Tecnologia, Administração, do Marketing e da Comunicação, entre outros. Embora ciente de que se trata de fenômeno que ocorre em todas as mídias, este estudo destaca apenas anúncios e materiais editoriais do meio impresso empreendidos para informar e promover organizações/produtos/serviços.

A marca dessa comunicação, que denominamos mercadológica, é a integração, a convergência e a sinergia de esforços entre as áreas de Relações Públicas, Publicidade e Propaganda, Jornalismo/Assessoria de Imprensa, principalmente. Ela está inserida no composto de marketing, que Kotler (2000) compreende como processo social e gerencial, pelos quais indivíduos e grupos obtêm o que eles necessitam e querem, através da criação e troca de produtos, serviços, ideias e valores com outros. O marketing liga-se ao modo de produção capitalista, sistema socioeconômico baseado na propriedade privada dos meios de produção, que visa o lucro, emprega trabalho assalariado e é regulado por um sistema de preços.

O gerenciamento dos processos de marketing envolve a análise, a pesquisa, o planejamento, a concepção do produto ou serviço, a execução, a implementação, a avaliação e o controle, a fixação e a formação de preços, os processos de distribuição e circulação, e, ainda, a promoção/comunicação dos bens oferecidos, tudo visando trocas que satisfaçam objetivos dos indivíduos e das organizações. O ambiente onde o marketing atua é o mercado, este entendido como o lugar onde ocorrem as trocas mercantis de bens e serviços, espaço de interação entre a cadeia que se estabelece entre os vendedores e os potenciais compradores.

A comunicação é parte deste sistema, faz a mediação entre anunciantes e seus públicos, torna visíveis marcas, produtos ou serviços identificados como oportunos àquele segmento de mercado. São diversas as estratégias para promover, informar e persuadir, ou seja, para agir mercadologicamente junto a produtos, serviços ou marcas, sempre buscando a interação junto ao consumidor-alvo e, assim, atingir objetivos estratégicos: tornar o produto/serviço/marca o primeiro que vem à mente, fazendo-o desejado e sempre comprado.

Como princípios da boa comunicação mercadológica estão a criatividade, a ousadia, a aderência à natureza da atividade da empresa, a pertinência ética e estética, o envolvimento e o relacionamento com os diversos públicos, a viabilidade técnica, financeira e temporal. Outra característica desta comunicação é que ela pode assumir diferentes e diversos formatos para veicular conteúdos e com estes chamar a atenção, despertar o interesse e o desejo sobre o que está anunciado, sempre com um único objetivo: levar quem é impactado a aderir à sua proposta e a comprar.

Necessita, então, usar as mídias – jornais, revistas, rádio, televisão, Internet, outdoor – para divulgar, apresentar, propor, ensinar, ratificar, explicitamente ou de maneira sutil, a sua mensagem. E compra espaços/tempos no território próximo à informação jornalística. Oportuno destacar que a natureza do jornalismo é a atualidade, sua essência é o caráter público e está ligada à verdade (Parés i Maicas, 1992), antagônica, portanto, da publicidade e da propaganda que visam interesses privados e particulares de quem faz a sua emissão.

Mas a publicidade e a propaganda são componentes fundamentais nos processos de comunicação organizacional, mercadológica e integrada, pois agregam seu combustível, a persuasão, para tentar que a conduta desejada pelo emissor seja adotada voluntariamente pelo receptor (QUINTERO, 1993). Parés i Maicas (1992, pp. 92-93) entende a persuasão como a comunicação intencional que, de forma explícita ou implícita, "se desprende da mensagem do emissor, no sentido que quer transmitir ao receptor a convicção de sua legitimidade, em geral por razões ideológicas ou de interesse" e o faz com argumentos de caráter sensorial, racional ou se dirigindo aos sentimentos.

Publicidade e Propaganda são duas das técnicas da comunicação persuasiva, visam influir na conduta, crenças e comportamentos do público-alvo. Ambas servem para a difusão de produtos (bens tangíveis, produzidos ou fabricados), serviços (atividades econômicas de que não resultam produtos), imagens, marcas ou ideias, para chamar a atenção, fazer o público-alvo identificar-se com a mensagem e assim alterar ou reforçar a sua conduta ideológica e/ou comercial (Dionísio, 1999).

A propaganda é polimórfica (DOMENACH, 1959), designa esforço persuasivo ideológico sem fins comerciais e pode assumir qualquer forma. Ilustra a maleabilidade desta técnica de persuasão a foto de outdoor publicada em *Zero Hora (ZH)* sob o título "Propaganda mal disfarçada" (*Zero Hora*, 5 de junho de 2004, p. 12). Nele está o candidato do PPS a prefeito de Porto Alegre, em 2004, retratado em plano americano, junto com título de letras grandes "fogaça", subtítulo em letras minúsculas "CD alma gaúcha" e no canto diagonal inferior a palavra "lançamento". A jornalista-editora da página comenta que "poucas vezes se viu CD mais badalado" e que a "Justiça Eleitoral não pode fazer nada porque a associação é subliminar mesmo, um velho truque da propaganda". Dias depois, no mesmo jornal, a notícia repercute: Beto Albuquerque, candidato a prefeito na naquela eleição pelo PSB observa tratar-se de caso "inédito de cartaz que divulga o compositor e não o cantor. Por coincidência, ele é candidato" (*Zero Hora*, 10 de junho de 2004, p. 10).

A Publicidade liga-se à persuasão de caráter comercial, um anunciante-patrocinador identificado paga[28] para anunciar nos meios de comunicação de massa ou em outras ações diretas. Como ferramentas do composto promocional de Administração e Marketing, a comunicação publicitária precisa atender às necessidades mercadológicas de divulgação e de promoção, é poderosa alavanca para o desenvolvimento das organizações, das causas e das pessoas envolvidas. As principais características da atividade publicitária são a criatividade e a ousadia. A primeira compreendida a partir de Bassat (2001): "criatividade é fazer de maneira diferente, fazer melhor do que anteriormente e criar escola, ou seja, se converter na nova maneira de fazer". Já a ousadia está ligada à coragem para inovar e surpreender seus alvos, inclusive como no caso que aqui estudamos, inserindo-se ou disfarçando-se no campo editorial da notícia.

---

[28] A discussão que propomos neste estudo identifica como publicitárias também as inserções editoriais – notícias e notas. Independentemente do princípio do jornalismo de não aceitar pagamento de matérias, exceção feita às identificadas por "A pedido" ou "Informe comercial/publicitário", nossa hipótese é de que determinados anunciantes, legitimados por seus volumes de investimentos em publicidade, credenciam-se e ocupam espaços privilegiados no terreno editorial. Creditamos esta tática ao trabalho de assessoria de imprensa, uma das estratégias do paradigma da Comunicação Integrada. Algumas exemplos dessas "notícias publicitárias" são elencados no texto.

Um exemplo de criatividade é a ação propagandística do Greenpeace, que se transforma em notícia e aparece estampada nas capas e páginas de jornais, revistas, sites, ou no noticiário da televisão e do rádio. Considerando que o movimento verde busca sensibilizar governos e populações para a defesa do meio ambiente e a salvação do planeta, parece-nos óbvio e justo que ocupe espaços nobres. No entanto, idêntico tratamento é dispensado pelas mídias a produtos, serviços e marcas de consumo eletivo ou mesmo supérfluo, como veremos nos casos analisados. Tais acontecimentos são destacados por Parés i Maicas (1992) que observa nossa sociedade como tecnificada, onde o conflito e o consenso são resultantes dos constantes confrontos de poderes e interesses, e a utilização das técnicas de comunicação persuasiva, publicidade e propaganda, próprias desta sociedade, apresentam-se, ora de maneira aberta, outras oculta sob a forma de informação ou de relações públicas.

Denominamos neste estudo tais "formas ocultas" de híbridas, fusão da informação com a propaganda/publicidade, reconhecemos estas como próximas das estratégias de: a) *merchandising,* inserção paga na parte editorial ou de entretenimento das mídias; b) *publicity,* estimulação não reconhecida (ou impessoal) de demanda por um produto, serviço ou negócio, plantando comercialmente notícias significantes sobre estes, em um meio publicado (no jornalismo, as formas que estas duas estratégias podem assumir foramobservadas por Marshall, 2003); c) patrocínio, mecenato, marketing cultural, ações que trazem retorno a médio e longo prazos, através do financiamento de empreendimentos culturais, artísticos, esportivos, vinculando a marca e a imagem da organização que demanda o investimento à conquista de simpatia no seu ambiente social e mercadológico.

## As Mídias: Normas e Contradições

O campo da comunicação midiática, também nomeada pelas expressões social, coletiva ou de massas, cuja essência "não mais se apresenta como publicizar ou dar visibilidade ao social, mas constituir mesmo uma dimensão pública da sociedade contemporânea" (RUBIM, 1999, p. 117). Neste sentido, encontra-se a proposta de Rodrigues (1997), que utiliza a expressão campo dos *media*, pois a legitimidade expressiva e programática desse campo é por natureza uma legitimidade delegada dos restantes campos sociais. Assim sendo, o pesquisador amplia o emprego do termo *media*, que adquire um sentido mais lato do que a expressão anglo-saxônica *mass media*, sinônimo de conjunto dos meios de comunicação social – imprensa escrita, radiodifusão sonora e televisiva, publicidade, cinema e, mais recentemente, o ambiente da Internet.

O principal ativo das mídias, seu "capital simbólico" como enunciou Bordieu (2000), é a credibilidade e é em torno dela que as mídias desenvolvem suas próprias leis e normas que as vinculam com a sociedade e com outras instituições sociais. O *Manual de Redação, Ética e Estilo* do jornal *Zero Hora*, privilegiado na captura do material empírico aqui analisado, traz princípios que orientam o veículo há mais de dez anos a

> [...] informar com isenção, responsabilidade, independência, com precisão e equilíbrio, um fato de interesse do leitor; ser imparcial, abrir espaço a todos os lados envolvidos no assunto; apurar a verdade, com isenção e abrangência; ser isento, apartidário, defender a democracia e a liberdade; não aceitar, na área editorial de *Zero Hora*, notícias, notas ou reportagens – matérias, portanto – pagas. (*Zero Hora*, 1994, p. 10)

No entanto, ao estudarmos as práticas diárias deste periódico encontramos muitas contradições entre a "realidade" impressa e os acontecimentos vividos por determinados grupos da sociedade gaúcha. Berger (1998, p. 40) observa, em relação ao *ZH*, que "todo leitor que acompanhou a cobertura de alguma reivindicação social na qual esteve envolvido – seja um professor em greve, um colono sem-terra, um funcionário público de instituição em vias de privatização – sabe por experiência que o jornal não foi isento". Para a autora, o jornal "pode até ter trazido as duas versões, mas a legenda na foto, o número de manifestantes, a palavra que designa o movimento, tomam posição". Essa "tomada de posição", embora contrariando a imparcialidade, um dos princípios do jornalismo, representa, de certa maneira, a confirmação da finalidade da imprensa: "É consenso sabê-la arauto da perspectiva histórica da burguesia e, assim, sustentação do capitalismo" (BERGER, 1998, p. 41).

Importa destacar que a publicidade, "força capaz de moldar a 'cabeça' do público", (retro)alimenta o capitalismo; por sua vez as organizações privadas, investidores publicitários das mídias, tornam-se autoridade que a qualquer momento ditam "o que é verdadeiro e o que é falso, o que é realidade e o que é fantasia, o que é importante e o que é trivial" (BAGDIKIAN, 1993, p. 14). Ainda sobre o papel da mídia no Brasil, Kucinski (1998) acredita ser mais ideológico do que informativo, mais voltado à disseminação de um consenso previamente acordado entre as elites em espaços reservados e, em menor escala, à difusão de proposições de grupos de pressão empresariais. Segundo o autor, essa função de controle é facilitada pelo monopólio da propriedade pelas elites e por uma cultura jornalística autoritária e acrítica.

Um outro jornalista, Arbex Jr. (2003), considera as complexidades, os paradoxos e as contradições da grande mídia e, assim sendo, uma coluna de sustentação do poder. De acordo com o autor, a mídia "é imprescindível como fonte legitimadora das medidas políticas anunciadas pelos governantes e das 'estratégias de mercado' adotadas pelas grandes corporações e pelo capital financeiro". A mídia tem funções "pedagógicas" – educa percepções – "construtivas" – fabrica consensos, produz "realidades" parciais, que são apresentadas como totalidade do mundo – e ainda funções menos nobres – mente, distorce os fatos, falsifica, mistifica. O jornalista relaciona política e mídia: "a mídia atua, enfim, como um 'partido' que, proclamando-se porta-voz e espelho dos 'interesses gerais' da sociedade civil, defende os interesses específicos de seus proprietários privados" (ARBEX JR., 2003, p. 8).

## Discurso Híbrido

As mídias articulam estratégias editoriais e comerciais para dar conta da complexidade que é editar um veículo "próximo" das normas e códigos, que "agrade" aos donos e toda a sua rede de interesses, nestes incluídos o público leitor e os anunciantes. As estratégias relacionadas à editoração da matéria jornalística – "padrões de manipulação" – foram investigadas por Abramo (2003, p. 24). Destas resultam a hibridação, processo característico da sociedade contemporânea, presente em todos os seus campos e relações. Fausto Neto (1991) observa que o híbrido é complexo, uma das marcas culturais deste tempo, fruto do pluralismo, da miscigenação, do cruzamento, da mistura de pelo menos duas espécies diferentes.

E são essas (des)constituições e (dis)funções que encontram eco na hibridação, marca dominante desde o final do século xx, estudada por Weber (2000). Embora as hibridações ocorram em todas as mídias, as peculiaridades da mídia impressa são favoráveis e, até, estratégicas, uma vez que em uma mesma página sempre conviveram as polêmicas e antagônicas áreas jornalística e comercial. Ou seja, as matérias e os anúncios que compõem jornais e revistas, antes de serem diagramados, disputam espaços, hierarquias e poderes, sob a regência dos interesses do capital--mercado, embora as empresas proprietárias insistam em afirmar que são "independentes", comprometidas com a "verdade" e com o interesse público.

Caso de discurso híbrido entre o jornalismo e a publicidade o da multinacional Pizza Hut ao aparecer em dois diferentes espaços editoriais de *Zero Hora* no dia 1 de outubro de 1999. Na página 24, a do Informe Econômico, uma foto de foguete com a marca Pizza Hut; à esquerda deste o título "Outdoor sideral", do outro lado texto informando sobre "[...] grande lançamento. A nova logomarca da cadeia norte-americana Pizza Hut [...] insólita estratégia de marketing [...] como mostra a simulação divulgada ontem". A outra notícia, na página 50, vem com a cartola ESPAÇO, título "Pizza Hut faz propaganda em foguete" e o texto

> A cadeia norte-americana Pizza Hut garantiu para seu produto uma publicidade de alcance sideral: um foguete Próton, que em novembro vai lançar um estágio da Estação Espacial Internacional (ISS), será "adornado" com o logotipo da rede com 10 metros de altura. (*ZERO HORA*, 1999, p. 50)

O segundo parágrafo, completa informando que esta será "a primeira operação publicitária que recorre a um foguete [...]".

Integramos ainda uma terceira notícia sobre a mesma cadeia norte-americana, veiculada em 23 de maio de 2001, na página 3 de *Zero Hora*, no Informe Especial: foto de um homem com uma pizza no ar em ambiente que parece o de uma espaçonave, com a legenda "O cosmonauta russo Yuri Usachov saboreia uma pizza de calabresa da Pizza Hut na Estação Espacial Internacional. A empresa pagou US$ 1 milhão pelo transporte e pelo privilégio de ser a primeira telentrega espacial".

Inegável a criatividade, a ousadia e o inusitado das ações publicitárias da Pizza Hut, credenciais para a sua divulgação. Importa considerar que devido às suas características – na parte externa e no interior de um foguete – só atingiriam o público consumidor de pizzas, se estivessem na grande mídia de massa como o jornal *Zero Hora*. E para isto precisariam ser formatadas como um anúncio publicitário pago e/ou através da "simulação divulgada ontem", esta provavelmente fruto de um release distribuído pela assessoria de imprensa da Pizza Hut (notar que o texto veiculado em ZH contém elementos técnicos da área da comunicação mercadológica, palavras outdoor, logomarca, estratégia marketing, propaganda, publicidade).

Outro exemplo de publicidade ocupando espaços editoriais é o do Grupo Hyundai da Coreia do Sul que em uma mesma data, 30 de maio de 2011, consegue estampar manchete de capa com a sua marca nos dois principais diários do Rio Grande do Sul: no *Correio do Povo*, a manchete principal de capa "Hyundai vai investir no RS"; no *Zero Hora* deu como manchete secundária na capa "Grupo Hyundai fabricará elevadores no RS". Ambas primeiras páginas chamavam para a parte interna do jornal, onde havia matéria sobre a cobertura da visita do governador Tarso Genro à Coreia (*Correio do Povo*, 30 de maio de 2011, p. 4, e *Zero Hora*, 30 de maio de 2011, p. 6) com fotos deste. No *Correio do Povo*, o mandatário do Estado aparece com a presidente da Hyundai. Na mesma página há uma box, em cor destacada, com o perfil do Grupo e a identificação de que o conglomerado é a fonte dessas informações. Podemos inferir tratar-se de um release.

O fato de uma marca, que em tempo futuro irá instalar uma fábrica de elevadores no Rio Grande do Sul, ser simultaneamente manchete de capa nos dois principais jornais do estado pode ser explicado por seu poder publicitário: nos últimos anos, os gaúchos que folheiam ambos os periódicos já se "acostumaram" a encontrar, na sua parte inicial, duas ou três vezes por semana, anúncio colorido de página dupla/espelhada da montadora Hyundai (*Zero Hora*, 16 de junho de 2012, pp. 8-9). Paralelamente, seguem as matérias sobre o Grupo coreano: recentemente, sob o título "Da Coreia para São Leopoldo – Hyundai finaliza o projeto de fábrica de elevadores no Estado" a contracapa do Caderno Dinheiro (*Zero Hora*, 17 de junho de 2012) traz matéria, ilustração que localiza a Coreia e fotos coloridas da empresa, seus produtos e marca. Impossível não associar as inserções editoriais com as comerciais, não lembrar da marca do anúncio ao ler a matéria jornalística.

### Discurso Jornalístico

O contraponto ao que acabamos de apresentar é extraído do próprio jornal *Zero Hora*. A nota "Sonho inflável de Natal" exibe foto, com crédito "arquivo pessoal" e o seguinte texto:

> Uma **famosa marca de automóveis** desenhou um protótipo de trenó pra lá de estiloso para o Papai Noel desfilar dentro de shoppings, centros comerciais e hotéis na Alemanha. Tudo para **promover** sua nova linha de carrinhos infláveis. A ação fez tanto sucesso que, em poucos dias, foram vendidos mais de 13 mil modelos que bóiam. (*Zero Hora*, 2001, p. 11, grifo nosso)

Mesmo usando termos técnicos da comunicação publicitária, há omissão do nome/marca, fato que levanta questões/hipóteses adjacentes: qual a razão para essa "ausência"? A "famosa marca de automóveis" seria exclusiva da Alemanha? Em um mundo globalizado como o atual, isso é pouco provável. No entanto, é possível inferir tratar-se de organização não-anunciante do jornal, condição que justificaria não haver interesse para destacar a sua marca. A foto do "arquivo pessoal" indica que o material não vem de assessoria de imprensa. Independente da razão, o informe demonstra ser possível (e/ou facultativo) falar de um novo produto sem citar seu nome ou mencionar a sua marca, como regem os cânones do bom jornalismo e o manual de redação do próprio periódico.

Importa ainda destacar outra situação que demonstra não ser padrão de comportamento a curvatura da mídia diante do poder da publicidade. Matéria de *Carta Capital* (*Carta* Capital, Ano XVII, n.º 686, 29 de fevereiro de 2012, p. 15) argumenta e traz fatos para justificar a recusa de um anúncio da Eternit. A revista informa que "após a condenação na Itália de executivos da Eternit pelo uso de amianto em seus produtos [...] o grupo brasileiro de igual nome decidiu lançar um anúncio com o objetivo de apontar as diferenças em relação à companhia europeia". Segue referindo que a peça indicaria "inexistência de vínculo societário com a detentora da marca italiana", que o tipo de amianto usado na produção brasileira seria distinto daqueles da Itália e que atenderia a "rígidos padrões de segurança que superam as exigências legais".

O semanário reconhece como um direito e um dever da empresa prestar esclarecimentos aos consumidores, mas expõe sua obrigação de "checar as informações publicadas na revista, mesmo quando se tratar de peças publicitárias e quando assim for entendido necessário". Indica ter ido conferir com especialistas os argumentos que integravam o anúncio, que os mesmos foram rechaçados e resume opinião dos médicos e pesquisadores com explicações técnicas e legais. Conclui a matéria com a frase "Por estes motivos, *Carta Capital* decidiu não aceitar o anúncio da Eternit". Ratificando função do jornalismo, checar previamente o que vai publicar, esta revista estende à publicidade tal princípio; na inconformidade do conteúdo, opta por não faturar comercialmente, valoriza a sua credibilidade, capital simbólico que a credencia diante dos leitores e do próprio mercado midiático e anunciante.

## Considerações Finais e Consequências

Uma charge de El Roto, publicada no jornal espanhol *El País* (*El País*, 2 de maio de 2009, p. 2), sofistica a questão-problema deste estudo: um sujeito com o jornal nas mãos diz *"la caída de la publicidade se podría compensar cobrando toda la propaganda"*. Oportuno lembrar que na

Espanha há clara distinção entre a publicidade, de cunho comercial, e a propaganda, que tem caráter ideológico. Compreende-se a proposta do autor: o jornal poderia compensar a queda da receita publicitária (fato que vem ocorrendo com a mídia impressa global) cobrando toda a propaganda que faz, na nossa leitura em espaço editorial e de forma velada.

Embora não seja o caso de estender ao *El País* a análise que fizemos neste artigo, a frase de El Roto corrobora para interrogarmos se as práticas midiáticas apresentadas – espaços híbridos entre informação-propaganda-publicidade creditados às estratégias de comunicação mercadológica integrada – já não teriam sido "pagas antecipadamente"? Como motivação, o acréscimo de credibilidade[29] que a ocupação de espaços no campo da notícia tem sobre o da publicidade.

No entanto, a banalização de inserções publicitárias em espaços editoriais poderá, ao longo do tempo, corroer e comprometer a eficácia desta estratégia, bem como a credibilidade da própria mídia. Situação que já pode ser identificada em relação a determinados veículos de comunicação, seções e programas nas televisões, cujos espaços-tempos são comercializados e entregues à edição de quem os compra. Este discurso híbrido da mídia faz com que todos percam: organizações anunciantes, agências, mídias e consumidores. Mas a maior perda é a da sociedade democrática que tem na imprensa livre e independente um poderoso aliado, inclusive para denunciar os abusos da publicidade.

---

[29] Sampredro e Roncero (1999) estudaram a informação gráfica e a exposição de candidatos junto a celebridades nas campanhas político-eleitorais da Espanha, denominaram info-propaganda o seu resultado, e observaram que a informação editorial tem 1,5 vez mais credibilidade que a publicidade equivalente.

# REFERÊNCIAS BIBLIOGRÁFICAS

ABRAMO, Perseu. *Padrões de Manipulação na Grande Imprensa*. São Paulo: Ed. Fundação Perseu Abramo, 2003;

ARBEX JR., José. "O legado ético de Perseu Abramo e de Aloysio Biondi". In: ABRAMO, Perseu. *Padrões de Manipulação na Grande Imprensa*. São Paulo: Ed. Fundação Perseu Abramo, 2003;

BAGDIKIAN, Ben. *O Monopólio da Mídia*. São Paulo: Scritta, 1993;

BARDIN, Laurence. *Análise de Conteúdo*. Lisboa, Edições 70, 1977;

BASSAT, Luis. *El Libro rojo de la publicidad: ideas que mueven montañas*. Madrid, España: Espasa, 1999;

_____ *Este é o Século do Conhecimento, Criatividade e Competência*. Porto Alegre: Ray Produções Audiovisuais, 2001. 1 vídeo-cassete (118 min): VHS : son., color;

BERGER, Christa. *Campos em Confronto: A terra e o texto*. Porto Alegre: Ed. da UFRGS, 1998;

BOURDIEU, Pierre. *O Poder Simbólico*. Rio de Janeiro: Bertrand Brasil, 2000;

BURKE, Peter. *Hibridismo Cultural*. São Leopoldo/RS: Editora UNISINOS, 2003;

COELHO, Teixeira. *Moderno pósmoderno: modos & versões*. São Paulo: Iluminuras, 2005;

DOMENACH, J. M. *Propaganda Política*. São Paulo: DIFEL, 1959;

DIONÍSIO, Pedro; BROCHAND, Bernard; LENDREVIE, Jacques; RODRIGUES, Joaquim Vicente. *Publicitor*. Lisboa: Dom Quixote, 1999;

FAUSTO NETO, Antonio. *Mortes em Derrapagem*. Rio de Janeiro: Rio Fundo Ed., 1991;

GOMES, Neusa. *Fronteiras da Publicidade: faces e disfarces da linguaguem persuasiva*. Porto Alegre: Sulina, 2006;

HELLER, Agnes. *A Condição Política Pós-Moderna*. Rio de Janeiro: Civilização Brasileira, 1998;

KOTLER, Philip. *Administração de Marketing: a edição do novo milênio*. São Paulo: Prentice Hall, 2000;

_____ *Marketing para o Século XXI: como criar, conquistar e dominar mercados*. São Paulo: Futura, 1999;

KOVACH, Bill; ROSENSTIEL, Tom. *Os Elementos do Jornalismo*. São Paulo: Geração, 2003;

KUCINSKI, Bernardo. *A Síndrome da Antena Parabólica*: ética no jornalismo brasileiro. São Paulo: Fundação Perseu Abramo, 1998;_____. *Panorama do jornalismo brasileiro contemporâneo: tendências, impasses e desafios*. Porto Alegre, 24 ago. 2001. Palestra no PPGCOM/ PUCRS;

KUNSCH, Margarida. *Planejamento de Relações* Públicas na *Comunicação Integrada*. São Paulo: Summus, 2003;

LIPOVETSKY, Gilles. *Metamorfoses da Cultura*: I. Porto Alegre: Sulina, 2004;

MACHADO DA SILVA, Juremir. *A Miséria do Jornalismo Brasileiro: as (in)certezas da mídia*. Petrópolis: Vozes, 2000;

MACHADO, Maria Berenice. *Estratégias Híbridas de Ação Política e Mercadológica: estudo dos discursos normativo, jornalístico e publicitário do jornal Zero Hora, no período 19982004*. Tese (Doutorado em Comunicação Social), Programa Pós-Graduação em Comunicação. PUCRS, Porto Alegre, 2004;

MARCONDES FILHO, Ciro. *O Capital da Notícia: jornalismo como produção social de segunda natureza*. São Paulo: Ática, 1986;

MARSHALL, Leandro. *O Jornalismo na Era da Publicidade*. São Paulo: Summus, 2003;

MORIN, Edgar. "Da necessidade de um pensamento complexo". In: MARTINS, Francisco Menezes; SILVA, Juremir Machado da (orgs.). *Para Navegar no Século XXI*. Porto Alegre: Sulina/EDIPUCRS, 1999;

ORLANDI, Eni. *Análise de Discurso: princípios e procedimentos.* Campinas: Pontes, 2002;

PARÉS I MAICAS, Manuel. *Introducción a la comunicación social.* Barcelona: PPU, 1992;

PEREZ, Clotilde; BARBOSA, Ivan Santo. *Hiperpublicidade 1 e 2.* São Paulo: Editora Cengage Learning, 2007;

PINHO, J. B. *Comunicação em Marketing:* princípios da comunicação mercadológica. Campinas/ SP: Papirus, 2001.

PINTO, Milton José. *Comunicação e Discurso: introdução à análise de discursos.* São Paulo: Hacker, 1999;

QUESSADA, Dominique. *O Poder da Publicidade na Sociedade Consumida pelas Marcas.* São Paulo: Futura, 2003;

QUINTERO, Alejandro Pizarroso. *História de la propaganda.* Madrid: EUDEMA, 1993;

RODRIGUES, Adriano Duarte. "Delimitação, Natureza e Funções do Discurso Midiático". In: MOUILLAUD, Maurice; PORTO, Sérgio Dayrell (orgs.). *O Jornal: da forma ao sentido.* Brasília: Paralelo 15, 1997;

_____ *Estratégias da Comunicação.* Lisboa: Ed. Presença, 1990;

ROIZ CELIX, M. *Técnicas modernas de persuasión.* Madrid: Eudema, 1994;

RUBIM, Antonio Albino. *Comunicação e Política.* São Paulo: Hacker, 2000;

_____ *Mídia e Política no Brasil.* João Pessoa: EUFPB, 1999;

RÜDIGER, Francisco. *Tendências do Jornalismo.* Porto Alegre: Ed. da Universidade/UFRGS, 1998;

SAMPAIO, Rafael. *Propaganda de A a Z.* Rio de Janeiro: Campus, 1997;

SAMPREDRO, Victor; RONCERA, María. Información gráfica electoral: info-propaganda y guerra de estrellas. *TXT – Textos de Cultura e Comunicação,* Salvador, n.º 40, pp. 125127, dez. 1999;

SANTOS, Gilmar. *Princípios da Publicidade.* Belo Horizonte: UFMG, 2005;

WEBER, Maria Helena. *Hibridação de Verdades Políticas e Mediáticas.* Porto Alegre: FAMECOS PUCRS/COMPÓS – Associação Nacional dos Programas de Pós-graduação em Comunicação, maio 2000. CD. Disponível em: <http://www.intexto.ufrgs.br/v6n6/a-v6n6a4. html>. Acesso em: 07 jun 04;

*ZERO HORA. Manual de Ética, Redação e Estilo.* Porto Alegre: RBS/ LP&M, 1994.

# PARTE II

Narrativas Jornalísticas e Narrativas Históricas: Personagens em Foco

# Capítulo 7

## A IMPORTÂNCIA DE HIPÓLITO DA COSTA PARA O JORNALISMO BRASILEIRO

Lavina Madeira Ribeiro

Foram poucas e quase sempre frustradas as tentativas de impressão tipográfica no Brasil do período colonial. Este é um tema de necessária reflexão para que se possa vislumbrar em profundidade as feições tão peculiares que adquiriu o surgimento da imprensa em solo brasileiro. Portugal não ofereceu condições propícias ao florescimento desta atividade em seus domínios. Razões para tanto têm origem no âmbito da sua própria sociedade reinol, fechada numa religiosidade extremosa, praticamente isolada do espírito cosmopolita emergente nos grandes e agitados centros urbanos comerciais do continente europeu e no perfil de um poder monárquico minado pela intolerância jesuítica ao humanismo renascentista e francamente hostil a qualquer escritura fora dos limites já anacrônicos da escolástica medieval (RIZZINI, 1988, p. 71). Até a segunda metade do século XVIII, o ensino na Universidade de Coimbra e nas escolas dominadas pelos jesuítas encontrava-se fortemente defasado em relação às demais academias europeias. Inexistiam disciplinas humanísticas (direito, filosofia, história, geografia, letras), experimentais (matemática, física, medicina), assim como o ensino da própria língua portuguesa. Situação modificada somente com a reforma do ensino empreendida pelo marquês de Pombal, a partir da extinção da presença jesuítica nos territórios portugueses em 1759.

Embora a primeira publicação portuguesa considerada como um periódico date de 1641, época relativamente próxima àquela em que surgiram os primeiros periódicos em várias cidades europeias, muito pequena foi sua contribuição para a formação de uma nova esfera de discursividade pública. Por um lado, conforme Rizzini, "na censura e taxação das edições intervinham seis autoridades civis e eclesiásticas" (Rizzini, 1988, pp. 105-112) e, por outro, seus relatos, apesar de conterem características que remetiam aos primórdios da prática jornalística, com notícias sobre eventos recentes de possível interesse para um público genérico, apenas reafirmavam as hierarquias de valor, comportamento e poder político vigentes. Sob esta censura ininterrupta do Estado e da Igreja, sob critérios parcimoniosos de discursividade, dentro de uma sociedade iletrada e alheia aos novos horizontes humanistas dos demais centros europeus, surgiram posteriormente, entre silêncios de décadas, alguns poucos periódicos até o início do século XIX, quando só então emergiu um jornalismo voltado para a defesa de causas políticas, entre elas, a da monarquia constitucional. Um jornalismo que sobreviveu apesar das investidas concretas da censura régia, sobretudo porque a Corte lá não mais estava defendendo a perenidade do seu poder absolutista e da sociedade a ele submetida.

Portugal impôs aos seus domínios severos limites à publicação de livros e, posteriormente, também de periódicos. Desde o início do século XVI até 1820, estavam ambos sujeitos à aprovação de uma tríplice instância censória composta pelo episcopado, pela Inquisição e pelo desembargo do Paço, além de um outro imposto pela cúria Romana a partir de 1624, concernente à aprovação da circulação de livros impressos; instâncias estas suspensas somente durante as duas décadas do ministério de Pombal, quando substituídas pela sua Mesa Censória[30]. A ação dos censores tinha nos representantes do Santo Ofício a sua expressão mais concreta e visível com, segundo Rizzini, "todo um arsenal para intimidar, desesperar e punir os homens de pensamento: o cárcere, os tormentos, o auto-de-fé, as abjurações, a reclusão, o confisco, a infamação, o sambenito e a fogueira" (Rizzini, 1988, p. 235).

Tais controles repercutiam no Brasil sob diversas formas: impedindo, com poucas exceções, que escritores oriundos da Colônia descrevessem sua história, geografia, costumes e modos de vida; confiscando obras, proibindo o comércio de livros, a difusão de bibliotecas; dificultando a instalação de

---

[30] A mesa censória criada por Pombal, segundo Varnhagen, era um "tribunal encarregado da censura dos livros, que ficavam isentos de passar pelas três censuras, da inquisição, do desembargo do paço e do ordinário" (Varnhagen,1975, pp. 237-238).

tipografias em solo brasileiro[31] e, por conseguinte, a publicação de livros e demais formas de expressão artística, científica e jurídica; fatores estes que contribuíram sobremaneira para o analfabetismo e o isolamento intelectual de quase toda a população colonial. Nestes três séculos de obscuridade, contentou-se a Colônia com as bibliotecas de alguns conventos, mosteiros e colégios, com as poucas publicações de brasileiros ou aquelas trazidas pelos reinóis, seus livros e escassos periódicos, com os dispersos movimentos literários organizados com o conhecimento da Coroa[32] e com as efêmeras

---

[31] José Marques de Melo, em sua tese de doutoramento, tratou exclusivamente das razões que retardaram o surgimento da imprensa no país. Entre suas pesquisas, vale ressaltar a constatação de que não houve uma legislação que proibisse a implantação de tipografias no Brasil. Em resposta a um suposto alvará de 20 de março de 1720, citado por Pereira dos Reis, que proibia "a impressão de livros na Colônia, para proteger as editoras da metrópole", Marques de Melo, além de não encontrá-lo , argumenta que "seria muito difícil que escapasse à observação de um Gomes Freire, governador do Rio de Janeiro que permitiu a instalação da oficina de Isidoro da Fonseca, em 1747, ou do Bispo da mesma cidade, que favoreceu a impressão de algumas obras, expedindo a licença solicitada". Segundo o autor, o que existiu foram "determinações isoladas de confisco das oficinas montadas sem autorização dos governantes metropolitanos". Mas quando se pensa nas repetidas frustrações de todas as iniciativas de impressão tipográfica no Brasil, promovidas pela censura portuguesa, pode-se supor que tal legislação proibitiva não precisou existir pois não houve circunstância em que ela tenha sido requisitada para legitimar quaisquer dos atos de confisco; seja porque inexistiam forças coloniais de questionamento e resistência a estes atos, seja porque o poder de intimidação português ancorava-se em competências genéricas de censura que supostamente abrangiam estes procedimentos específicos (MARQUES DE MELO, 1972, pp. 199 e 127).

[32] Varnhagen descreve o prestígio alcançado por alguns escritores brasileiros durante o reinado de D. José I, entre eles, os dois irmãos reformadores da Universidade de Coimbra, D. Francisco de Lemos e João Pereira Ramos; o mineiro José Basílio da Gama, autor do épico *Uraguai*, dos poetas Cláudio Manuel da Costa, Manuel Inácio da Silva Alvarenga, Inácio José de Alvarenga Peixoto e cita ainda as "três associações literárias que contou o Brasil durante este reinado. A dos *Seletos* , no Rio de Janeiro, em 1752 [...] as suas produções foram publicadas na coleção *Júbilos da América* [...]. A dos *Renascidos*, que se instalou na Bahia em 1759 [...] com quarenta acadêmicos de número (todos residentes na Bahia) e oitenta e três supranumerários [...]. A *Científica* foi instituída no Rio de Janeiro em fevereiro de 1772". É , entretanto, importante ressaltar o que afirma Varnhagen sobre o tipo de estrutura que efetivamente interessava a Portugal. Segundo ele, "não eram tanto os escritores de literatura amena, como os que continham informes estatísticos do país, os que mais fomentava o governo, e que efetivamente se escreviam" (VARNHAGEN, 1975, pp. 253-255).

formas locais de comunicação pública: as folhas manuscritas com sátiras, versos populares, protestos, difamações e louvores. Eles formavam, apesar de localizados, restritos e diferenciados, pequenos públicos que se comoviam, opinavam e tomavam partido nas contendas que promoviam.

Os argumentos acerca da inexistência de tipografias e, consequentemente, da imprensa no Brasil colonial tendem, em geral, a atribuí-la aos temores portugueses de que se desenvolvessem movimentos políticos de independência, característicos de processos coletivos de emancipação intelectual; como se fossem diretamente proporcionais a ignorância nativa e sua resignação à condição de colônia dependente de uma metrópole e por ela dominada. Para além destas razões políticas, José Marques de Melo acrescenta duas ordens de fatores: motivos de natureza econômica, como o aumento dos custos de impressão na Colônia e o temor a futuras concorrências, a morosidade de seus trabalhos, sujeitos a autorizações das instâncias censórias e do Conselho Ultramarino e a política econômica geral do Reino de proibir práticas manufatureiras nas suas colônias. E ainda fatores causais que o autor denomina de "sócio-culturais", como a "a) natureza feitorial da colonização; b) atraso das populações indígenas; c) predominância do analfabetismo; d) ausência de urbanização; e) precariedade da burocracia estatal; f) incipiência das atividades comerciais e industriais e g) reflexo da censura metropolitana" (Marques De Melo, 1972, pp. 146-147).

Este quadro explicativo, apesar de abrangente parece ainda insatisfatório quando não privilegia a condição da imprensa como prática, não necessariamente característica das novas formas de manufatura, mas essencialmente originária de um processo de reflexividade pública próprio da era moderna. Neste caso, as razões políticas voltam a ter grande força explicativa, porque os confiscos de tipografias, as proibições e penalidades das instâncias censórias, as interdições intelectuais secularmente impostas pela presença jesuítica foram fatores de retardamento não da implantação da imprensa – como fato isolado – mas, sobretudo, da emergência de esferas públicas de discursividade essenciais ao desenvolvimento dos fundamentos da ação e do pensamento moderno.

Que grandes prejuízos econômicos ou ameaças às manufaturas europeias poderiam decorrer do funcionamento de tipografias isoladas em algumas cidades brasileiras? Por que todas elas foram ostensivamente confiscadas quando de suas efêmeras aparições? O fato é que não apenas no Brasil, mas também em Portugal, não haviam ainda sido criadas as condições necessárias à emergência da prática jornalística. A informação e a moeda foram os dois elementos revolucionários das hierarquias valorativas e normatizadoras das sociedades feudais europeias. A notícia sobre qualquer assunto, remete à pressuposição da existência de um público apto a traduzi-la e interessado no seu relato. Ela é uma criação específica de contextos urbanos móveis, onde os indivíduos têm uma certa margem de autonomia para tomar iniciativas próprias a partir de seus julgamentos privados sobre um contexto que é processual, dinâmico. A informação, seja como notícia ou opinião, é um elemento de atualização da ação e do juízo de indivíduos privados; resultante das necessidades, interesses e atividades destes. A monarquia portuguesa pouco investiu no sentido de dinamizar – econômica e intelectualmente – seus domínios. Manteve-se, por um lado, alheia ao desenvolvimento do livre comércio, das manufaturas e dos grandes centros urbanos comerciais, por outro, às novas formas de pensamento filosófico e social. Portugal esteve à margem da modernidade até a segunda metade do século XVIII, quando, por um lado, o regime colonial começou a não suportar as pressões por mudanças do capitalismo inglês e, por outro, a Universidade de Coimbra iniciou a formação dos futuros contestadores portugueses e brasileiros do absolutismo vigente.

Os primeiros sintomas de mudanças surgiram, no Brasil, com as conjurações mineira, em 1789, e baiana, em 1798. Os autos das devassas demonstraram que seus integrantes estavam familiarizados com a literatura reformista e revolucionária do iluminismo francês, contrário à escravidão, ao tráfico negreiro, anticolonialista, crítico às políticas de monopólio do mercantilismo colonial e , decorrentemente, ao próprio sistema absolutista de governo; defensores do livre – comércio e dos movimentos de insurreição das colônias.[33] Aos conjurados de Vila Rica acrescenta-se o entusiasmo causado pela independência das colônias americanas e, aos da Bahia, a influência do processo revolucionário francês. A censura portuguesa não podia mais controlar como antes o ingresso no Brasil destas informações e das obras científicas, políticas e literárias discutidas em Portugal e na França, trazidas e cultivadas por brasileiros bem nascidos que para lá se dirigiam em número crescente com a finalidade de adquirir títulos universitários.

## O surgimento da imprensa no Brasil

Os dois primeiros e atípicos fenômenos característicos do surgimento da imprensa no Brasil são representativos do recente convívio destas duas ordens distintas de concepção do exercício da vontade política: a que a

---

[33] Desaconselha-se uma relação obrigatória de causa e efeito entre a reforma da Universidade de Coimbra, feita a partir de 1772 e a evidência, aproximadamente vinte anos depois, da existência de bibliotecas particulares no Brasil com os títulos mais importantes do pensamento iluminista francês, como no caso de alguns conjurados de Vila Rica (formados em Coimbra em período anterior à reforma) e de mineiros como Batista Caetano de Almeida, os quais, segundo Fernando Novais, ao comentar a pesquisa feita por Bradford Berns, "tinham uma rica coleção do pensamento das Luzes: ao lado de obras sobre agricultura, botânica, química, história, viagens, e sem a presença de livros da escolástica tradicional, e lá estão Montesquieu, Diderot, Rousseau , Beccaria, Mably, Condorcet, Raynal..." além de muitos outros livros sobre os Estados Unidos. Literatura semelhante também foi encontrada nas devassas de 1794, no Rio de Janeiro, e de 1798, na Bahia. Acredita-se que a nova política educacional de Pombal, associada aos tantos outros fatores de ordem econômica e política em andamento na Europa, justificam a existência destas bibliotecas e, o mais importante, a emergência de uma intelectualidade brasileira que, a despeito de todo o isolamento, de sua insignificância numérica e da impossibilidade de livre manifestação pública, procurou manter-se atualizada e corporificou os movimentos precursores do processo de independência do país. As divergentes interpretações sobre o grau de maior ou menor convicção insurrecional dos conjurados mineiros, comparáveis, por exemplo, entre as análises de Francisco Adolfo de Varnhagen e Fernando Novais, não descaracteriza o perfil crítico e atualizado da sua formação intelectual, os quais, em suas palestras secretas, segundo Novais, já questionavam "a autoridade do príncipe, que não podia mais substituir a consciência individual" (NOVAIS, 1986, p.157-171).

corporifica no monarca, oriunda de um passado que ainda lhe assegura o domínio dos instrumentos políticos de afirmação da sua soberania e a que atribui aos indivíduos privados a competência de legitimação e controle destes instrumentos. Entende-se, assim, porque o primeiro jornal impresso em solo brasileiro, à exceção de algumas tentativas frustradas e de esparsos jornais manuscritos, foi implantado a partir do decreto real de 13 de maio de 1808, que autorizava a criação da Imprensa Régia no Brasil.[34] Uma situação inédita se pensada do ponto de vista histórico da origem privada da imprensa, ou seja, do seu surgimento no terreno das novas práticas discursivas da sociedade civil emergente. Mas ao mesmo tempo em que se inaugurava oficialmente a implantação desta imprensa nativa, denominada de *Gazeta do Rio de Janeiro*, cujo primeiro número data de 10 de setembro de 1808, já circulavam no Brasil os primeiros exemplares do jornal *Correio Braziliense*, editado em Londres em junho do mesmo ano pelo brasileiro Hipólito da Costa, cujas páginas conclamavam os leitores a abrirem suas portas ao esclarecimento, às luzes do conhecimento e às lutas que engendram contra o "labirinto da apatia, da inércia, e do engano"[35].

A fuga da corte portuguesa para o Brasil, em novembro de 1807, decorrente da invasão francesa, criou uma situação inesperada para o país ao torná-lo, subitamente, a sede da monarquia portuguesa e, mais do que isso, ao expô-lo diretamente aos circuitos das práticas econômicas e das ideias políticas e culturais predominantes nas sociedades europeias. A *Gazeta do Rio de Janeiro* foi apenas mais uma dentre as deliberações tomadas por D. João VI no sentido amplo de implantar no Brasil as instituições executivas, jurídicas, militares, diplomáticas e culturais necessárias ao funcionamento da monarquia no país. Seu lançamento, no mesmo ano de chegada da Corte, deve-se, em parte, a fatores fortuitos como, por exemplo, à atitude pessoal do conde da Barca de, na pressa

---

[34] A Impressão Régia foi instituída em Portugal, em 1768, por decisão do marquês de Pombal (RIZZINI, 1988, p. 217).

[35] Trecho da Introdução do primeiro exemplar do *Correio Braziliense*, escrita por Hipólito da Costa, em junho de 1808.

da fuga, mandar embarcar os prelos recém-adquiridos em Londres com a finalidade de servirem à Secretaria dos Negócios Estrangeiros e da Guerra. Quando desembarcados no Brasil, D. João VI, em 13 de maio de 1808, manteve-os ainda sob o controle desta Secretaria, destinando-os à impressão de seus atos legislativos e diplomáticos e também, de "todas e quaisquer outras obras"[36], entre elas, a *Gazeta do Rio de Janeiro*.

A *Gazeta* pertencia à Secretaria e era redigida por seus oficiais. Nas suas quatro a oito páginas bissemanais, durante os quatorze anos em que circulou, foram impressas notícias do estrangeiro, da família real, atos do governo e muitos anúncios. Apesar de declarar, logo no primeiro número, que não era uma publicação oficial do governo, nada a impelia a deixar de sê-la. Tanto as edições feitas pela Impressão Régia – também dirigida por prestigiados membros da corte portuguesa – como a *Gazeta do Rio de Janeiro*, além do fato de serem administradas por membros do Estado português, eram ainda submetidas aos seus censores. A tipografia real e a *Gazeta* foram, na verdade, os órgãos precursores da impressa oficial de todas as formas posteriores de governo do país. Assim como a Impressão Régia, em 1821, passou a denominar-se Imprensa Nacional, a *Gazeta do Rio de Janeiro* desapareceu a 31 de dezembro de 1823 para ressurgir, a 2 de janeiro de 1824, como *Diário do Governo* – assumidamente um órgão oficial estampando inclusive as armas imperiais brasileiras[37].

A *Gazeta* não pode ser considerada como uma prática jornalística genuinamente brasileira. Ela era uma estrangeira, à medida que não

---

[36] Esta é uma citação de um trecho do decreto real de 13 de maio de 1808 que cria a Impressão Régia e autoriza outras publicações no país, na íntegra, diz D. João VI, " Tendo-me constado, que os prelos que se acham nesta capital, eram destinados para a Secretaria de Estado dos Negócios Estrangeiros e da Guerra; e atendendo à necessidade que há da oficina de impressão neste meus Estados: sou servido que a casa, onde eles se estabeleceram, sirva interinamente de Impressão Régia onde se imprimam exclusivamente toda a legislação e papéis diplomáticos, que emanarem de qualquer repartição do meu real serviço; e se possam imprimir todas e quaisquer outras obras; ficando internamente pertencendo o seu governo e administração à mesma Secretaria" ( *apud* Veríssimo, 1900, p. 35).

[37] *A Gazeta do Rio de Janeiro* foi transformada, sucessivamente, em *Diário do Governo*, *Diário Fluminense*, *Correio Oficial*, *Gazeta Oficial do Brasil* até o atual *Diário Oficial da República* ( Bessa, 1904, p. 239; Passos, 1952, p. 29; Bello,1908, p. 20).

abrangia os fatos da realidade local e se dirigia, sobretudo, aos integrantes da corte portuguesa recém-instalada no país. Seu ponto de vista era o da fala monárquica. Ela satisfazia, por um lado, as demandas desta fala de dar conhecimento à toda a corte e afins de seus atos oficiais e, por outro, às expectativas desta corte de não perder o desenlace de assuntos palacianos e internacionais a que foi provisoriamente coagida submeter--se de forma tão radical.

Já o *Correio Braziliense* ou *Armazém Literário*, como também era denominado por Hipólito da Costa, apesar de impresso em Londres, pode ser justamente considerado, neste período de permanência da corte no Brasil, como o fez Rizzini, "o nosso único jornal informativo, doutrinário e pugnaz" (RIZZINI, 1988, p. 341). Hipólito nasceu no sul do país, às margens do Prata, estudou leis e filosofia em Coimbra e, em 1798, embarcou para o México e Filadélfia, onde encontrou as bases do seu discurso jornalístico liberal e progressista e o apoio maçônico para seus empreendimentos pessoais[38]. Este apoio o levou a ser preso pela polícia portuguesa entre os anos de 1802 e 1805, quando foi para a Inglaterra e lá conseguiu estabelecer-se sob a proteção do duque de Sussex, chefe da maçonaria inglesa e irmão do príncipe regente da Grã-Bretanha.

O *Correio Braziliense* era um periódico mensal relativamente caro para o poder aquisitivo das populações urbanas livres da época, chegando ao Brasil, por vezes, com três ou quatro meses de atraso[39], mas que compensava estes entraves com o grande número de páginas impressas e a novidade de um discurso fundamentalmente informativo, analítico e opinativo. É aceitável que tantos autores nacionais o relevem à posição de periódico inaugural da imprensa brasileira, dado que, do ponto de

---

[38] Sobre as impressões de Hipólito da Costa em sua viagem aos Estados Unidos (COSTA, 1955).

[39] De acordo com Rizzini, " começou o *Correio* a ser publicado em junho de 1808, na oficina de W. Lewis, e continuou pontualmente todos os meses, até dezembro de 1822, num total de 175 números, de 72 a 140 e mais páginas in - 8.º (o de agosto de 1812 tinha 236 páginas), perfazendo 29 volumes.[...] Custava o exemplar no Rio de Janeiro, ao tempo da Independência, a exorbitância de 1$ 280 (o porte ficava em 110 réis, mais ou menos), segundo anunciava o negociante J. J. Dodsworth" (RIZZINI, 1957, p. 19).

vista discursivo, esta é a primeira publicação, tanto no Brasil, como em Portugal, a pressupor uma esfera de discursividade pública no país, em termos comparáveis com aqueles em que histórico e sociologicamente ela se desenvolveu nas sociedades europeias dos séculos XVIII e XIX. É o primeiro periódico a discutir publicamente questões até então particulares do Estado português, ancorado, em certa medida, nas premissas e procedimentos próprios à racionalidade comunicativa, como a liberdade individual de expressão e a igualdade de condições dos integrantes do seu público.

Os fundamentos da modernidade[40], adquiriram visibilidade e, portanto, materialidade, nas páginas do *Correio Braziliense*. A premissa da liberdade de expressão, requerida e delimitada já na *Introdução* do primeiro exemplar, implicava a liberdade e, logo, a necessidade de existência de muitos outros novos elementos, tais como de um espaço público dentro da grande esfera privada da sociedade civil; a presença, constituindo este espaço, de indivíduos igualmente aptos à livre expressão; a possibilidade destes indivíduos requererem para si a competência e autoridade para julgar e decidir sobre assuntos de interesse comum a toda a sociedade e, também, a legitimação da imprensa como instituição específica deste espaço público.

Há, entretanto, uma certa distância entre os fundamentos da discursividade pública moderna e o modo como o *Correio Braziliense* historicamente os efetivou. Vale a distinção feita por Peter Hohendahl entre o referente normativo[41] e o fato histórico. O primeiro concerne às premissas

---

[40] A teoria da modernidade e do espaço público de Jürgen Habermas é a referência para a análise da emergência e do desenvolvimento das instituições de comunicação das sociedades ocidentais. O estudo deste campo teórico, assim como a disposição analítica dos seus elementos em função da processualidade histórica de conformação destas instituições, foi objeto de reflexão em ensaios anteriores a este trabalho. Suas colocações são aqui retomadas para a análise específica das instituições de comunicação brasileiras e, somente quando o objeto apontar novas variações desta colocações, é que as referências à Habermas serão novamente objeto de reflexão e apropriação críticas. Estes ensaios pertencem, portanto, implicitamente ao presente trabalho (Ribeiro, 1996, pp. 17-88).

[41] O referente normativo, conforme Hohendahl é "um modelo ideal que nunca existiu em forma pura", cujas funções são as de, simultaneamente, fornecer "um paradigma para análise da mudança histórica" e atuar como "categoria normativa para a crítica política", à medida que identifica "as normas estandartizadas cuja recuperação é desejável" (Hohendahl, 1979, p. 92).

e aos procedimentos intrínsecos a uma racionalidade desenvolvida em um espaço de interação social, responsável pela fixação de novas formas de consenso cognitivos e morais sobre o mundo. A emergência histórica deste processo no Brasil teve a particularidade de afirmar apenas parcialmente a necessidade e legitimidade dos elementos constitutivos desta nova racionalidade.

Os usos que Hipólito da Costa fazia do termo *público* ainda eram ambíguos e basculantes. Isto repercutia na definição do perfil e da localização institucional da imprensa. Assim, por exemplo, no texto inaugural do primeiro número do *Correio Braziliense*, quando ele definiu "o trabalho dos redatores das folhas *públicas*", tem-se um primeiro postulado da finalidade institucional da imprensa, "quando estes, munidos de uma crítica, e de uma censura adequada, representam os fatos do momento, as reflexões sobre o passado, e as sólidas conjecturas sobre o futuro". Estas obras "excitam a curiosidade *pública*".

O autor acrescentou ainda um papel estratégico de mobilização política da imprensa exemplificando com a atuação dos folhetos escritos por Craesbeck, em 1649, em que descrevia os conflitos em torno da aclamação de D. João IV, responsáveis, segundo Hipólito da Costa, pelo envolvimento de toda a população em sua defesa. De acordo com suas palavras, o Brasil estaria precisando dos socorros destes jornais políticos capazes de "comprar a liberdade e independência de uma nação". E por estes argumentos procurava conferir legitimidade à sua empresa pessoal, o *Correio Braziliense*,

[...] longe de imitar só, o primeiro despertador da *opinião pública* nos fatos, que excitam a curiosidade dos povos, quero, além disso, traçar as melhorias das ciências, da artes, e numa palavra de tudo aquilo, que pode ser útil à sociedade em geral. Feliz eu se posso transmitir a uma nação longínqua e sossegada, na língua, que lhe é mais natural, e conhecida, os acontecimentos desta parte do mundo, que a confusa ambição dos homens vai elevando ao estado da mais perfeita barbaridade. O meu único desejo será de acertar na geral opinião de todos [...] (CORREIO BRAZILIENSE, v. I, pp. 3-4, jun. 1808).

Em outro editorial, do exemplar de setembro de 1808, Hipólito da Costa reafirmava a posição institucional em que pretendia localizar o jornalismo: "referir com imparcialidade as memórias do tempo e dar todos os dados possíveis ao leitor para ajuizar das causas dos acontecimentos e, quando couber na alçada humana, preconizar-lhe as consequências" (Correio Braziliense, vol. I, p. 318, set. 1808).

É bastante clara a demarcação do campo institucional do jornalismo: uma prática de atualização, crítica e julgamento dos fatos sociais orientada pelo ponto de vista "imparcial" do interesse "público". O termo público compreende aqui os "indivíduos" (já referidos enquanto categoria política), os "homens", os "povos", a "nação", a "sociedade em geral". É, segundo Hipólito da Costa, de "direito natural" a "liberdade de escrever e de imprimir" que, "depois da invenção da imprensa, não é outra coisa mais do que a liberdade de falar, ou comunicar os pensamentos dos homens" (Correio Braziliense, vol. xiii, p. 106, jul.1814).

Este público genérico, que presumivelmente está sob o abrigo da premissa de iguais liberdade e competência de fala e juízo, não apenas se "excita", mas tem "ardentes desejos" pelo conhecimento dos fatos e por novas ideias. Ao jornalismo, como instituição própria deste público e somente por ele legitimável, caberia assim a vital função de emancipar intelectualmente a sociedade, num esforço de referencialidade que abrange não só a atualização do conhecimento dos fatos sociais correntes, mas a própria educação científica, jurídica e artística deste público. A imprensa, segundo Hipólito da Costa, compartilharia com escolas e universidades a competência e finalidade de instruir os homens sobre os novos parâmetros de julgamento dos fatos e de sua racionalização, tarefa esta até então exclusiva da alçada de gerenciamento pelo Estado monárquico.

A opinião pública é um dos conceitos mais fugidios, inatingíveis e, portanto, problemáticos, dentro de uma teoria do espaço público. Como o espaço público é o meio e o seu próprio fim, e nisto se ancora a justificativa de sua fundação numa racionalidade particularmente não instrumental, a opinião se torna, simultaneamente, o procedimento e a finalidade ou resultado do espaço público comunicativo. Ela é essencialmente, o elemento que confere dinâmica processual e histórica a este espaço. A análise dos usos temporais deste conceito indica, por um lado, o perímetro em que se distribuem as competências e possibilidades de produção de opiniões e, por outro, as hierarquias de reconhecimento e valoração a que tais competências se sujeitam ou conforme as quais se comportam no campo do embate público das opiniões. Isto sugere que não é possível, *a priori*, pensar a opinião pública no singular, porque redundaria numa contradição em termos do próprio mecanismo operatório da racionalidade comunicativa. As apropriações históricas feitas neste sentido seguem, portanto, o encobrimento das fontes diferenciadas e desiguais de produção de opinião e, consequentemente, da efetiva dinâmica de um espaço público constituído sob certas restrições e relações desiguais de acesso.

Um primeiro sentido do conceito de opinião pública – já como categoria política – em Hipólito da Costa , é dado na sua oposição ao uso da violência física pelo Estado absolutista. O autor defende a ideia de que a legitimidade do Estado só pode se fundar no apoio da opinião pública. A espada se justificava nas lutas feudais por territórios. Inspirado pelas novas formas representativas de governo dos Estados Unidos e da Inglaterra, e, posteriormente, também pelas revoluções emancipadoras das colônias espanholas na América e pelos movimentos constitucionalistas de Nápoles, Sardenha, da Espanha e de Portugal, Hipólito da Costa traduzia esta ascenso político da sociedade civil não mais como

> [...] uma contenda entre dois ou mais Estados para adquirirem esta ou aquela província ou aumento de território; é sim uma colisão geral entre os costumes presentes e a legislação antiga; é o resultado do novo Estado de civilização em direta oposição às formas estabelecidas em tempos bárbaros e apoiadas pela força dos senhores feudais, enfim, é uma guerra de opinião, contra qual é ineficaz a potência física dos governos[...]. A história da revolução francesa, a causa da aniquilação do poder de Bonaparte, os meios por que os governos da Alemanha recobraram a sua independência, tudo tende a mostrar que há na Europa um indomável espírito de liberdade individual, que não admite reconciliar-se com o despotismo [...] (CORREIO BRAZILIENSE, vol. XXVI, p. 680, jun. 1821).

As emergentes guerras de opinião resultam, segundo Hipólito da Costa, do não reconhecimento por parte do Estado das "queixas dos povos" das "representações" que fazem os indivíduos "contra o arbítrio de más administrações", que resultam da negligência ao atendimento "à voz e aos escritos que proclamam a opinião pública".

Nesta acepção, a opinião pública no singular é o correlato da sociedade em geral. Ela é uma espécie de vontade uníssona dos homens ou dos povos tornada referente necessário para as deliberações do Estado. No espaço público emergente com os movimentos de emancipação política e intelectual da sociedade civil – devidos ao "indomável espírito de liberdade" dos indivíduos que a integram – têm-se, a princípio, apenas dois agentes ativos: a opinião pública e a imprensa, com o evidente privilégio discursivo desta última, à medida que ela é vista como responsável não só pelo noticiamento dos fatos, mas, sobretudo, pela instrução dos povos e, consequentemente, pela eleição dos assuntos que serão tornados objetos de interesse público e dos parâmetros com os quais sobre eles será formada uma suposta opinião pública.

A indistinção dos integrantes do público, seja pela sua individualização ou, em medida oposta, pela sua homogeneização, denuncia as limitações processuais de emergência de um espaço de discursividade pública no Brasil, limitações que resultam das condições históricas particulares em que se confrontaram politicamente atores, movimentos, ideias e instituições. Neste estágio, o emergente espaço público brasileiro imaginado por Hipólito da Costa é essencialmente um espaço político, com regras e reivindicações próprias. A inspiração liberal assegura-lhe os princípios básicos da liberdade individual de expressão, de propriedade e de gestão da sociedade e do Estado. Instaura as regras básicas de funcionamento do espaço público e legitima suas ambições políticas. É incapaz, entretanto, de conferir *status* de valor semelhante ao princípio da igualdade dos indivíduos perante a sociedade e o Estado, discriminados que estão pelas suas desiguais condições individuais de aquisição de propriedade e formação cultural. Como o liberalismo é intrinsecamente discriminatório, isto se reflete no perfil dos agentes e das ideias que dinamizaram a emergente esfera pública política brasileira.

Hipólito da Costa, por sua vez, como ator político e autor do *Correio Braziliense*, se, por um lado, fomentou as regras de uma discursividade ública política no interior de uma imaginada sociedade civil, defendendo direitos individuais de representatividade junto ao Estado; por outro lado, o fez numa perspectiva desigualitária de direitos, conciliatória com o Estado monárquico. Intervêm aqui fatores de ordens distintas, que têm origem tanto nos limites à liberdade de expressão impostos pela censura portuguesa e na eficácia deste Estado em poder inibir quaisquer manifestações e movimentos políticos nos territórios sob o seu domínio, assim como na especificidade dos interesses pessoais e de posição social e política de Hipólito da Costa. Interessam sobretudo, as repercussões destes fatores políticos, por um lado, nos procedimentos públicos de auto-legitimação da imprensa e, por outro, na fixação de limitações intrínsecas à sua discusividade institucional num espaço público.

Nos quatorze anos em que mensalmente o *Correio Braziliense* circulou em terras portuguesas e brasileiras, Hipólito da Costa procurou sempre conciliar a instituição da representatividade do Estado, com a forma monárquica de governo. Suas proposições se encaminhavam, inspiradas no modelo inglês, para a defesa de uma monarquia constitucional que resguardasse ainda uma margem ampla de poder decisório às atribuições do monarca. Nestes apelos reformistas, emergem outras acepções do conceito de público e das competências institucionais da imprensa. Ao mesmo tempo que a finalidade da imprensa era a de criar o "costume de averiguar o *público* por si mesmo as questões que pertencem à Nação toda" (CORREIO BRAZILIENSE, vol. XIII, p. 106, jul. 1814) ou de "instruir quotidianamente o *povo* nos seus interesses" (CORREIO BRAZILIENSE, vol. XXV, p. 568, nov. 1820) cabia também à imprensa alertar o governo sobre os perigos que ameaçavam sua integridade política, popularidade e competência de gestão econômica. Cabia "ajudarmos as vistas do Governo, e contribuirmos da nossa parte para o bem da Nação a que pertencemos" (CORREIO BRAZILIENSE, vol. XXVI, p. 338, abr. 1816).

Para Hipólito da Costa "a forma de governo que existe no Brasil é a melhor que pode ter [...]. Provado pois ao povo, por meio de escritos e teoricamente, que a atual forma de governo é que lhe convém deve seguir--se o mostrar-lhe que a administração está por tal maneira arranjada, que procura sinceramente a sua felicidade" (CORREIO BRAZILIENSE, vol. VIII, p. 377, mar. 1812).

Nesta perspectiva, o público do ensaísmo jornalístico do *Correio Braziliense*, era ainda, em grande parte, o Estado português. Ancorado no apriorismo de uma suposta – em verdade, ahistórica – "grandíssima distinção entre forma de governo e modo de administração" (Correio Braziliense, vol. VIII, p. 377, mar. 1812), legitimava Hipólito a necessidade da imprensa neste sistema como elemento de mediação entre a opinião do povo e um Estado reformável, desde que sanadas suas resistências à assimilação dos novos conhecimentos jurídicos, econômicos e políticos de racionalização da sua administração estatal, que, segundo seus argumentos, ainda funcionava nas trevas do ocultamento de suas contas públicas, dos abusos, extorsões e arbitrariedades de maus administradores. Conforme Hipólito da Costa é "para ver reparados os erros e os males do governo ... que conduzimos o nosso jornal no sistema que inventamos, abrindo na língua portuguesa nova carreira de ideias por meio da imprensa" (Correio Braziliense, vol. XII, p 145, jan. 1814).

Hipólito da Costa propunha trazer à luz da publicidade todo o labirinto anacrônico da burocracia estatal portuguesa e suas políticas administrativas, propondo-lhe uma nova roupagem que pudesse dar ao Estado uma flexibilidade capaz de absorver os avanços políticos, econômicos e culturais da emergente sociedade civil europeia.

Hipólito temia as revoluções, as reivindicações por formas democráticas de governo e o republicanismo. Temia, sobretudo, que o Brasil seguisse o exemplo das lutas de independência das colônias espanholas na América. Segundo Rizzini, Hipólito dedicou, de janeiro de 1810 a setembro de 1822, mais de 1500 páginas às revoluções destas colônias, "apoiou-as, evitando razões que pudessem aplicar-se ao Brasil" (Rizzini, 1957, p. 128). Dedicou tantas páginas à descrição de revoluções feitas irremediáveis devido à falta, segundo Hipólito, de legitimidade do governo

A palavra legitimidade foi adotada, como símbolo, para unir os partidistas dos governos. Porém, resta ainda a questão do expediente que devem tomar os povos quando os legisladores e governantes deixam de promulgar leis conducentes ao bem da sociedade, ou obram em oposição aos fins por que tais governantes foram instituídos, por mais legalmente que o fossem (Correio Braziliense, vol. XXVI, p . 680, jun. 1821).

O "sossego do Brasil" poderia vir a ser minado caso o Estado não extirpasse a face despótica das suas políticas e estruturas administrativas. Reformar o Estado passava, necessariamente, no entender de Hipólito da Costa, pela absorção nos seus quadros de homens instruídos. Esboça-se então uma outra finalidade institucional da imprensa, ligada a incentivar e atualizar com informação e conhecimento de "tudo que vai se passando pelo mundo", a formação de um corpo de servidores públicos capazes de gerenciar os negócios e interesses do Estado. Observa-se aqui uma redemarcação do perímetro e da finalidade de uma discursividade pública que envolve o Estado monárquico e uma abertura deste aos segmentos esclarecidos da sociedade civil, com ambições de instrumentá-lo na implementação de suas reformas. O público-alvo já não se confunde necessariamente com a sociedade em geral. O público são os efetivos e potenciais operários de um presumível Estado benevolente e solidário aos interesses e às queixas do povo. Depreendem-se, então, sugestões de uma mutuamente proveitosa aliança institucional entre imprensa e Estado.

Afirmava Hipólito da Costa:

> Mas que pode fazer um operário sem os instrumentos do seu ofício? Para El-Rei por em prática as suas boas intenções é preciso que tenha instrumentos próprios. Estes são os homens instruídos. Sem eles, nem terá com que se aconselhe, nem quem execute as suas resoluções. E como se hão de achar os homens instruídos, se os meios de educação se restringem e apoucam? Não se pode formar políticos sem estudos preliminares da sua ciência, a leitura da História, e o conhecimento do que atualmente se vai passando no mundo. Para esta última parte são essencialíssimas as obras periódicas. Se não as há no Brasil, onde hão de os brasileiros ir aprender este ramo de política ? (CORREIO BRAZILIENSE, vol. XI, p . 924, dez. 1813).

A historiografia brasileira dividiu-se basicamente em duas interpretações polares da atuação jornalística de Hipólito da Costa, cujos argumentos, entretanto, não se refutam mutuamente se observados do ponto de vista da contribuição do *Correio Braziliense* para a formação de um espaço público político no país e para a consolidação da imprensa como instituição fundamental deste espaço. Durante muito tempo foram unânimes os pareceres sobre o que foi considerado como o grande, único, lúcido, talentoso, patriota e abalizado empreendimento jornalístico de Hipólito da Costa[42]. Prevalece nestes atributos a perspectiva que contrasta a obra e o contexto em que ela se desenvolveu. O autor foi exaltado pela abrangência e intensidade de uma empenho realmente sem precedentes no campo da formação liberal dos potenciais integrantes de um cenário político ainda inexistente no país.

Destacam-se as preocupações do autor com o Brasil. Fato inédito no seu ambiente colonial, principalmente o incentivo aberto à construção ainda impensada de uma nacionalidade brasileira ajustada a parâmetros de progresso econômico e de liberdade individual, equiparáveis aos de países próprios como Inglaterra e Estados Unidos. Há um reconhecimento à singularidade da convicção e ação individual do autor, à persistência vinda de longe por quatorze anos consecutivos, sem quaisquer articulações com possíveis grupos liberais emergentes no Brasil, dirigidos a leitores isolados – latifundiários, profissionais liberais, comerciantes, funcionários públicos, pequenos proprietários e outros dispersos em todo o país e sem faces precisas quanto aos níveis velados de tolerância e insatisfação com o despotismo português.

Em setembro de 1957, entretanto, em texto aprovado com louvor pelos jornalistas presentes ao VII Congresso Nacional de Jornalistas, Fernando Segismundo apresentou uma versão negativa do que até então se registrara sobre Hipólito da Costa. Tomando por fio condutor de sua

---

[42] Historiadores da cultura e da política brasileira, desde o século XIX, elogiaram a atuação singular e decisiva de Hipólito da Costa. Francisco Adolfo de Varnhagen o considerava, em política, "tipo de bom patriota". Sílvio Romero o viu como "o jornalista mais notável do Brasil e Portugal no primeiro quartel do século XIX [...] nítida encarnação do talento brasileiro de boa seiva, ágil, ativo, entusiasta, amante das idéias livres e capaz de lutar por elas [...] Foi um elemento de diferenciação, de luta, de oposição entre brasileiros e portugueses em nome de sãos princípios, em nome da justiça e da liberdade" (VARNHAGEN, 1975, p. 228; ROMERO, 1960, pp. 655-657).

crítica um livro lançado naquele mesmo ano por Mecenas Dourado, intitulado *Hipólito da Costa e o Correio Braziliense*, onde, de uma forma geral, o autor reafirmava os atributos acima descritos com ênfases tais como a de considerá-lo "bravo e clarividente jornalista", cujo periódico "teve a grandeza de agitar os velhos quadros políticos em que se vinha, secularmente, arrastando a vida nacional portuguesa" (DOURADO, 1957, p. 563). Fernando Segismundo achou chegada a hora de "o [Hipólito da Costa] denunciar aos brasileiros honestos, progressistas, patriotas, para que um embuste secular não perdure indefinidamente". Segundo ele,

> Em absoluta oposição ao que se pensa, Hipólito da Costa é, antes, o paradigma do jornalista venal, do antipatriota, do corrupto a serviço da guerra... uma sombra de homem, um falso maçom, um pseudo patriota, um sujeito vendido aos ingleses e a D. João (SEGISMUNDO,1962, pp. 169-190).

E com este tom seguiu denunciando o que chamou de servilismo, por um lado, aos interesses econômicos ingleses, apoiando acordos com supostos prejuízos para o Brasil, apenas para fixar uma aparência de fidelidade ao rei da Inglaterra e suas adquiridas regalias como cidadão daquele país e, por outro, ao trono português, tendo em vista a necessidade de manutenção do suporte financeiro, feito pela Coroa por meio da compra de assinaturas do *Correio Braziliense* .Com relação ao Brasil, Hipólito da Costa teria sido um traidor, porque sempre defendeu o domínio português no país e seu instituto monárquico, em detrimento das revoluções, dos movimentos de independência e das formas democráticas de governo republicano. Fernando Segismundo denunciou ainda o papel de Hipólito da Costa no agenciamento de armas e mercenários para as colônias espanholas, o apoio aberto às suas revoluções, quando a condição de maçom lhe vetava o estímulo à luta armada interna; e sua incoerência, com base neste mesmo princípio, ao justificar seu desestímulo a insurreições no Brasil. Hipólito teria sido ainda venal ao aceitar ser pago para caluniar pessoas e não macular a monarquia, a religião e a maçonaria e impostor , ao fazer suas, campanhas sobre ideias alheias, como o combate à escravidão, o apoio à imigração europeia e à mudança da capital para o interior do país.

Numa apreciação superficial das denúncias de Fernando Segismundo, percebe-se que elas pecam, a princípio, pela precipitação. Autores como Francisco Adolfo de Varnhagen e Oliveira Lima já haviam comentado provas documentais sobre o apoio financeiro e simpatia da coroa portuguesa ao *Correio Braziliense*. O primeiro afirmou, por exemplo, que apesar das proibições de circulação em Portugal sofridas pelo *Correio Braziliense* nos anos de 1811, 1812 e 1817, havia "um ajuste aprovado pelo conde de Linhares em 1810 [...] de tomar o governo trezentas assinaturas do mesmo jornal, para fazê-las depois vender, com a condição de não se ocupar da maçonaria, nem de cortes, nem de ataques pessoais" (VARNHAGEN, 1975, p. 227). Oliveira Lima, por sua vez, na descrição que fez sobre Hipólito da Costa, afirmou que "se não foi propriamente venal, no sentido de por em almoeda a sua pena de panfletário, não foi todavia incorruptível, pois que se prestava a moderar seus arrancos de linguagem a troco de consideração, de distinções e mesmo de patrocínio oficial (LIMA, 1996, p. 466).

Estes mesmos autores, entretanto, apesar de conhecerem as concessões feitas por Hipólito da Costa aos interesses políticos portugueses e sua vaidade pessoal, consideraram-no único na capacidade de abranger e de racionalizar questões políticas e econômicas em curso no Brasil e na forma de interlocução partidária assumida pelo seu discurso com o Estado português. Varnhagen apontou, no *Correio Braziliense*

[...] o mesmo pensamento político de promover a prosperidade e aumento do Brasil, conservando nele a corte apesar do natural ciúme de Portugal, e de introduzir na administração e até no sistema de governo as necessárias reformas, por meio de instituições como as que hoje temos. [...] Talvez nunca o Brasil tirou da imprensa mais benefícios do que os que lhe foram oferecidos nessa publicação [...] com a grande vantagem de tratar sem paixão as questões da maior importância para o Estado [...]. Ao dar conta de uma instituição política estrangeira, ao citar o exemplo da independência deste ou daquele Estado americano, Hipólito tinha sempre na mente o Brasil e a influência, o efeito que para o seu fim convinha, como, sobretudo nos últimos tempos, abordava francamente muitas questões do país, e tratava-as como se se dirigisse a uma nação, onde a liberdade de imprensa fosse pleníssima, para o bem do Estado (VARNHAGEN, 1975, p. 226).

Oliveira Lima, ao descrever o *Correio Braziliense*, por sua vez, considerou-o

[...] o melhor, senão o exclusivo repositório das falhas da administração brasileira. O jornalista cantava-as escrupulosamente para expô-las à luz da publicidade [...]. Deste ou daquele modo é no *Correio* que devemos ir buscar o mais seguro esteio de um juízo franco sobre a administração e justiça no Brasil em tempos d' el-rei Dom João VI" (LIMA, 1996, pp. 466-469).

Segundo Oliveira Lima , o jornal *Correio Braziliense* era "uma preciosa válvula de desabafo" contra os "abusos" da administração portuguesa.

O fervor nacionalista de Fernando Segismundo, característico da época em que produziu seu texto, talvez não lhe tenha permitido o necessário distanciamento para perceber que, para além da intencionalidade pessoal de Hipólito da Costa, foram fixados por ele, nestes quatorze anos que precederam a Independência do Brasil, parâmetros de uma nova racionalidade pública, cujos elementos forneceram a todos os seus interlocutores, condições formais de negar, alterar e reagir aos conteúdos proposicionais particulares à discursividade do próprio Hipólito da Costa ou de qualquer outro publicista do período. O *Correio Braziliense* não apenas difundiu – como parte da filosofia e literatura do seu tempo o fizeram –, valores e procedimentos liberais. Ele efetivamente os praticou, demonstrando concretamente de que modo estes valores deveriam redefinir o curso futuro dos processos sociais, em particular e, sobretudo, a relação entre Estado e sociedade civil. Para além das limitações que impôs à sua interpretação liberal do papel do Estado, traduzível num reformismo, de certo modo, oportunista, que procurava, por uma lado, prestigiar as camadas esclarecidas e abastadas da sociedade civil e, por outro, mantinha a soberania política do monarca, Hipólito da Costa contribuiu expressivamente para mudanças qualitativas no modo de pensar e agir do que viria a se configurar concretamente como a sociedade civil portuguesa e, em especial, a brasileira. Muitos são os fatores que desencadearam, em 1820, a revolução do Porto e, em 1822, a Independência do Brasil. O liberalismo de Hipólito da Costa, certamente, não foi o principal responsável por estes movimentos, mas os instrumentalizou, ao longo dos anos, mesmo que, contraditoriamente aos seus textos, não os tenha apoiado. Entende-se assim, de forma mais ampla, a intenção de uma das mais citadas afirmações de Varnhagen "não cremos que nenhum estadista concorresse mais para preparar a formação no Brasil de um império constitucional, do que o ilustre redator do *Correio Braziliense*" (VARNHAGEN, 1975, p. 226).

Importa mais especificamente aqui a localização e os atributos que Hipólito da Costa institucionalmente defendeu para a imprensa. Sua ação jornalística reveste-se de significativa importância quando observada do ponto de vista da sua contribuição para a formação de um espaço público político brasileiro, com todas as regras e elementos que lhe são particulares e, dentro dele, para a legitimação da imprensa como instituição fundamental deste espaço. O apelo de transparência do Estado perante, seja como ele imaginou, o povo , a sociedade em geral ou segmentos esclarecidos desta, membros do estamento burocrático estatal, sua corte e realeza, deslocava formalmente o campo de legitimação de suas deliberações para o espaço público da sociedade civil, por mais indefinido e basculante que tenha sido o foco conceitual do público imaginado pelo autor. Ao fixar a legitimidade do Estado na opinião pública, Hipólito da Costa consolidava, simultaneamente, o papel e localização da imprensa como instituição imprescindível neste processo.

É curiosa a singularidade de que estas postulações tenham emergido e sido cultivadas por tantos anos de fora do país e dirigidas a um público, sobretudo, idealizado. Mas talvez esta tenha sido a mais importante contribuição de Hipólito da Costa ao processo de institucionalização da imprensa no Brasil. Muitas etapas foram eliminadas. O *Correio Braziliense* correspondia a um padrão de periodismo com características e mecanismos de auto-legitimação bastante avançados se comparados, por exemplo, com os demais periódicos portugueses da época e, mesmo, de outras cidades europeias.

O autor tinha noções claras sobre a especificidade da prática jornalística. E isto faz toda diferença na aferição da complexidade do espaço público pressuposto. Ao definir, logo nos primeiros exemplares, a finalidade do seu jornal, observa-se a distinção de atribuições que lhe serão próprias e as correlatas ao público a que se dirige. A representação dos fatos, a transmissão dos acontecimentos de forma imparcial pressupunha a vida como algo processual, em movimento e mudança e tinha correspondência com um público interessado em atualizar-se sobre suas constantes novidades, à medida que ele é, em essência, o elemento dinamizador desta processualidade. É parte ativa e interessada da esfera em que a riqueza é produzida e de onde historicamente emergem novas variáveis que geram o mutável arranjo da vida social.

O compromisso formal da imparcialidade é sintomático da presença de uma noção amadurecida de cidadania no espaço público, porque somente por esta via a função de representação dos fatos pela imprensa pode ser aceita publicamente como referente de atualização genérico, ou seja, acessível e dirigido a todos os integrantes do público sem privilégio de qualquer ordem - econômica, cultural, política e social. É própria da imprensa a definição de finalidades e vínculos singulares com a vida social por meio do que veio a denominar-se de noticiamento dos fatos. Foi no espaço específico do fornecimento de uma referencialidade permanente, imediatamente posterior aos fatos, provisória, perecível, renomeável, que a notícia fixou sua especificidade institucional de *mediação* do interesse civil junto ao Estado, à medida que variadas e mutantes foram as intenções de suas manifestações, particulares e limitados foram seus vínculos, origens e recursos de pressão e mobilização políticas.

## Referências Bibliográficas

AQUILES, Aristeu. *Os Jornais da Independência*. Rio Janeiro: Biblioteca Nacional, 1972;

BELLO, Oliveira. *Imprensa Nacional (1808-1908): apontamentos históricos*. Rio Janeiro: Imprensa Nacional, 1908;

BESSA, Alberto. *O Jornalismo: esboço histórico da sua origem e desenvolvimento até os nossos dias*. Lisboa: Livraria Editora Viúva Tavares Cardoso, 1904;

*CORREIO BRAZILIENSE*, v. I, jun. 1808;

_____, v. I, set. 1808;

_____, vol. VIII, mar. 1812;

_____, vol. VIII, mar. 1812;

_____, vol. XII, jan. 1814;

_____, v. XIII, jul. 1814;

_____, vol. XXV, nov. 1820;

_____, vol. XXVI, abr. 1816;

_____, vol. XXVI, jun. 1821;

COSTA, Hipólito José da. *Diário da Minha Viagem para a Filadélfia*. Rio de Janeiro: Academia Brasileira, 1955;

DOURADO, Mecenas. *Hipólito da Costa e o Correio Braziliense*. Tomo II. Rio de Janeiro, Biblioteca do Exército, vol. 234, 1957;

HOHENDAHL, Peter Uwe. *Critical Theory, Public Sphere and Culture: Jürgen Habermas and his Critics*. New German Critique, n.º 16, 1979;

LIMA, Oliveira. *D. João VI no Brasil*. Rio de Janeiro: Topbooks, 1996;

MARQUES DE MELO, José. *Fatores Sócio-Culturais que Retardaram a Implantação da Imprensa no Brasil*. Tese (Doutorado em Comunicação), Programa de Pós-Graduação em Comunicação. Escola de Comunicação, Universidade de São Paulo. São Paulo, 1972;

NOVAIS, Fernando. *Portugal e Brasil na Crise do Antigo Sistema Colonial: 1777-1808*. São Paulo: Hucitec, 1986;

PASSOS, Alexandre. *A Imprensa no Período Colonial.* Rio de Janeiro: Ministério da Educação e Saúde, 1952;

RIZZINI, Carlos. *Hipólito da Costa e o Correio Braziliense.* São Paulo: Cia Editora Nacional, 1957;

_____ *O Livro, o Jornal e a Tipografia no Brasil, 1880- 1822: com um breve estudo geral sobre a informação.* São Paulo: Imprensa Oficial do Estado, 1988;

RIBEIRO, Lavina Madeira. *Contribuições ao Estudo Institucional da Comunicação.* Teresina: EDUFPI, 1996;

ROMERO, Sílvio. *História da Literatura Brasileira.* Rio de Janeiro: José Olympio Editora, 1960;

SEGISMUNDO, Fernando. *Imprensa Brasileira*: *vultos e problemas.* Rio de Janeiro: Edição Alba, 1962;

VARNHAGEN, Francisco Adolfo de. *História Geral do Brasil.* São Paulo: Melhoramentos/Instituto Nacional do livro/MEC, 1975;

VERÍSSIMO, José. *Livro do Centenário*. Rio de Janeiro: Imprensa Nacional, 1900.

# Capítulo 8

## ARNON DE MELLO: O JORNALISTA WEBERIANO QUE CONSTRUIU O IMPÉRIO MIDIÁTICO DE ALAGOAS

José Marques de Mello

O transcurso da efeméride que assinala os oitenta anos de publicação do livro-reportagem *São Paulo Venceu* (1933), em que o jornalista Arnon de Mello enaltece a vitória moral dos paulistas na Revolução Constitucionalista de 1932, constituiria razão suficiente para justificar o resgate do seu protagonismo no cenário brasileiro do século XX.

Figura marcante na imprensa da antiga capital da República, o jovem que engrossou a diáspora alagoana, nos anos de 1930, teve uma atuação meteórica. Consagrou-se como repórter criativo, mas trilhou caminho diverso ao percorrido por seus contemporâneos. Segundo Amado (1931, p. 23)

> Arnon de Mello [...] chegou de Alagoas com a inquietação da província no coração adolescente. A extrema juventude brilha-lhe aos olhos. Animal novo, ávido, tudo quer ver, sentir, compreender. Sua conversação é feita de perguntas. Cortam sua timidez rajadas de audácia.

Enquanto a maioria dos companheiros de geração perseverou no jornalismo, ele preferiu fazer da profissão uma escada para a política.

Essa circunstância explica o seu desaparecimento do mapa do jornalismo brasileiro. Perfila hoje como um ilustre desconhecido pelos novos praticantes do ofício. Pior do que isso: é mal conhecido. Porque estigmatizado pelos estereótipos que lhe foram atribuídos por ações ou omissões. Mas também pelas incompreensões decorrentes dos atos cometidos por seus herdeiros.

O centenário de Arnon de Mello passaria despercebido, entre os alagoanos, como ocorreu em relação aos brasileiros, se não tivesse merecido um "calhau" no jornal *Gazeta de Alagoas*. Esse termo do jargão midiático corresponde a pequeno anúncio. Reservando diariamente um "tijolinho" publicitário, durante todo o ano de 2011, na primeira página, os herdeiros do jornal que alavancou o império midiático construído em Alagoas, julgaram saldar o débito contraído com o seu fundador.

Esse insólito episódio da vida alagoana, ou seja, o quase silêncio que eclipsou a figura de Arnon de Mello, foi registrado discretamente pelo jornalista José Elias, na página A3 do *Gazeta de Alagoas*. Na véspera da efeméride, ou seja, dia 18 de setembro de 2011, ele constatou que o "tamanho das homenagens aos 100 anos do senador Arnon de Mello é bem tímido para sua história" (ELIAS, 2011a, p. 3).

No dia anterior, o colunista já dimensionara a estatura do ex--governador, afirmando que "Alagoas iniciou seu crescimento quando [...] a visão de futuro de Arnon de Mello [...] projetou um novo Estado" (ELIAS, 2011b, p. 3). Além da capacidade modernizadora do estadista, Elias destaca sua competência empresarial, construindo um "complexo de comunicação que, até hoje, proporcionalmente, em todo o Brasil, serve de modelo" (ELIAS, 2011b, p. 3).

Examinando a cobertura dada pelo jornal diário mantido pela Organização Arnon de Mello, nos dias imediatamente posteriores a 19 de setembro, data do centenário do patriarca, verifica-se que, além do raquítico noticiário sobre os atos singelos promovidos ou apoiados pela empresa, a efeméride ficou restrita às colunas de José Elias (política), Romeu Loureiro (social) ou Fatos e notícias (cotidiano).

Loureiro (2011) limita-se a noticiar a missa celebrada na igreja de São Gonçalo do Amarante, o seminário comemorativo realizado pela Fundação Casa de Penedo e o depósito de uma coroa de flores junto ao busto do senador no jardim da sede empresarial.

Artigos avulsos assinados por intelectuais nativos ou cartas enviadas pelos leitores para a *Gazeta de Alagoas* pertencente à Organização Arnon de Mello, também renderam homenagens ao político, empresário e jornalista.

O médico Milton Hênio publica, na véspera do centenário, um roteiro biográfico, caracterizando-o como um *self made man* – "Arnon de Mello foi o construtor de si mesmo e de sua própria obra" (HÊNIO, 2011, s/p.). Nos dias seguintes, a escritora Lysette Lyra enaltece o seu empreendedorismo destacando que "Arnon transformou a comunicação em Alagoas num reduto de modernidade e eficiência" (LYRA, 2011, s/p). E o advogado José Sebastião Bastos (2011) louva o gestor público, estimulando a cultura erudita em Alagoas. Na mesma publicação, o leitor Paulo de Tarso de Moraes Souza, em carta, destaca sua postura regionalista, lutando contra a injustiça tributária, danosa às regiões menos desenvolvidas como o Nordeste (GAZETA DE ALAGOAS, 19 set. 2011).

Estranha, curiosa e enigmática é a atitude do seu herdeiro político, o Senador Fernando Collor de Mello, quase ausente das celebrações dedicadas à memória paterna. A família de Arnon de Mello só aparece no noticiário do período, representada pelo neto Fernando James Collor de Melo. Isso ocorreu quando flagrado pelo fotógrafo da empresa, depositando uma coroa de flores aos pés do busto do avô.

Retirá-lo da arca do esquecimento, sem qualquer propósito valorativo, é a intenção deste ensaio, 80 anos depois da publicação do best seller *São Paulo venceu*. Procurei contextualizar seu itinerário polivalente, focalizando as marcas da inventividade jornalística que o projetou nacionalmente. Ou melhor, aqueles signos implícitos ou explícitos no "diário de campo" do ousado, astuto e esperto repórter.

## História de Vida

Arnon de Mello ganhou notoriedade no Estado de Alagoas quando ousou triunfar na política, apresentando-se ao eleitorado como o menino pobre que subiu na vida por esforço próprio.

Esta versão do candidato está carregada de matizes que perpassam sua história de vida o tempo todo. Dono de um discurso persuasivo, ele sempre procurou realçar os elementos capazes de comover os interlocutores.

Fincadas na zona da mata, dedicada ao cultivo da cana de açúcar, as raízes de Arnon de Mello estão no lugar onde ele nasceu, no dia 19 de setembro de 1911, ou seja, no Engenho Cachoeirinha, de propriedade dos seus pais Manuel Affonso Calheiros de Mello e Lucia de Farias Mello.

Seus verdes anos foram desfrutados, como típico menino de engenho, do mesmo modo que os de seus companheiros de geração, tão bem
descritos na ficção ou no memorialismo de José Lins do Rego.

Já não eram os tempos senhoriais descritos por Gilberto Freyre em
*Casa-Grande & Senzala*. Tal privilégio ficara restrito aos filhos de usineiros,
depois da abolição da escravatura e da mecanização da lavoura. Mas incor-
poravam os traços do servilismo remanescente nos banguês nordestinos.
Como explica didaticamente Diegues Junior (1954, pp. 167-179), os banguês eram os arcaicos engenhos movidos por tração animal que competiam
desigualmente com as modernas usinas acionadas por eletricidade.

Os meninos ricos ou endinheirados viviam nas antigas casas grandes
das usinas ou nos recentes bangalôs dos banguês, enquanto os miseráveis filhos
dos empregados continuavam vegetando em cortiços ou mocambos. Brin-
cavam e se divertiam nas bagaceiras, extensão lúdica das primitivas senzalas.

O menino pobre evocado pela propaganda eleitoral do pretendente
ao governo alagoano, em 1950, era provavelmente aquele tipo gerado
pela crise econômica mundial que precedeu a Primeira Guerra, travada
no período 1914-1918. Foi quando seu pai claudicou financeiramente,
deixando empobrecida toda a família. Iludido pela valorização do açúcar
no mercado internacional, Manuel Affonso aumentara seu patrimônio
comprando o engenho Duas Bocas, anexado ao Cachoeirinha, onde vivia
com a parentela.

A decisão de transferir-se para Maceió mostrou-se uma tática
equivocada, lastreando-se na arriscada estratégia de estocar a produção
dos seus banguês, para só vendê-la quando os preços do açúcar subissem
de cotação nas bolsas de mercadorias. Ele certamente não contava com
tantos fatores imponderáveis, inclusive a flutuação de preços, convertendo
os estoques armazenados em mercadoria desvalorizada. Sendo produto
perecível, o açúcar rapidamente ficou derretido, por falta de compradores.

Só então o empobrecido menino Arnon de Mello precisou incluir,
no "rol das suas gratas e imorredouras lembranças", "os banhos nos ria-
chos, nos açudes e no outrora caudaloso Mundaú; e aquela vastidão de
orla verde do fértil vale de nome igual ao do rio" (Calheiros, 2000, p. 3).

Toda a família precisou trabalhar para sobreviver em Maceió.
Interrompia-se, desta maneira, o desejo materno de mandar os filhos

estudar na Europa, compensando a rudimentar escolaridade ostentada pelos donos do Engenho Cachoeirinha.

Como atesta Suruagy (2002, p. 49), "o estudo e a pertinácia, somados aos dotes intelectuais" eram inatos a Arnon de Mello e "levaram-no à vitória". Conti (1999, p. 16) destaca que "ao cursar o Ginásio de Maceió, Arnon de Mello já trabalhava para ajudar o pai", acrescentando que ele "sabia dar valor ao dinheiro" porque "trabalhou desde a adolescência".

O estoicismo do "menino de engenho" que desceu na escala social, comendo o "pão que o diabo amassou", para conquistar o seu "lugar ao sol", fica nítido no relato feito por Valmir Calheiros sobre seu itinerário da mocidade.

> Os primeiros meses na capital do Estado foram de sacrifício. Arnon chegou a vender, no antigo Mercado, as frutas colhidas no quintal da casa a fim de contribuir com as despesas do lar. As coisas melhoraram um pouco no dia em que, aos 14 anos, arranjou uma vaga de *office-boy* num dos armazéns de Jaraguá. Depois, o jornalista Luiz Magalhães da Silveira, fundador e diretor do *Jornal de Alagoas*, [...] conseguiu-lhe, ali, uma colocação como agenciador de assinaturas e, em seguida, o emprego de revisor. Na revisão, teve a primeira oportunidade de desenvolver a vocação para o jornalismo. [...] Daí a alguns meses tornou-se repórter no mesmo jornal. (CALHEIROS, 2000, p. 3)

Ao completar 18 anos, migra para o Rio de Janeiro, trabalhando como jornalista e dando prosseguimento aos estudos. Diplomou-se em Direito, montando seu escritório de advocacia e atuando também no ramo imobiliário. Afastando-se gradativamente do jornalismo, consegue amealhar patrimônio que o anima a constituir família.

Corteja a filha de Lindolfo Collor, o primeiro Ministro do Trabalho de Getúlio Vargas, casando-se em 1939 com Leda, a gaúcha que lhe deu 5 filhos: Leopoldo, Leda, Ana Luisa, Fernando e Pedro.

Arnon ostentava um padrão de vida suficiente para lhes "proporcionar uma vida bastante confortável", como bem afirma seu filho, Pedro

Collor de Melo (1992, p. 27), "estudávamos em bons colégios – meus dois irmãos mais velhos, Ledinha e Leopoldo, viveram durante um tempo em Cambridge, Inglaterra, para estudar".

Mantendo sempre ligações com a vida política de Alagoas, ensaia o retorno em 1945, mas não logrou votação suficiente para se eleger deputado federal. Volta a disputar as eleições de 1950, candidatando-se a dois cargos: deputado e governador. Contra todos os prognósticos, que asseguravam o continuísmo da oligarquia Góis Monteiro, Arnon de Mello obtém estrondosa vitória, governando Alagoas de 1951 a 1955.

Retorna ao Rio de Janeiro, em 1956, para reassumir o comando dos seus negócios, preservando o contato com os correligionários alagoanos. Elege-se senador da República, onde representa Alagoas até o fim de sua carreira política, contando com o respaldo da rede midiática construída no Estado. Nesse período, divide seu tempo, transitando entre Maceió, Rio de Janeiro e Brasília.

Testemunhou ainda o ingresso de seu filho Fernando na política estadual. Mas não viveu o suficiente para acompanhar seu triunfo, queda e ressurreição na política nacional.

Em 1981, acometido por mal incurável, regressara definitivamente a Alagoas, pois "tinha medo de morrer longe de sua terra", conforme o depoimento de filho Pedro Collor de Mello (1992, pp. 67-69).

Faleceu no dia 29 de setembro de 1983, tendo transferido previamente o comando das suas empresas para a mulher e os filhos.

### Trajetória Intelectual

A formação intelectual de Arnon de Mello se fez sob o signo do voluntarismo. Sua mãe, como típica senhora de engenho, desejava educar os filhos na Europa. Mas quando eles atingiram a idade escolar, a família já amargava o tempo das "vacas magras".

Por isso mesmo, ela incentivou Arnon a tomar Jorge de Lima como seu padrinho de crisma, na esperança de que o filho seguisse o caminho do poeta.

Não há registro preciso sobre o início da sua jornada educacional. Sabe-se apenas que foi aluno interno do Ginásio de Maceió, concluindo o secundário no Colégio Diocesano.

Já nessa ocasião despontava o seu interesse pelas letras, especialmente pelo jornalismo. No Ginásio de Maceió ele editou o jornal manuscrito *O Eco*, demonstrando habilidades que o credenciariam a participar de agremiações literárias instituídas.

Depois de haver percorrido o calvário de menor trabalhador, começando como vendedor de frutas no mercado público, ele chega ao posto de revisor de jornal. Valmir Calheiros (2000, pp. 3-4) assim resume seu itinerário no mundo das letras:

> Revisando, com apenas 15 anos, as produções jornalísticas e literárias de nomes como Graciliano Ramos, José Lins do Rego, Rachel de Queiroz, entre outros, que se projetavam nas letras, não tardava a ser um deles. Daí a alguns meses tornou--se repórter no mesmo matutino... [...] Antes de emigrar para a capital do país, [...] Arnon estava entre os "meninos impossíveis" que fundaram o Grêmio. (CALHEIROS, 2000, pp. 3-4)

Quem documenta essa passagem da sua biografia é o historiador Moacir Medeiros de Sant`Ana, em seu clássico *História do Modernismo em Alagoas*. No capítulo "Os meninos impossíveis de Alagoas", ele explica que Arnon de Mello pertencia ao grupo integrado por Carlos Paurilio, Aloisio Branco, Valdemar Cavalcanti, Manuel Diégues Junior, Raul Lima e Aurélio Buarque de Holanda.

> [...] aos 15 anos de idade já era revisor e repórter do *Jornal de Alagoas*, tendo sido eleito sócio do Grêmio Literário Guimarães Passos, a 9 de março de 1928, empossando-se depois na cadeira que tinha como patrono, Cassiano de Albuquerque. A 13 de janeiro de 1928, naquele jornal, estampou um de seus mais antigos artigos literários: O impossível do mundo é fazer-se outro mundo, numa causticante crítica ao poema *O mundo do menino impossível*, de Jorge de Lima. [...] Arnon somente veio a entender o verdadeiro significado do poema com que o autor aderiu ao Modernismo, quando leu a carta que Pontes de Miranda mandou a Jorge de Lima

[...], onde vem explicado que ele (o poema) era um símbolo.
[...] Em artigo estampado posteriormente na *Revista Acadêmica*, Arnon de Mello asseverou que naquela ocasião não
havia (agido) inconscientemente, apenas atraído pelas cores,
pelo barulho, pelos fogos de artifício do verdeamarelismo.
(Sant'Ana, 1980, pp. 83-84)

Outro episódio protagonizado por Arnon de Mello nessa academia
juvenil faz parte do depoimento que Manuel Diegues Júnior (1987) deu
à Academia Alagoana de Letras:

Como o espírito democrático do fundador e primeiro presidente do Grêmio era mais forte que o seu desejo de ser permanentemente presidente da instituição, o fato é que na sua
sucessão se abriu uma luta eleitoral. Assentada a candidatura
de Raul Lima, então primeiro secretário, à presidência, no dia
da eleição surgiu uma outra chapa, comandada por Arnon de
Mello e que se tornou vitoriosa. (Diegues Júnior, 1987, p. 180)

Demonstrando que não guardara mágoas de Arnon e dos outros
companheiros de geração, Raul Lima, no livro memorialístico *Presença
de Alagoas*, lembra que "esses moços puderam [...] seguir o destino de
tantos outros – a emigração da província para a metrópole, tangidos pela
completa ausência de oportunidades... [...]". Registrou, mais adiante, que
"essa proscrição chegou ao fim. Arnon de Mello [...] conquistou para si
e para os seus contemporâneos o direito de servir a Alagoas..." Concluiu
augurando: "Mas o chefe do governo alagoano e os contemporâneos [...]
conseguirão instaurar nas Alagoas um novo período de dignidade do
poder, livre da mediocridade[...]" (Lima, 1967, pp. 13-14).
Antes disso,

Arnon reencontraria vários daqueles companheiros na Academia Alagoana de Letras, onde tomaria posse em maio de
1945, na cadeira 16, do poeta Guimarães Passos, sucedendo
ao jornalista e poeta Ranulfo Goulart... [...] Esses reencontros

se repetiriam no Instituto Histórico de Alagoas, nas redações e nas reuniões literárias do Rio de Janeiro. (CALHEIROS, 2000, p. 4)

Considerando-o predestinado para os grandes empreendimentos, seu sucessor na Academia Alagoana de Letras, Douglas Apprato Tenório realçou as virtudes intelectuais de Arnon de Mello.

Sua gestão, como governador, foi classificada como a "época de ouro da cultura alagoana, graças ao incentivo às artes..." (CALHEIROS, 2000, p. 7).

Esse mérito é, contudo, atribuído a sua mulher, que sempre "participou das campanhas políticas" do marido, e, "como primeira dama, atuou ativamente no governo" (COLLOR DE MELLO, 1993, p. 25).

D. Leda foi assim retratada por Divaldo Suruagy (2000),

Fisicamente frágil, como toda mulher, senhora e serva, quanto mais manda, mais parece obedecer. É essa fusão de vontade e sentimento que torna sua debilidade irresistível. Encontramos na personalidade invulgar de D. Leda a paixão pela arte e a obstinação em difundi-la. Alagoas lhe deve [...] inumeráveis serviços. (SURUAGY, 2000, p. 186)

### Carreira Política

Arnon de Mello nutria pela política um sentimento atávico, descendendo de uma família de senhores de engenho.

O senhor de engenho – anota Diegues Junior (1954, p. 51) – é a figura característica da sociedade agrária, que age como "pater-famílias onipotente, dispondo de sua propriedade como senhor absoluto, poder que se estendia igualmente aos elementos humanos dele dependentes".

Mesmo pertencendo ao ramo decadente dessa elite nordestina, Arnon trazia a política no sangue.

Sua obstinação de vencer na vida está no âmago da decisão de tentar a sorte no Rio de Janeiro, quando percebeu que "se ficasse na província não iria muito longe", como testemunha Pedro Collor de Melo (1992, p. 22).

Ali chegando, "investe o salário em si próprio". Como era "bem apessoado" e tinha gosto pela política, "por causa da profissão", não lhe foi difícil vencer, beneficiando-se do "livre trânsito nas boas rodas" (COLLOR DE MELLO, 1992, p. 23).

Bem antes de embarcar no ITA que o levaria a fixar-se na capital federal, Arnon de Mello testara seus dotes políticos. Calheiros (2000, p. 6) documenta essa iniciação precoce no campo político, "revelando-se político hábil ainda nas eleições do Grêmio Guimarães Passos [...]".

Mesmo vivendo no Rio de Janeiro, ele já vinha aparecendo entre os nossos políticos, desde a campanha de 1934, para a Assembleia Constituinte Estadual. Mas sua prova de fogo se deu na política de São Paulo, como militante na campanha de Armando Salles de Oliveira à Presidência da República em 1937.

Em 1946, Arnon de Mello disputa, sem êxito, uma vaga para representar Alagoas na Assembleia Nacional Constituinte.

> Mas a derrota não o fez desistir. Ao contrário. Em seguida à eleição, começou a se preparar para participar da campanha seguinte. Alugou uma casa em Maceió, para servir de comitê, e, de 45 a 50, organizou suas bases. Na campanha de 50 [...] concorreu, pela UDN, a deputado e a governador ao mesmo tempo [...] conquistou os dois mandatos, mas, obviamente, abriu mão do de deputado e assumiu o governo. (COLLOR DE MELLO, 1992, p. 24)

Chegando ao Palácio dos Martírios "conduzido pelos braços do povo", Arnon de Mello governou de 1951 a 1955. Deixou Alagoas "com um novo perfil", assim descrito por Calheiros (2000, p. 6) como "um rol de realizações, de decisões pioneiras, de avanços e de investimentos em infraestrutura sem precedentes".

O próprio governador tinha consciência dessa opção não imediatista, ao enviar mensagem ao legislativo que continha seu plano orçamentário para o último ano da gestão.

Em consonância com as minhas palavras de candidato, [...] tenho me preocupado com a situação dos humildes e dos pobres....(garantindo-lhes) melhores condições de existência [...]. Não cuidei, assim, de executar obras suntuárias que brilhassem apenas como fogos de artifício, mas não resolvessem problemas fundamentais. Aos objetivos imediatos, que alimentariam fugazmente a popularidade do Governo, preferi os de prazo longo, que, exigindo maior tempo para concretizar-se, certo a princípio suscitariam dúvidas sobre a capacidade criadora da nossa vitória, mas afinal de contas corresponderiam à nossa responsabilidade e à nossa missão. (ARNON DE MELLO, 1954, p. 6)

Avaliando esse período histórico, o ensaísta Bernardino Araújo Miranda, descreve em *História das Alagoas*:

Depois, houve a eleição de Arnon Afonso de Mello, jornalista de ideias bastante avançadas para o provinciano ambiente de Alagoas Embora nascesse no município de Rio Largo, sua formação e prática jornalística ocorreram no Rio de Janeiro, então capital do país. Foi em sua administração que houve a inauguração da pioneira rodovia estadual, ligando Maceió a Palmeira dos Índios, com 128 quilômetros de extensão. (MIRANDA, 1997, p. 29)

Elcio de Gusmão Verçosa confirma parcialmente esse diagnóstico, em *Cultura e Educação nas Alagoas: História, Histórias*, livro publicado pela Edufal, em Maceió, 1998:

Os anos 50 chegam para Alagoas trazendo um clima político saudado por alguns como precursor de um novo tempo. Logo no início da década, a campanha seguida da eleição, contra todas as expectativas, de um jovem político da UDN – Arnon de Mello – para o Governo do Estado [...] seria imediatamente vista, sobretudo por alguns setores da pequena classe média alagoana como indicação de que *Alagoas já não era mais a mesma*, o que levava a esperar por relações políticas civilizadas. (VERÇOSA, 1998, p. 185)

Este autor é categórico ao afirmar que o progresso era inevitável em Alagoas, [...] "Embora não tivesse mudado tanto quanto se esperava, o Estado já não era, contudo, exatamente o mesmo daquela época" (VERÇOSA, 1998, p. 187).

No setor rodoviário, iria finalmente se dar a pavimentação asfáltica das duas primeiras estradas de percurso mais longo [...]. Embora [...] não fossem de tão longo percurso assim, representavam, contudo, uma ampliação significativa da possibilidade de comunicação pelo menos entre regiões. (VERÇOSA, 1998, p. 189)

Mas nem tudo transcorreu pacificamente no governo Arnon de Mello. Seu perfil modernizante foi mesclado por traços de truculência política praticados por correligionários sertanejos.

A antropóloga Luitgarde Cavalcante Barros recorda episódios dramáticos vividos por sua família no município de Santana do Ipanema, produzindo feridas abertas por injustiças e perseguições toleradas pelo ocupante do Palácio dos Martírios. O escritor e amigo do governador, Tadeu Rocha, tentou mediar as partes em conflito, enviando-lhe carta datada de 14 de setembro de 1951:

Pelas notícias dos jornais e informações de amigos de Maceió e Santana, soube que a velha politicagem de aldeia continua fervendo em nosso Estado. Mas continuo confiando no espírito público e na capacidade administrativa, bem como na habilidade política do Governador, que há de defender os legítimos interesses de Alagoas e o bem estar de sua população. (*apud* MARQUES DE MELLO, 2010, p. 88)

Trata-se, aliás, da encenação daquela "tragédia anunciada" que Douglas Apprato (1995, p. 48) narra com sensibilidade ao reconstituir o *impeachment* de Muniz Falcão, sucessor de Arnon de Mello no governo de Alagoas: "Quem conhece os costumes da terra bem compreende que os grupos em conflito jamais renunciariam a essa batalha iminente", pois "o calor com que fervia o caldeirão político alagoano não deixava esperanças para conclusões amenas".

A ambiguidade política de Arnon de Mello não escapou à percepção crítica de Mário Sergio Conti (1999):

> A campanha de Arnon foi ao mesmo tempo retrógrada e inovadora. Retrógrada porque percorria povoados do interior distribuindo enxadas, facões e pás em troca de votos. [...] E inovadora porque ele se valeu de uma pirotecnia inédita para levar aos eleitores sua plataforma – apaziguar a disputa política, coibir o banditismo e a arbitrariedade. [...] O governo foi o contrário de sua campanha: conservador, sem audácias. [...] Arnon de Mello permitiu que o banditismo político campeasse. No governo Silvestre Péricles houve 712 assassinatos políticos. No de Arnon, 861. [...] O governador perdeu sua pátina de liberal ao comprar um dos jornais que lhe fazia oposição, a *Gazeta de Alagoas*... [...] No final do mandato de Arnon, em 1956, Alagoas estava igual ao que era [...]: miserável, sem lei, parada no tempo. Mas o povo tinha mudado. (CONTI, 1999, pp. 21-22)

Arnon de Mello sequer elegeu seu sucessor. Mais grave, ainda, foi a eleição do seu passional adversário Silvestre Péricles de Góis Monteiro, com o qual se reencontra no Senado.

Silvestre não se conformou, passando a fazer ameaças a Arnon, episódio que José Neumane (1992), com seu jeito singular de contar histórias políticas, assim reconstituiu:

Silvestre Péricles nunca aceitou isso. Dono de uma persona-
lidade forte, [...] dizia, então, a quem quisesse ouvir:
– Bom, Alagoas elegeu Arnon de Mello senador. Então,
Arnon de Mello será senador. Mas não permitirei que ele
use a tribuna do Senado para esparramar seu veneno [...]
A ameaça chegou aos ouvidos do senador recém-eleito. Ele
pediu a opinião a um colega (que) deu um conselho [...]:
– Você só tem uma alternativa, Arnon. Ou fala ou renuncia
a seu mandato.
Arnon de Mello nunca havia usado um revólver. Silvestre
Péricles tinha uma pontaria excelente [...] Era um duelo de-
sigual. Mas Arnon se inscreveu [...] Foi armado. Na confusão,
atirou e acertou no peito do suplente de senador José Kairala
[...] Kairala morreu. [...] Arnon de Mello foi absolvido do
assassinato de Kairala. Cumpriu seu mandato, sendo reeleito
e voltando ao senado pela terceira vez, durante o regime
autoritário, como senador biônico. (NEUMANE, 1992, p. 24)

O senador Arnon de Mello dedicou-se a questões energéticas, bem
como aos temas de educação, ciência, tecnologia, como ficou documentado
no amplo repertório de discursos proferidos em plenário e difundidos
para seus correligionários através de opúsculos que brotaram da gráfica
do próprio Senado, em Brasília, ou da sua empresa midiática, em Alagoas.

Consciente do fim da carreira política, o senador começou a planejar
a sucessão. Sua preferência recaía sobre o filho mais velho, que mais tarde
revelou inapetência política, mas esbarrou na resistência de sua mulher.
Leda Collor reivindicava o posto.

Quem tornou pública essa rusga familiar foi o filho caçula, Pedro
Collor de Mello (1993, p. 45):

Aproximavam-se as eleições desse ano, 74, e minha mãe
resolveu entrar para a política. [...] D. Leda sentiu que o velho Arnon na verdade preferia que o filho mais velho fosse
o candidato. [...] Ela, no entanto, insistiu e candidatou-se
pela Arena a deputada federal. A derrota foi fragorosa.

[...] D. Leda nunca perdoou o marido pela derrota [...] A relação dos dois ficou péssima e acabou rendendo até um rompimento de meu pai com o então Governador Divaldo Suruagy. [...] Este último voltaria às boas nas eleições seguintes. (COLLOR DE MELLO, 1993, p. 45)

José Neumane (1992) revolvendo a lama que causou uma "tragédia brasileira" apurou os fatos:

À época, muito doente, o senador Arnon de Mello, que falava com dificuldade e mais se arrastava do que andava, procurou o jovem governador Divaldo Suruagy e lhe pediu uma audiência. [...] No encontro, Arnon de Mello lhe disse que não dispunha de muito mais tempo. E estava disposto a passar o bastão do comando político do clã para um descendente. Dos 5 filhos [...] Fernando queria fazer política. Arnon não tinha condições físicas de orientá-lo. Por isso, o velho senador pediu que o governador cumprisse seu papel de pai para encaminhar o filho escolhido. (NEUMANE, 1992, p. 36)

### Vocação Empresarial

Indicado por Caldas (1995) na lista dos "coronéis eletrônicos" que povoaram o congresso nacional, a ascensão de Arnon de Mello no ramo midiático foi assim registrada por Calheiros (2000).

Jornalista de formação, Arnon decidiu investir no estado natal os bens adquiridos como profissional da imprensa, da advocacia e empresário ao longo de décadas no Sul do país. Logo que assumiu o controle do que seria o primeiro órgão jornalístico da OAM – Organização Arnon de Mello – modificou-lhe a feição gráfica, imprimindo-lhe uma moderna e revolucionária administração. [...] O jornal imbatível em circulação ainda dava os primeiros passos para a modernização quando Arnon instalou a Rádio Gazeta AM, inaugurada em 2 de outubro de 1960, para , em dezembro de 1973, inaugurar as novas instalações da sua Gráfica Editora. Em 1975, por sua iniciativa, Alagoas deixou de ser a única unidade da federação sem uma estação de televisão, ingressando na era da imagem e cores, em setembro deste ano. (CALHEIROS, 2000, p. 8)

Os traços do "coronel eletrônico" se expressam naquela faceta do "patrão avaro" resenhado por Lopes (2005, p. 195):

Como era do conhecimento de muita gente, o empresário Arnon de Mello, patrão exigente, mas avaro, talvez fruto dos anos de convívio com Chateaubriand, não costuma facilitar a vida dos que com ele trabalhavam. E com isso mantinha a estrutura gazeteana com um mínimo de profissionais, geralmente com salários muito aquém de suas necessidades.

Como toda personalidade que se fez por conta própria, Arnon de Mello tinha duas marcas registradas: a produtividade e a sovinice. Conti (1999, p. 16) as identificou com muita clareza, comentando que "Arnon trabalhou desde a adolescência. Sabia o valor do dinheiro. Fez fortuna sozinho. Era sovina a ponto de desdobrar embalagens e usá-las para fazer anotações".

Além do "pãodurismo", Arnon tem nítida vocação para o "mandonismo". Nada mais apropriado para ilustrá-la do que o depoimento de Edélcio Lopes quando contratado para exercer a função de Diretor Artístico da Rádio Gazeta.

No mesmo dia fui apresentado ao Senador Arnon de Mello [...] Conversamos, trocamos ideias, procurei sentir o espírito político da empresa. [...] O Senador [...] saiu-se com uma que ainda hoje não esqueci. Ele falou que a única coisa que eu não podia dizer ao microfone [...] era palavrão.
— Por exemplo, você diz "merda" diante de um microfone? Pois bem, esses dois nomes, nesta casa, têm o mesmo valor.

E citou dois nomes de políticos que eu não tenho o menor interesse em registrar. (LOPES, 1984, p. 186)

Configura-se, portanto, aquela "metamorfose das oligarquias" tão bem percebida por Apprato (1997) como sendo um "Retrato de uma sociedade em que os conservadores plasmaram sua predominância por meio do domínio das famílias, grupos e clãs tradicionais", beneficiados pela "trava na roda do tempo" que vem gerando a "calmaria de uma sociedade que tem a sua dinâmica própria de ebulição" (APPRATO, 1997, pp. 14-15).

Trata-se, na concepção gramsciana de poder, daquela "elite orgânica" que possui capacidade de modelar a sociedade, integrando o "bloco modernizador-conservador", cuja liderança Arnon de Mello exerceu durante muito tempo. Por isso mesmo, Zaidan (2010) prefere caracterizá-lo como "cacique" da taba alagoana, assim resumindo seu itinerário:

De volta a Alagoas, Arnon envolveu-se no jogo político--partidário, tornando-se um dos maiores caciques do Estado. Seu carisma e sua intimidade com a comunicação social contribuíram com a sua trajetória vitoriosa. Nos pleitos em que disputou não hesitava em despender recursos financeiros nas campanhas, utilizando estratégias vanguardistas. (ZAIDAN, 2010)

Logo, a figura do "coronel eletrônico" esmaece diante da vocação explícita para encarnar o arquétipo do "cacique midiático".

Essa categoria enquadra-se plenamente no conceito de "coronel urbano", com explícita inclinação patrimonialista, de acordo com a tipologia sugerida por Raimundo Faoro (1976, v. 2, pp. 621-622).

### Carisma Weberiano

Embora não o explicite, nesse referencial teórico enquadra-se o itinerário de Arnon de Mello traçado por Albuquerque (2000) para incluí-lo no panteão dos dignatários alagoanos.

Terminado o período governamental, Dr. Arnon de Mello voltou às lides jornalísticas. [...]. Como empresário, empregou capital e trabalho em Alagoas, tornando-se pioneiro do sistema de comunicação do Estado. [...]. A Organização Arnon de Mello é hoje a detentora da imprensa falada e escrita em nosso Estado. (ALBUQUERQUE, 2000, p. 219)

Graças a esse complexo midiático, Arnon de Mello assumia plenamente o "carisma weberiano" que, segundo Queiroz (1976, p. 199), alimenta o "mandonismo" dos novos coronéis, legando-o como patrimônio político aos sucessores imediatos.

Esta é a chave sociológica que ajuda a compreender o perfil do ex-governador de Alagoas, como o político que vivenciou três vezes as agruras e as delícias do poder estadual: "Arnon de Mello é um realizador. [...] Consegue formar um sólido patrimônio. Personalidade concentradora, [...] não divide o poder com os companheiros de campanha, criando o seu próprio espaço político" (SURUAGY, 2000, pp. 132-133).

O filho Pedro Collor de Mello (1993) confirma essa peculiaridade, contando como se formou o patrimônio familiar.

Em 56, o governo acabou e a família voltou para o Rio. [...] Mesmo com todos morando no Rio, papai continuou ligado ao seu estado de origem. [...] Manteve sua base política no Nordeste, investiu em sua empresa de comunicação, e, no Rio, dedicava-se às articulações de cúpula e aos negócios do ramo imobiliário. Nos últimos anos da década de 50, meu pai ganhou bastante dinheiro na compra e venda, construção e aluguel de imóveis. (COLLOR DE MELLO, 1993, p. 25)

Aplicando toda essa renda na Organização Arnon de Mello (OAM), o empresário alagoano legou aos descendentes um patrimônio valioso, mantendo-se até os dias de hoje como empresa hegemônica no ramo midiático do Estado de Alagoas.

# REFERÊNCIAS BIBLIOGRÁFICAS

ALBUQUERQUE, Isabel Loureiro. *História de Alagoas*. Maceió: Imprensa Oficial, 2000;

ALBUQUERQUE, Manuel Medeiros de. *Pequena História da Formação Social Brasileira*. Rio de Janeiro: Graal, 1981;

ALMEIDA, Aécio Diniz. (Org.). *Jornal de Alagoas*. Maceió: Jornal de Alagoas, 1988;

ALTAVILLA, Jaime Lustosa. *Bibliografia de Autores Alagoanos*. Maceió: Catavento, 2001;

AMADO, Gilberto. *Eleição e Representação*. Rio de Janeiro: Oficina Industrial Gráfica, 1931;

APPRATO, Douglas. *A Tragédia do Populismo*. Maceió: Edufal, 1995;

_____ *Metamorfose das Oligarquias*. Maceió: Edufal, 1997;

ASSIS, Francisco de. "Gênero diversional". In: MARQUES DE MELO, José (Org.) *Gêneros Jornalísticos no Brasil*. São Bernardo do Campo: Metodista, 2010, pp. 141-162;

BARROS, Francisco Reinaldo Araújo. *ABC das Alagoas*. T. 2. Brasília: Senado Federal, 2000;

BASTOS, José Sebastião. "Um século de Arnon de Mello". *Gazeta de Alagoas*. Maceió, ano 77, n.º 2507, 21 set. 2011. Opinião. Disponível em: <http://gazetaweb.globo.com/gazetadealagoas/acervo.php?c=189384>. Acesso em: 09 jan. 2014;

BORGES, Vavy Pacheco. *Getúlio Vargas e a Oligarquia Paulista*. São Paulo: Brasiliense, 1979;

CALDAS, Maria das Graças. *O Latifúndio no Ar: mídia e poder na Nova República*. Tese (Doutorado em Ciências da Comunicação), Programa de Pós-Graduação em Comunicação. Escola de Comunicação da Universidade Estadual de São Paulo. São Paulo, 1995;

CALHEIROS, Valmir. "Arnon de Mello". In: APPRATO, Douglas (Org.). *Memória Cultural de Alagoas*. Maceió: Telemar; Gazeta de Alagoas, 2000;

_____ "Jornal de Alagoas: 80 anos de evolução". In: ALMEIDA, Aécio Diniz (Org.). *Jornal de Alagoas: 80 anos*. Maceió: Jornal de Alagoas, 1988. pp. 17-22;

COLLOR DE MELLO, Pedro. *Passando a Limpo*. Rio de Janeiro: Record, 1993;

CONTI, Mário Sérgio. *Notícias do Planalto*. São Paulo: Companhia das Letras, 1999;

COSTA, Ailton Alves da. "Gêneros jornalísticos", In: MARQUES DE MELO, José (Org.). *Gêneros Jornalísticos no Brasil*. São Bernardo do Campo: Metodista, 2010. pp. 141-162;

DIEGUES JUNIOR, Manuel. *População e Açúcar no Nordeste do Brasil*. Rio: CNA, 1954;

_____ "Um grêmio de jovens que se chamou Guimarães Passos". In: *Revista da Academia Alagoana de Letras*, Maceió, ano 13, n.º 13, pp. 177-182, 1987;

ELIAS, José. *Jornal Gazeta de Alagoas*. Maceió, ano 77, n.º 2505, 18 set. 2011a. Coluna José Elias, p. 3. Disponível em: <http://gazetaweb.globo.com/gazetadealagoas/acervo.php?c=189269>. Acesso em: 09 jan 2014;

_____ *Jornal Gazeta de Alagoas*. Maceió, ano 77, n.º 2504, 17 set. 2011b. Coluna José Elias, p. 3. Disponível em: <http://gazetaweb.globo.com/gazetadealagoas/acervo.php?c=189206>. Acesso em: 09 jan 2014;

FACÓ, Rui. *Brasil, Século XX*. Rio de Janeiro: Vitória, 1966;

FAORO, Raymundo. *Os Donos do Poder*. Porto Alegre: Editora Globo, 1976;

FAUSTO, Boris. *A Revolução de 30*. São Paulo: Brasiliense, 1976;

FERREIRA, Antônio Celso. *A Epopeia Bandeirante*. São Paulo: Edunesp, 2002;

FREYRE, Gilberto. *Casa-Grande & Senzala*. Rio: José Olympio, 1958;

GAIA, Rossana. "Arnon de Mello: o repórter que se tornou empresário".

In: MARQUES DE MELO, José (Org.). *Imprensa Brasileira*. V. 2. São Paulo: Imprensa Oficial, 2005;

HÊNIO, Milton. Centenário de Arnon de Mello. *Gazeta de Alagoas*. Maceió, ano 77, n.º 2505, 18 set. 2011. Opinião. Disponível em: <http://gazetaweb.globo.com/gazetadealagoas/acervo.php?c=189266>. Acesso em: 09 jan 2014;

LEITÃO, Cesar. *Apontamentos Históricos do Diário de Notícias*. Rio: DN, 1960;

LIMA, Raul. *Presença de Alagoas*. Maceió: DEC, 1967;

LINDOSO, Dirceu. *Interpretação da Província*. Maceió: Edufal, 2005;

LOPES, Edécio. *Vaias & Aplausos*. Maceió: Sergasa, 1984;

LOVE, Joseph. *A Locomotiva*. Rio de Janeiro: Paz e Terra, 1982;

LYRA, Lysette. "O centenário de um grande homem". *Gazeta de Alagoas*. Maceió, ano 77, n.º 2506, 20 set. 2011. Opinião. Disponível em:<http://gazetaweb.globo.com/gazetadealagoas/acervo.php?c=189304>. Acesso em: 09 jan 2014;

MARQUES DE MELO, José. *Gêneros Jornalísticos no Brasil*. São Bernardo do Campo: Metodista, 2010a;

_____ *Sertão Glocal*. Maceió: Edufal, 2010b;

_____ *Gêneros Jornalísticos na Folha de S. Paulo*. São Paulo: FTD, 1992a;

_____ *Eleições e Meios de Comunicação no Brasil: análise do fenômeno Collor de Mello*. Barcelona: Institut de Ciències Politiques i Sociais, 1992b;

_____ *A Opinião no Jornalismo Brasileiro*. Petrópolis: Vozes, 1985;

_____ *Reflexões sobre Temas de Comunicação*. São Paulo: ECA-USP, 1972;

MCCLELLAND, D.C. *The Achieving Society*. New York: Van Nostrand, 1961;

MELLO, Arnon de. *Os Sem Trabalho da Política*, Rio de Janeiro: Pongetti, 1931;

_____ *São Paulo Venceu!* Rio de Janeiro: Flores & Mano, 1933;

_____ *África*. Rio de Janeiro: José Olympio, 1940;

MELLO, Arnon de. *Mensagem à Assembleia Legislativa.* Maceió: Imprensa Oficial, 1954;

_____ *Início de Governo.* Maceió: *A Gazeta de Alagoas,* 1955;

MELLO MOTA, Lourival. *Retrato de uma Época.* Maceió: Assembleia Legislativa, 1984;

MELO, Carlos. Arnon de Mello. In: MELO, Carlos. *Collor: o ator e suas circunstâncias.* São Paulo: Editora Novo Conceito, 2007, pp. 91-97;

MIRANDA, Bernardino Araújo. *História de Alagoas.* Maceió: São Bento, 1997;

NEUMANE, José. *A República na Lama.* São Paulo: Geração Editorial, 1992;

QUEIROZ, Maria Isaura Pereira de. *O Mandonismo Local na Vida Política Brasileira.* São Paulo: Alfa-Ômega, 1976;

ROCHA, Tadeu. *Modernismo & Regionalismo.* Maceió: DEC, 1964;

ROGERS, Everett. *Diffusion of Innovations.* New York: The Free Press, 1962;

ROSA E SILVA, Claudio Humberto. *Mil Dias de Solidão.* São Paulo: Geração Editorial, 1993;

SANT'ANNA, Moacir Medeiros de. *História do Modernismo em Alagoas.* Maceió: Edufal, 1980;

SKIDMORE, Thomas. *Brasil:* de Getúlio a Tancredo. Rio de Janeiro: Saga, 1969;

SODRÉ, Nelson Werneck. *História da Imprensa Brasileira.* Rio de Janeiro: Civilização Brasileira, 1966;

SURUAGY, Divaldo. *Cultura Alagoana.* Maceió: Catavento, 2002;

_____; FILHO, Wanderley. *Raízes de Alagoas.* Maceió: Catavento, 2000;

VAZ, Tyciane. "Gênero utilitário". In: MARQUES DE MELO, José (Org.). *Gêneros Jornalísticos no Brasil.* São Bernardo do Campo: Metodista, 2010, pp. 141-162;

VERÇOSA, Élcio. *Cultura e Educação nas Alagoas: história, histórias.* Maceió: Edufal, 1998;

WEBER, Max. *Ensaios de Sociologia.* Rio de Janeiro: Zahar, 1971;

ZAIDAN, Tiago Ivo. "A organização Arnon de Mello e o seu patrono". *Verso & Reverso,* v. 24, n.º 55. São Leopoldo: Unisinos, 2010.

# Capítulo 9

## TORQUATO NETO E OS LIMITES DA LINGUAGEM

Teresinha Queiroz

Em nossa experiência cultural, somos permeados pela visão de um Torquato Neto que é, ao mesmo tempo, notável expressão artística e mais uma esperança do Piauí, que não vingou. Essa ruptura com um possível da história constitui forte alimento ao mito do poeta e um dos signos das vanguardas locais, que se propõem suas seguidoras e que contribuem, em certa medida, para a preservação de sua memória. Se o Anjo Torto é recuperado e enriquecido a partir de um conjunto de práticas culturais que perpassa sua pequena e grandiosa história de vida, é necessário reconhecer o poeta como um dos poucos piauienses a se fazer presença na chamada cultura nacional.

Numa tarde de novembro, um velório de homem comove Teresina e conduz Torquato Neto para a posteridade. Um episódio ganha destaque nesse cenário cinzento – a participação dos amigos do poeta e a música por eles cantada no enterro, Mamãe Coragem. Muito tempo depois, pude intuir alguns dos significados daquele evento e para que dimensões de ensombrecimento ele apontava. Em uma dessas insuspeitadas direções, o próprio poeta me guiava, ao fazer-se presente em sua ausência de morto, a espiar-se e a cantar-se em sentinela.

Também tenho uma noite em mim e tão escura
que nela me confundo e paro
e em adágio cantabile pronuncio
as palavras da nênia ao meu defunto,
perdido nele, o ar sombrio.

(Me reconheço nele e me apavoro)
Me reconheço nele,
não os olhos cerrados,
a boca falando cheia,
as mãos cruzadas em definitivo estado,
se enxergando,
mas um calor de cegueira que se exala dele
e pronto: ele sou eu,
peixe-boi devolvido à praia,
morto,
exposto à vigilância dos passantes.
Ali me enxergo, à força no caixão do mundo
sem arabescos e sem flores.
Tenho muito medo.
(TORQUATO NETO, 1982, p. 28)

A partir dos filtros da memória, da história e da escrita do autor, seguramente em seus fragmentos, considero como centros da argumentação
de Torquato Neto as prisões que as palavras encerram e as possibilidades
de liberdade nelas contidas. Ao remeter às discussões correntes no final
da década de 1960 e início dos anos 1970, a obra de Torquato Neto ainda alude ao singular, a parcelas de um social já radicalmente fraturado,
mas que ainda está elaborando formas teóricas de compreensão de suas
inelimináveis frações constitutivas. A discussão suscitada por leituras
de textos do poeta realça que já se tornara impossível uma linguagem
transparente e um sentido único para a vida e para a história. A crise da
linguagem demandava novos aportes a serem consumidos por um mundo
em inegável mutação e evidenciava-se no estilhaçar perceptível na signa-
gem das coisas e nas ameaças terrificantes, para alguns, das singularidades
(CASTELO BRANCO, 2005).

Não é sem sentido a proliferação de novas palavras e a ressignificação das velhas palavras, sobretudo na década de sessenta, de que as
gírias, constituidoras, no limite, de uma nova linguagem, são o exemplo
mais acabado e que constituem repertório característico da juventude da
época. Nessa mesma direção, a especificidade da linguagem do período

faz com que hoje não consigamos mais ler muitos autores e textos, por excessivamente datados. A discussão dos sentidos das linguagens literária, poética e cinematográfica, o lugar social das artes, os recorrentes processos constitutivos da identidade do Brasil, são discussões que remarcam a emergência do poder jovem, cuja força arrebatadora, naquelas décadas, colide com os poderes estabelecidos, em especial do Estado e da família. Nesta colisão, são cerceadas muitas das virtualidades daquele poder jovem em ascensão.

A invenção compulsória de novas linguagens e de novas formas de comunicação é dimensão constitutiva da experiência de várias frações da juventude do período. Diversos movimentos convergem no sentido da tribalização dos códigos comunicativos, que recortam subjetividades jovens emergentes e registram igualmente as frustrações advindas do estreitamento da participação na história, cujo corolário é a necessidade de criar para além do controle do poder instituído. Para Torquato Neto, em especial, as palavras deveriam aparecer puras, virgens, lidas pretensamente com sentidos aprisionados, delimitados, livres da captura pelo sistema. Se as novas palavras têm essa funcionalidade inequívoca e constroem um mundo novo, sofrem, como artefato social, mutações, acréscimos e reduções de sentido. A seletividade e a força do tempo ora descartam as palavras, ora as transformam, ora subvertem os significados originais propostos. A palavra transa é exemplar – utilizada com extraordinária gama de significações nos anos sessenta e setenta do século xx, porém sempre referida a arranjos criativos e inesperados, à ocupação de brechas e fissuras ainda não dominadas pela potência avassaladora da censura oficial, abarcava desde processos ligados à subjetivação até as articulações políticas mais subterrâneas. O polimento do tempo a reduziu para significado essencialmente sexual.

As linguagens são as mediadoras do sonho, do desejo, do medo, de todas as formas de poder. Dessa maneira, novas palavras e novos significados constroem novas relações de poder e corporificam a emergência de formatos novos para as relações sociais. As palavras antigas são apropriadas segundo os significados consolidados e aprisionados na história. Em circunstância em que as estruturas repressoras atuam com visibilidade, a palavra é dos primeiros processos a ser imobilizado e castrado em sua força de operar no social. Na visão de Torquato Neto, as palavras são armas e apontam perigosamente para quem as profere. Algumas delas têm o peso e a densidade do medo e trazem como signo a própria morte – liberdade é uma dessas palavras que polarizam o mundo das experiências no período. Seu contorno é definido por outra palavra – censura – institucionalizada ou difusa no social.

Toda a movimentação do corpo social se expressa e se constrói também enquanto linguagens. Refiro-me ao plural para remarcar que o universo da palavra é apenas parcela desse conjunto de linguagens – ou seja, de tudo que é apropriado a partir da simbolização. Aqui, entretanto, o interesse é pela palavra nos seus usos cotidianos, usos cunhados por lugares próprios de invenção ou de apropriação. No caso das décadas de sessenta e setenta do século XX, no Brasil, a ênfase deve ser conferida às gírias, à sua difusão, às repercussões, aos seus usos, ao que remarcam do lugar social das frações de jovens que as utilizam, aos sentidos originais propostos pelos espaços de origem, à subversão, alteração, expansão e redução dos seus significados à medida da passagem do tempo.

As falas possíveis ocupam os interstícios do poder, insinuam-se, tentam abrir brechas de ação, reinventam-se, disfarçam-se, metaforizam--se, expressam-se no limiar mesmo da impossibilidade. Amalgamam-se ao medo e ao horror, convertem-se muitas vezes em mudez. Insinuam contraditoriamente o medo e a coragem, equilibram-se na lâmina da vida e da morte. Torquato Neto é caso exemplar e completo dessa tensão entre necessidade e recusa. Explode em palavras e implode com elas. Acredita de forma exacerbada no seu poder de possuírem o bem e o mal, de serem elas próprias o céu e o inferno. Morre desagregando-se em palavras, no limite da ilegibilidade. Vira silêncio, e o seu grande medo é alimentado pelo mito do silenciamento, em parte, auto-imposto à sua escrita – parte destruída, parte inédita. O horror à multiplicidade de significações das palavras reverbera em seu corpo, no cultuamento e no obscurecimento de sua história.

A angustiada relação de Torquato Neto com a linguagem torna--se visível na sua inaceitação das possibilidades plurais de leitura dos significados das palavras e das falas. Em suas tentativas desesperadas de encontrar respostas para os dilemas das relações sociais no interior da linguagem, verifica, desalentado, os embates da sintaxe com a semântica. A frustração de suas tentativas resulta apenas da insuficiência teórica das explicações a que teve acesso. Esse *gap* teórico é claramente posto em sua concepção de cinema.

Em texto sem título, escrito em Paris na madrugada do dia 31 de agosto para o 1.º de setembro de 1969, Torquato Neto diz de sua visceral relação com o cinema e do lugar que ele ocupa em sua vida.

> [...] inventei que é melhor morrer do que não resistir e que é aprendendo que se vive e porque Glauber Rocha morre de razão quando diz que basta filmar, la bas, pra ser novo. e forte. casa forte. Tom Jobim me disse que é impossível o otimismo, porque simplesmente não dá mais pé, mas ele fala de conversas e eu estou discordando porque estou falando de cinema e o cinema nem é vida nem realidade, é verdade. não sei quantas vezes por segundo. (TORQUATO NETO, 1982, p. 319)

É importante observar a visão particular de Torquato Neto com relação às linguagens visuais, inclusive o cinema, que ele acreditava que podia ser lido de maneira unívoca, pura, direta, sem intermediações, estando, portanto, isento das armadilhas que ele percebia no interior da linguagem escrita e mesmo da fala, que suscitariam imprevisíveis significados.

A vida e a potência do cinema eram contrapostos à literatura, cuja morte era anunciada por Torquato Neto, assim como a morte do individual, ambos destruídos por motivos que os identificariam como irmãos siameses, conforme aparece no trecho a seguir:

> [...] planos gerais e paisagem = o cenário vivo, a massificação, a favela, são paulo, o coletivo, a grande angular ao som dos despojos da literatura, o individual, melhor: o indivíduo mesmo, sem essa, sartre. É preciso que se saiba, pra encurtar, que ambos estão destruídos por motivos que os identificam como irmãos siameses, saca? E cinema não é literatura, saca? Cinema TEM QUE SER, aqui, uma forma tão violenta de

reconhecer Deus (e mais aquele papo todo), como qualquer outra, saca? (grifo do autor, TORQUATO NETO, 1982,
pp. 322-23)

É possível tentar compreender essas mortes anunciadas segundo
processos cujo encontro e colisão parecem ocorrer justamente nessas
décadas de intensa crise da modernidade. A relação entre literatura e
individualismo é constitutiva dos séculos precedentes, e, em especial, do
século XIX. A ruptura e o estilhaçamento desse consórcio tornam-se
extraordinariamente visíveis nas décadas de sessenta e setenta, cujos apelos
principais passam a ser o mercado, o consumo de massa e tudo o que
colide com as práticas personalíssimas e individualizantes. Modifica-se
a relação com os escritos, particularmente no que concerne às narrativas,
cuja expressão maior, no passado, fora o romance, que solicitava forte
integração e identificação do leitor com um certo universo social e
escriturístico, solicitando relação muito particular do sujeito com aquele
produto cultural. Torquato, expandindo essa crise para a literatura que
morre, considerava que ela seria substituída pelo cinema, não pelo cinema
da maioria, ícone da massa alienada, mas pelo cinema marginal, lugar da
verdade várias vezes por segundo.

Em Torquato Neto, o deslumbramento com o Super-8 é mais que
o gosto do experimental, e mais que uma inserção no emergente cinema
marginal. Aparece, sobretudo, como forma de ocupação e de abertura de
novos espaços de poder – no presente e com vistas ao futuro. Esse interesse é compreensível no interior de uma profunda mutação nos rumos
do cinema brasileiro, e, em particular, do cinema novo, que é visto pelo
grupo de Torquato como em vias de se institucionalizar. O Super-8 é
considerado pelo poeta e por seus amigos como um modo radical de ver
e registrar o Brasil em ângulos possíveis e que ainda escapam à censura
oficial. Aparece como uma tática microscópica da guerrilha urbana visando à formação de sentidos que se contrapusessem ao instituído, e como
anteparo ao modelo de Brasil propagado então amplamente pelo cinema
de massa em que se teria transformado o cinema novo. O cinema e seus
poderes, suas relações com o Estado tentacular e as possibilidades que lhe
eram então conferidas de educar o povo, permitir o questionamento do

mundo e, em especial, avaliar os limites impostos à cidadania no Brasil, são objetos de polêmicas intermináveis, em parte gestadas e repercutidas pela coluna Geleia Geral (Torquato Neto, 1982, pp. 21-289).

Se o cinema marginal pode sinalizar, em Torquato Neto, para um signo da esperança e para a expressão de um poder, de uma potência mesma de intervenção e de significação, seu polo ou seu termo oposto é a morte, tema recorrente na quase totalidade de seus escritos. O poeta afirma, sem mediações, seu grande amor, sua grande atração e também seu grande pavor diante da morte que se aproximaria a passos largos. Esse amor, que é simultaneamente recusa e busca, aparece de forma recorrente e é um sentimento sempre ambíguo

> [...] não estou aqui para me entregar. a morte não é vingança, não é a minha namorada nem nada, nem me ama. nem eu quero amor com ela, livrai-me deus. basta olhar o desfile dos mortos pela rua, não há nada mais vergonhoso do que a morte dos estúpidos. que dia é hoje? que hora é essa? e essa história? (Torquato Neto, 1982, p. 330)

A companhia inafastável e obsessiva da ideia de morte é marcada pelo pavor e pelo prazer, e o poeta sabe mais que todos desses fortes sentimentos. É ainda em Paris que ele escreve:

> Eu estou aqui. Ainda tenho algum tempo e estou sabendo qual, quais e porque. Eu receio: uma coisa que li [...]
> Era o seguinte: eu tentando lutar contra a tragédia, o abismo, a catástrofe e ao mesmo tempo apaixonado por ela. Pois eu estou aqui. Ainda tenho algum tempo e sei como explodir o mundo.
> [...]
> E portanto, eu perdi a briga: morro de amores pela catástrofe e vou alcançá-la: correto? (Torquato Neto, 1982, p. 323)

Num quarto de hotel da capital francesa, em 1969, intui a sua doença e escreve reiteradamente sobre sua futura morte, embora essa escrita também imponha uma velocidade e um tempo de espera para aquele acontecimento, pessoal e intransferível. Alguns trechos são reiterativos:

> o inferno instalou-se e eu morri.
> por isso não posso pensar em escrever meu filme (que talvez nunca faça porque estou mais velho do que me imagino e porque estou condenado à grande morte) [...]
> [...] porque ainda faltam alguns acabamentos que estou aqui para providenciar. (TORQUATO NETO, 1982, p. 318)

Torquato Neto não desejava morrer sem resistência, sem heroísmo. E seu heroísmo, como o dos poetas oitocentistas, seus predecessores, não era destituído de uma certa malícia e mesmo de efeitos estéticos e políticos bem remarcados. Seu lado de ator representava para a multidão e para a posteridade:

> EU faço esse gênero. O gênero bem incômodo, exatamente como se não houvesse fantasmas, e ainda manjado, eficaz e fatal. *Everybody knows my name and nobody knows my place.* (TORQUATO NETO, 1982, p. 322)

Esse fazer gênero combina com o seu medo e com os perigos contidos na multidão de onde brotam os alcaguetes terrificantes dos seus pesadelos reais. De volta ao Brasil, já em 1971, Torquato Neto registra esse pavor incontido e quase desestruturador do seu cotidiano. Eis o flagrante de uma manhã carioca:

> [...] desci na rua, indo para o jornal. parei na porta, chovendo uma chuva fina muito firme, não encontrei o dinheiro no bolso. havia uma kombi estacionada do outro lado, com três homens que ficaram olhando para mim. pensei com meus botões e voltei atrás do dinheiro. aqui dentro eu vi que estava no bolso mesmo, junto com o sonrisal e o sal de fruta, no meio dos dois. desci com minha bolsa e olhei novamente os homens. pensei: o inimigo é o medo no poder, força. ainda

fiquei pensando nisso um pouco, mas da esquina desliguei.
(TORQUATO NETO, 1982, p. 329)

A presença da morte nos escritos de Torquato Neto ganha maior visibilidade e impõe um sentido à sua captura pelo leitor em virtude do epílogo que o poeta imprimiu à sua própria vida. O poeta torna aquele sentido do suicídio como que imperativo. Entretanto, esse destino intuído, desejado, aterrorizante e libertador, ao mesmo tempo, talvez não deva ser lido apenas em chave psicanalítica. A proposta aqui é retomar uma dimensão mesma da história da literatura, em sua tradição mais que secular de recusa ao estabelecido e em especial à cultura dominante da burguesia a partir do século XVIII. Essa tradição de recusa se institui e consolida com muita força nos meados do século XIX, quando as fraturas daquele desenho de sociedade se explicitam claramente e se desnudam de forma dramática na vivência desregrada e desgarrada dos pobres e dos miseráveis das megalópoles modernas, já então representadas por Londres e Paris. A vida e a exponencialidade do drama urbano europeu são objetos preferenciais da escritura de romancistas e de poetas que, em paralelo aos estudos dos emergentes observadores da sociedade, os economistas, registram o horror e a originalidade da experiência desses novos e despossuídos seres humanos e de seus modos de estar nas cidades. De Victor Hugo a Charles Baudelaire, de Edgar Allan Poe a Karl Marx e Friedrich Engels, esses retratos das relações sociais ganham relevo mundial e aguçam as sensibilidades coletivas para com a espetacular e nova miserabilidade urbana. Nova, não enquanto fenômeno de privação do gozo dos bens materiais, mas sim enquanto intenso e incontrolável aglomerado de sujeitos que demandam por condições mínimas vitais, expandindo, de forma nunca vista, o limiar mesmo da própria sobrevivência.

É possível sugerir que a estupefação que atinge os habitantes daqueles grandes centros urbanos nos meados do século XIX e nas décadas seguintes se traduz em medo visceral e coletivo frente à multidão disforme, composta por uma legião crescente e apressada de desconhecidos e de desenraizados. A literatura europeia novecentista, no seu mais largo sentido, traz como alguns dos seus personagens principais esses coletivos inquietadores – a multidão, o medo, o crime, o horror. Tal literatura corporifica-se em gêneros como o romance policial, cujos enredos buscam, em última instância, fazer compreender, catalogar, registrar, aprisionar e controlar o indivíduo, esse ser que se desloca da massa perigosa das cidades, que se metamorfoseia em personagens distintos e que é, por princípio, também perigoso e ameaçador. Se o romance policial cria chaves para exprimir o controle sobre o coletivo e para disciplinar a imaginação do leitor a partir dos tipos criados e catalogados, em outra frente, o saber psicanalítico intenta escrutinar os arcanos das mentes, também lugares do perigo e do crime. Aqui igualmente as tipologias se instituem, tentam regular o universo e proporcionar conforto aos assustados habitantes dos grandes centros urbanos.

O horror à multidão desgovernada e o perigo representado por um de seus átomos, o indivíduo, quase sempre desconhecido e sem origem determinada, são elementos do caos urbano oitocentista e que guardam analogia com a experiência de Torquato Neto, de seus amigos e de muitos outros jovens nos anos sessenta e setenta, no Brasil. Na experiência desses artistas, jornalistas e poetas, da multidão informe e errática podem ser destacados, a qualquer momento, e sem qualquer aviso, o perigo, a ameaça e mesmo a morte, passível de vir de qualquer lugar e sob a máscara de qualquer rosto. A multidão é emblema do medo, interiorizado e registrado em diversos formatos e sob diferentes disfarces. A percepção de Torquato Neto acerca da cidade inamistosa, do lado de dentro de seu país, e também de seu escuro lado de dentro, poderia talvez aproximar-se daquela de Shelley ao fixar Londres em seu poema,

> O inferno é uma cidade muito semelhante a Londres –
> Uma cidade populosa e fumacenta,
> Com toda a sorte de pessoas arruinadas,
> E pouca ou nenhuma diversão,
> Pouca justiça e ainda menos compaixão.
> (SHELLEY apud BENJAMIN, 1989. p. 56)

O Anjo Torto subjetivava permanentemente esse medo, e o lado escuro da multidão reverberava em si próprio.

[...]
Como não ter medo?
Uma noite escura sai de mim e vem descer aqui
sobre esta noite maior e sem fantasmas.
Como não morrer de medo se esta noite é fera
e dentro dela eu também sou fera
e me confundo nela
e ainda insisto?
(TORQUATO NETO, 1998)

Essa relação intensa do poeta com o medo e as frequentes referências a modos possíveis de dominá-lo e de vencê-lo revelam não só a natureza conflitiva de sua subjetividade dilacerada, mas sobretudo as vozes do caos que ecoavam no país e que empurravam os "do lado de dentro" para o "lado de fora". Esse período particular da história brasileira delineou, para alguns, experiências vitais configuradas pela presença de hábitos conspirativos, pelo recurso a intenso tráfico de segredos, pelo uso frequente de ironias, às vezes, impenetráveis. Na correspondência de Torquato Neto não é difícil encontrar aquela característica que Walter Benjamin atribuiu aos escritos de Charles Baudelaire e que ele sintetizou como "a metafísica do provocador" (BENJAMIN, 1989, pp. 11-12).

Sem embargo da obra pequena e fragmentária de Torquato Neto, é possível colocá-lo na tradição de uma literatura de maldição e de recusa da sociedade burguesa e de seus valores, vinda do século XVIII e forte sobretudo nos meados e na segunda metade do século XIX, tradição em que o poeta e o literato personificam a resistência, o heroísmo e a negação. O poeta, consumidor de álcool, por várias vezes submetido a tratamento hospitalar para livrar-se da dependência, pôde sentir na pele, em alguns momentos, a emoção do miserável trapeiro de Baudelaire.

Vê-se um trapeiro cambaleante, a fronte inquieta,
Rente às paredes a esgueirar-se como um poeta,
E, alheio aos guardas e alcaguetes mais abjetos,
Abrir seu coração em gloriosos projetos.
(BAUDELAIRE *apud* BENJAMIN, 1989, p. 16)

Em uma das versões de "O Vinho dos Trapeiros", Baudelaire, mais uma vez, aproxima bebida e ódio social:

E para o ódio afogar e o ócio ir entretendo
Desses malditos que em silêncio vão morrendo,
Em seu remorso Deus o sono havia criado;
O Homem o Vinho fez do Sol, filho sagrado!
(Baudelaire *apud* Benjamin, 1989, p. 18)

Sugiro aqui que a vida de Torquato Neto e a narrativa que ele constrói, aos pedaços, de seu percurso, traz elenco de características que referencia parte da literatura do século XIX, muito particularmente os poetas citados e o romance policial. Alguns desses elementos são a vítima (o poeta, no caso), o local do crime (pode ser o banheiro, o gás), um provável assassino, e a multidão (Benjamin, 1989). Em Torquato, outra dessas características, o cálculo, pode ser facilmente substituída pelo destino, pela fatalidade prefigurada e anunciada. A crueldade, componente também desses esboços escriturísticos, é recusada veementemente pelo poeta que afirma – "a morte não é vingança".

Torquato Neto é personagem do grande romance policial que ele vislumbra na geleia geral brasileira. Assim como aqueles poetas de além-mar ajudaram a construir a fantasmagoria da vida europeia em suas grandes cidades, o Anjo Torto busca desenhar a fisiognomonia do lado de dentro do Brasil. Procura ver e ouvir a cidade grande, registrar suas inquietações, descobrir por meio de sinais microscópicos o segredo odioso do outro e significar a novidade desses processos na vida nacional (Torquato Neto, 1982). Os aspectos inquietantes e ameaçadores da vida urbana, da cena carioca em especial, enredam-se no seu próprio romance – policial em grande medida.

Os avanços da normatização da vida urbana desde o século XIX e o controle cada vez mais intenso sobre a vida privada colidem com as errâncias do poeta e de muitos jovens de sua geração, fazendo-os andar assustados e à deriva. Como outros personagens representantes da boêmia dourada carioca dos anos sessenta e setenta do século XX, boa parcela de seus sonhos e projetos de uma vida livre não puderam se tornar realidade. O *spleen*, assim como o álcool, eram talvez respostas a esse horror dantesco que limitava suas trajetórias. E assim, ao aproximar sua imagem de outros malditos, isso se configura também enquanto estratégia literária, enquanto modo de lidar com as linguagens, essa inquietante babel de enigmas verbais. O poeta experimenta, em profundidade, uma ânsia quase paranoica pelo segredamento, um pavor nunca olvidado pelas palavras e por seus imprevisíveis significados, um exponenciar da mania de vítima da conspiração. No século XIX, em cenário europeu, Balzac se arruinara com café, Musset como que se embotara com o absinto, Baudelaire vivera na mais profunda miséria (BENJAMIN, 1989, p. 29). Para si mesmo, Torquato Neto buscou, contra o medo e as prisões diversas da história, a proteção, falível, das dependências químicas, até consumir o remédio infalível do gás que também saturava a atmosfera reacionária do lado de dentro da geleia geral. Transmutou-se em silêncio da forma mais barulhenta possível. E sem fugir à tradição literária que ele adotou para si (MONTEIRO, 2000, pp. 50 e102).

Torquato Neto colocou-se como frágil anteparo no centro de um intenso choque de linguagens. Porém, provavelmente, o problema com que se defrontou e que o fez submergir frente à guerrilha das palavras e de seus significados não terá sido o da liberdade do leitor ou do ouvinte quanto à apropriação do que lê ou ouve. Refratário à dialética, Torquato Neto, ao estilhaçar-se com suas palavras, transmutadas em silêncio e em sonora mudez, passou ao largo da ruptura paradigmática pós-moderna, apegando-se talvez com excessivo rigor à insuficiência conceitual de sua formação e aos saberes ainda teleológicos, bastante difundidos em seu tempo. Crítico de algumas dimensões da modernidade e de sua centralidade no Estado e na família, Torquato apega-se à ideia de verdade única, de existência de um sentido linear para a vida, para a história, para a linguagem. Todos esses sentidos deveriam conter em si uma verdade. Entre o moderno e o pós-moderno, sua subjetividade estilhaçada busca alento e conforto na segurança e nas certezas preconizadas pelos conceitos da modernidade, eivados de uma racionalidade única, cujos esteios eram a razão iluminista e o modelo cientificista consolidado no século XIX. Torquato absorve esse modelo de racionalidade em seu próprio corpo e procura resolver esses dilemas, que são da cultura, no âmago de sua própria subjetividade (CASTELO BRANCO, 2004). Torquato Neto não parece conseguir apreender essas possibilidades variadas de sentidos para as diversas manifestações do processo histórico, quer se expressassem na política, na literatura ou nas artes, no seu sentido mais largo.

A despeito de a matéria-prima principal do trabalho de Torquato Neto ser, sem dúvida, a palavra, o medo e a recusa às palavras e a seus significados são inquestionáveis na obra do poeta. Entretanto, a ambiguidade dessa relação, e mesmo sua desejada mudez, plena de não-palavras, implica significações amplamente legíveis. Toda a sua escrita é expressão de suas preocupações profundas com as linguagens e com os seus poderes.

Torquato Neto, enquanto sujeito, ao tentar proteger-se das palavras, expõe sua própria subjetividade esfacelada. Os frequentes registros autobiográficos do poeta põem em evidência o seu dia a dia, pleno de acontecimentos e igualmente de ansiedade, de medo e de incertezas quanto ao futuro. Em muitos fragmentos da coluna Geleia Geral, a exposição pessoal é visível, parecendo, em alguns momentos, deslocada e impertinente. Compreensível, porém, numa estrutura textual que é absolutamente fragmentária. A coluna é lugar de construção de espaços políticos e culturais e de invenção de novas formas de intervenção social, ocupando todas as brechas possíveis com práticas ainda não suscetíveis de cair nas malhas da censura. Esse esforço, que não é individual, resulta talvez na elaboração de novas linguagens e em tentativas de estabelecer comunicação com o público, a partir de poemas visuais, desenhos, montagens, pôsteres, e mesmo da cinematografia.

No geral, os escritos de Torquato Neto não só a têm como esteio, mas igualmente alimentam a incomunicabilidade entre as gerações e entre as diferentes frações políticas, sociais e culturais do período. A coluna é dirigida para um público jovem, sintonizado com as novidades da cultura do lado de dentro e do lado de fora, politizado, que recusa o sistema e decodifica as mensagens do articulista, compreende seus silêncios e pausas, alcança suas meias palavras. Visando preferencialmente à classe média, tem um extraordinário sentido político e é permeada, em seus fragmentos, de toques educativos diversos. Sua ênfase é posta na cultura do novo, o novo visto como o lugar de recusa do instituído, de construção permanente e cuidadosa dos espaços de invenção e de atuação da juventude. Torquato

incentiva e aconselha no sentido do aproveitamento incessante de brechas e fraturas sociais, encoraja os leitores para que enfrentem o medo.
Evidencia o seu esforço para praticar o heroísmo a cada dia, na tentativa
de domesticar seus próprios pavores.

A escrita de Torquato Neto é recheada de notas sutis de ironia
(TORQUATO NETO, 1982). Vez ou outra, conclui um comentário mais
ou menos trivial com expressões reveladoras da vontade de distanciamento do fato aludido e também indicativas de dúvida. O uso constante e recorrente de gírias associa-se ao português escorreito e culto,
denotando aprofundamento nos cânones da cultura literária brasileira
e mundial. A erudição de poeta revela-se em indícios mal disfarçados
pela construção de um modo inovador de expressão, que é, esse modo
mesmo, o principal lugar de identificação com os jovens de sua geração,
pretensamente educáveis para o gosto artístico e para a rebeldia política
e de costumes.

A coluna Geleia Geral associa mundo jovem, glamour, tédio e
desespero em todas as suas variações. Em 18 de setembro de 1971, parte
desse horror, aqui com sinal político inequívoco, ressumbra da boca do
profeta Isaías, e aparece sob o título *Porque Hoje é Sábado*.

> Tu, cidade estrepitosa, que estavas cheia de aclamações, ci-
> dade alegre! Os teus mortos não foram mortos à espada,
> nem morreram na guerra. Todos os teus príncipes fogem a
> uma, e são presos sem que se use o arco; todos os teus que
> foram encontrados são presos, sem embargo de já estarem
> longe na fuga.
> Porque dia de alvoroço, de atropelamento e confusão é este
> da parte do SENHOR no Vale da Visão: um derribar de
> muros, e clamor que vai até os mortos.
> Porém é só gozo e alegria que se vê? Matam-se os bois,
> degolam-se ovelhas, come-se carne, bebe-se vinho e se diz:
> Comamos e bebamos porque amanhã morreremos.
> Isaías, *Profecia contra Jerusalém*, versículos 2, 3, 5 e 13. (grifos
> do autor, TORQUATO NETO, 1982, p. 69)

Trata-se de um exemplo, entre outros possíveis, do uso de brechas na imprensa para dar vazão à angústia e ao medo vividos pela cidade em diáspora – diáspora advinda da perseguição constante a seus filhos, mesmo quando não há guerra, e não se usam espada e arco. Haveria forma mais direta e mais didática para o poeta dar relevo ao medo coletivo e à origem política deste medo?

A escritura de Torquato Neto constrói-se em fragmentos, cujos significados remetem ao mundo de dentro e ao mundo de fora, com toda a gama de significações possíveis para o dentro – do país e do sujeito, e para o fora – do sujeito e do Estado centralizado e autoritário. Os fragmentos lidam com o dentro e o fora da cultura, da política, especialmente da política subterrânea, pondo em relevo as subjetividades em disputa. Não é sem significados a forte presença da palavra medo nos escritos do poeta, sobretudo na proximidade de trechos cujas entrelinhas remetem à onipresença da censura – ora proibindo, ora liberando. A censura é a ausência mais presente de todos os seus textos e, particularmente, da correspondência com os amigos. O medo de Torquato exponencia a censura tentacular, que é vista como alcançando todas as instâncias do social – a vida pessoal, as roupas, os cabelos, as artes, os escritos, o cinema. Torquato relembra de maneira infatigável a necessidade de construir e ocupar brechas, de ampliar espaços, de experimentar novos arranjos e táticas, sobretudo ao inventar situações ainda não catalogadas no repertório repressivo do aparato estatal (CERTEAU, 1994). O medo, nas raias da paranoia, é revelado em inumeráveis situações. A censura, subjetivada, acompanha esse medo não disfarçado, às vezes cruamente explicitado.

Radicalmente fragmentária, a coluna permite a visualização de importantes disputas e de inegáveis fraturas dos meios editorial, musical, jornalístico e cinematográfico do Brasil no final dos anos sessenta e passagem para os anos setenta. Importa destacar que Torquato Neto sempre tem posição definida com relação a esses processos em curso. As notícias, filtradas pelo sujeito enunciador, eivadas de opinião pessoal, realçam quase sempre seu lugar de fala, delimitam o seu espaço cultural e buscam interferir no campo de ação da juventude. Seguindo a lição mesma do poeta – ocupa brechas, abre fissuras, transa. O livro de Edwar de Alencar Castelo Branco trata amplamente das posições de Torquato

Neto acerca das transformações no cenário musical daqueles anos, das rápidas mutações que então acontecem no cinema brasileiro, de sua relação com as associações pagadoras de direitos autorais, da maneira como avalia os novos poderes da mídia, principalmente da televisão.

Sem embargo de a centralidade do texto estar conferida à discussão sobre as linguagens, Torquato Neto aparece como o núcleo fulcral desse procedimento de procura do novo e como o limite do sonho por um devir regulado. As buscas do período por aprisionamentos sociais distintos são ainda concebidas e dirigidas por uma ideia de verdade única. O dilema do poeta confunde-se com os limites das teorias, cujas certezas são implodidas pelos sentidos alternativos e conflitantes que o social já colocava.

A história é transportada, dita, preservada e modificada nos suportes das linguagens. Na década de sessenta, em particular, criam-se novas linguagens para expressar o vigor do novo. Partindo disso, torna-se possível avaliar a força das correntes da história, ora mais, ora menos subterrâneas, em face da permanência e da transformação nos significados das palavras, e ao modo como elas instituem coisas. Este é, seguramente, um dos sentidos do trabalho historiográfico.

# REFERÊNCIAS BIBLIOGRÁFICAS

BENJAMIN, Walter. *Charles Baudelaire: um lírico no auge do capitalismo*. São Paulo: Brasiliense, 1989;

CASTELO BRANCO, Edwar de Alencar. *Destruir a Linguagem, Liberar a Viagem: Uma Configuração Histórica dos Anos Sessenta*. Recife, 2004.;

_____ *Todos os Dias de Paupéria: Torquato Neto e a Invenção da Tropicália*. São Paulo: Annablume, 2005;

CERTEAU, Michel de. *A Invenção do Cotidiano: artes de fazer*. 4.ª ed. Petrópolis: Vozes, 1994;

MONTEIRO, André. *A Ruptura do Escorpião*. São Paulo: Cone Sul, 2000;

TORQUATO NETO. *Os Últimos Dias de Paupéria*. 2.ª ed. São Paulo: Max Limonad, 1982;

_____ "Explicação do fato". *Pulsar*, Teresina, ano 1, n.º 2, p. 28, jul./dez. 1998.

# Capítulo 10

## O JORNALISMO POLÍTICO DE DAVID CALDAS NO JORNAL *O AMIGO DO POVO*

Vinícius Leão Araújo

Existem vários modos de se praticar a política, sejam eles através de discursos em palanques, da fabricação de imagens, da música, dos partidos, das eleições, entre outros inúmeros meios. Diante destes meandros, percebe-se que no Piauí da segunda metade do século XIX a escrita dos jornalistas piauienses destacava-se como um lugar especial de prática da política por apresentar um panorama parcial dos anseios, das disputas e dos ressentimentos políticos deles naquela época. Um dos jornalistas piauienses mais polêmicos, nesse período, foi David Moreira Caldas. Nascido no ano de 1836, foi professor de Geografia e História no Liceu Piauiense, entre o final da década de 1860 e início da década de 1870. Foi também deputado provincial pelo Partido Liberal no biênio 1868-1869, poeta e jornalista. A imprensa se destacou na sua vida, pois, através dos jornais ele passou boa parte da sua trajetória pública combatendo o Império brasileiro, além de ter defendido a República como a melhor forma de governo a ser instalada no Brasil de sua época. No exercício do jornalismo político, escreveu para os jornais *A Imprensa*[43], *O Amigo*

---

[43] Jornal político fundado em 25 de junho de 1865, apresentando como "[...] proprietário e redator-chefe: Deolindo Mendes da Silva Moura, até sua morte em 22 de outubro de 1872. David Caldas era redator também. Órgão do Partido Liberal e oficial quando estavam no poder" (PINHEIRO FILHO, 1972, p. 82).

*do Povo[44]*, *Oitenta e Nove[45]* e *O Ferro em Braza[46]*, entre as décadas de 1860 e 1870; em relação aos três últimos jornais ele foi proprietário e redator principal.

O intuito deste artigo é analisar a atuação política de David Caldas no jornal *O Amigo do Povo* (1868-1873) referindo-se aos seus anseios e repúdios sobre o sistema de governo brasileiro. Para isso, serão investigadas as particularidades do jornalismo de David Caldas em relação à imprensa piauiense na época de circulação do jornal *O Amigo do Povo*, além de se interpretar as descrições do jornalista sobre a Monarquia e a República respectivamente. Salienta-se que as matérias jornalísticas e políticas de David Caldas serão analisadas de acordo com o surgimento e o crescimento da propaganda republicana no Império na segunda metade do século XIX.

Em 28 de julho de 1868, a província do Piauí conheceu um novo jornal, o primeiro de propriedade do jornalista David Moreira Caldas, chamado *O Amigo do Povo*. Publicado duas vezes por mês, o periódico recebia assinaturas cujo valor era de livre arbítrio, mas que não podia exceder 2.000 réis por trimestre. Além disso, era distribuído gratuitamente às pessoas pobres que soubessem ler e fossem recebê-lo na tipografia onde era impresso – aspecto inovador na produção jornalística piauiense (Pinheiro Filho, 1982, p. 82).

O periódico *O Amigo do Povo* circulava, em seus primeiros anos de publicação, com quatro páginas impressas. Em seu conteúdo, constavam

---

[44] "Propriedade e redação de David Moreira Caldas. De 1872 em diante, trazia o subtítulo: 'Órgão Republicano da Província do Piauí' e publicou o manifesto republicano lançado no Rio. Em fevereiro de 1873, foi substituído pelo *Oitenta e Nove*" (Pinheiro Filho, 1972, p. 82).

[45] Fundado em 1 de fevereiro de 1873, sendo publicado até 21 de dezembro de 1874, era de propriedade e redação de David Moreira Caldas. Trazia o subtítulo: "Monitor Republicano do Piauí". Desapareceu com o número 31 (Pinheiro Filho, 1972, p. 83).

[46] "O primeiro e único número deste jornal saiu em 27 de agosto de 1877. Era impresso em papel vermelho. Teve curta duração, porque foi feito unicamente para apreciar e exprobrar o fato denunciado na Câmara Federal pelo deputado Cesário Alvim, de que o Ministro da Fazenda, barão de Cotegipe, fazia parte da firma comercial Gustavo Massei & Cia., reputada como contrabandista. Foi o último jornal de David Caldas (Pinheiro Filho, 1972, p. 83).

artigos de David Caldas, transcrições de jornais provinciais e nacionais, notícias sobre o Piauí, o Brasil e o Mundo. No início da década de 1870, David Caldas conseguiu adquirir sua própria tipografia, tendo como consequência a ampliação do jornal no que se refere ao seu conteúdo, pois nos seus últimos anos de publicação já contava com oito páginas e um conteúdo de "expressiva variação temática, com seções em áreas distintas do conhecimento, como ciências, geografia, artes, literatura e religião, divergindo, totalmente, da produção jornalística do Piauí de então" (RÊGO, 2001, p. 108). No jornalismo piauiense, *O Amigo do Povo*, apresentava certas peculiaridades que diferenciavam as posições políticas de David Caldas em relação aos demais pares profissionais.

Entre 1868 e 1873, os principais periódicos piauienses em circulação foram os seguintes: *A Imprensa*, *O Piauí*[47], *O Amigo do Povo* e *A Pátria*[48]. Com exceção do *O Amigo do Povo*, todos os outros jornais estavam ligados aos partidos políticos imperiais, podendo ser conservadores ou liberais, dependendo da filiação partidária dos jornalistas. Os periódicos *A Imprensa* e *O Piauí* eram porta-vozes das demandas dos Partidos Liberal e Conservador, respectivamente, na Província do Piauí. O jornal *A Pátria* também não fugia à aliança partidária, pois esse jornal estava direcionado aos interesses do Partido Conservador, defendendo as opiniões de seus políticos na província. Jornalismo e partidarismo político mantinham uma relação estreita no Brasil e no Piauí, relação essa que percorreu todo o Império, tendo em vista que a imprensa "[...] não constituía poder independente do governo e da organização partidária" (CARVALHO, 2007a, p. 54).

Portanto, os discursos políticos dos jornalistas piauienses no período destacado estavam estreitamente ligados à visão de mundo dos partidos políticos dos quais faziam parte. A maioria dos jornais piauienses eram

---

[47] Órgão do Partido Conservador. Fundado em 24 de maio de 1867 e redigido por Antônio Coelho Rodrigues e Agesilau Pereira da Silva. "Desapareceu com o número 292, ano 8, sendo substituído por *Opinião Conservadora*" (PINHEIRO FILHO, 1972, p. 82).

[48] Fundado em 15 de junho de 1870, sendo publicado até o ano de 1872, tinha como proprietários Agesilau Pereira da Silva e Antônio Gentil de Sousa Mendes. Tipografia própria (PINHEIRO FILHO, 1972, p. 82).

instituições partidárias fiéis que divulgavam as opiniões políticas dos seus jornalistas e dos seus partidos de origem. Sobre a particularidade político-partidária dos jornalistas piauienses no século XIX, afirmou Ana Regina Rêgo:

> [...] O enunciador dos jornais do século ora analisado apresenta-se nos textos, com um discurso que retrata o seu modo de visão dentro de um sistema de representações, incluindo nuanças de sua função e prática políticas, além de fortes influências familiares. Ele, enquanto instância individual de apropriação da língua, a transforma junto com todos os demais fatores, em discursos políticos articulados, a partir de contextos concretos e da linguagem, enquanto código macro da formação do sentido. (RÊGO, 2001, p. 268)

Todavia, *O Amigo do Povo*, diferentemente dos demais periódicos, não evidenciava qualquer ligação com os partidos políticos do Império brasileiro, ainda que David Caldas fosse deputado provincial pelo Partido Liberal e um dos redatores principais de *A Imprensa*, órgão do Partido Liberal na província do Piauí, na época de sua fundação. David Moreira Caldas, quando escrevia no *O Amigo do Povo*, apresentava seus anseios políticos, deixando de lado qualquer aliança com o Partido Liberal. Para ele, esse jornal seria um instrumento mais radical e autônomo na sua tentativa de modificar o sistema político em que estava inserido. Por meio da escrita jornalística, criticava o seu presente e apresentava medidas de solução para a realidade política brasileira. Mesmo as ações do Partido Liberal eram criticadas pelo jornalista no *O Amigo do Povo*. Assim, seu distanciamento com os partidos imperiais foi expresso em sua escrita:

> Os partidos oficialmente reconhecidos entre nós, sem terem a hombridade própria das democracias, nem mesmo a dos governos legitimamente representativos, somente se tornam notáveis pelo lado nocivo de suas lutas apaixonadas, em que se agitam, muitas vezes, inglória se não criminosamente!
> Por via de regra, não primam pela virilidade da ideia; não tratam

sinceramente dos verdadeiros interesses do país; não combatem com lhaneza a favor da pátria comum, embora divergentes entre si nos meios de ação. Ao contrário, acotovelam-se disputando as eminências sociais, galgadas pelos mais ágeis, de um modo todo aventuroso, se não degradante em muitos casos; esmurram-se, mais ou menos, para se fazerem praça no átrio acanhado da governança, aonde muitas vezes são agrupados os que se mostram mais cavalheiros e mais dignos de respeito; consomem, finalmente, todas as forças vitais em combates renhidos mas sem nenhuma importância social sob o ponto de vista da perfeitabilidade humana! (CALDAS, 1871a, p. 1)

As palavras do jornalista em relação aos partidos Liberal e Conservador são sinais do desconforto que sentia em relação à política do seu tempo. Pois, a classe política é caracterizada, por ele, como sendo portadora de interesses egoístas e como participante de um sistema político que não atendia aos anseios democráticos e representativos da sociedade. Sua escrita é um ataque às estruturas políticas da Monarquia no Brasil, viável em um contexto histórico em que a imprensa era livre.

*O Amigo do Povo* foi o primeiro órgão da imprensa piauiense a se contrapor ferozmente à Monarquia e também o primeiro jornal político que não se aliava a qualquer partido imperial. Um jornal polêmico de um jornalista contestador da ordem estabelecida. O jornal *O Amigo do Povo* pode ser caracterizado, portanto, como o veículo de informação dos ideais antimonárquicos de David Caldas, fruto de todo o seu processo de constituição política.

Para David Caldas, todos os males do Brasil eram em razão do regime político vigente, a Monarquia. As instituições e valores políticos que norteavam o Império brasileiro não se dirigiam para os princípios democráticos, quando muitos países já estavam fazendo isso. Para o jornalista, o Brasil estava atrasado e destinado à falência caso assim se conservasse. Acreditando em ideais revolucionários, David Caldas publicou em vários artigos seus ou transcritos de outros jornais o cenário de um império arcaico, marcado pelo autoritarismo político, bem como razões para que a população lutasse pelo poder político, conquistando a soberania.

David Caldas, através do seu jornalismo, não poupou esforços para difundir uma imagem demonizada da Monarquia, contudo, sua rejeição não se restringia ao caso brasileiro, mas à instituição monárquica universal. Príncipes, reis e rainhas eram retratados como monstros devoradores de homens, autores de toda a opressão e desrespeito às liberdades individuais. Sua escrita criticando os tronos reais apresentava uma variedade de formas literárias que iam de curtas frases, a textos dissertativos, e até orações. Esse conjunto de recursos literários visava a tocar, formar, alcançar o coração dos leitores de diferentes formas para que aderissem à causa antimonárquica e democrática concomitantemente. Na edição de número 18 do *O Amigo do Povo*, David Caldas escreveu uma oração que sintetizava seus anseios de mudanças e suas recusas políticas. Oração democrática era o título da prece de David Caldas:

Salve, Liberdade, cheia de força; o povo está contigo: bendito é o teu fruto, a igualdade!
És mãe do direito, compadece-te de nós! Resgata-nos!
Ouve, atende e acolhe as nossas rogativas, as nossas orações e as nossas súplicas!
Asilo do desterrado, alegria do cativo, patrimônio do pobre, família do pária, esperança do aflito, força do fraco, fé do moribundo, imortalidade do morto dá-nos a tua graça!
O direito, o dever, a coragem, a força e a honra, anima e alenta aos que combatem em prol da Liberdade: aos que erguem-se contra os devoradores de homens, reis e príncipes que tem por iguarias os povos, que distribuem entre si, e as nações que trincham!
Liberdade, virgem de valor! Livra-nos dos reis, dos aristocratas, dos soldados, dos juízes instrumentos da vontade de um só, das alianças, das excelências, dos espiões, do orçamento, do senado, da guerra, da fome, da peste e do *império*, tudo obra do imperador, que dirige a todos e a tudo como quer!
Liberdade, virgem de valor, surpreende a toda essa raça de *sangue nobre* , arranca-lhes a presa, e acaba-lhes o apetite!
Esmaga esses vermes que roem ao mundo como se já estivera morto! (CALDAS, 1869, p. 2, grifos do autor)

Entre louvores e clamores, David Caldas destacava seus valores políticos na oração direcionada à Liberdade, personificando-a em uma mulher, virgem e mãe. Na oração, o jornalista apontava seus valores políticos centrados, apaixonadamente, nos ideais de liberdade e igualdade, virtudes cívicas distintivas da era democrática que desejava ver estabelecida no Brasil. Como ele mesmo dizia, a igualdade é filha da Liberdade, a mãe poderosa que esmaga as ortodoxias consagradas do Antigo Regime[49] e produz um sistema de valores que dá sustentabilidade às ideologias dos regimes democráticos em construção no século xix. Assim, arregimentam-se valores como razão, tolerância, felicidade, progresso em torno da Liberdade, em prol da constituição de um Estado democrático. Um conjunto de palavras interligadas a uma que, para Robert Darnton , destacava o nascimento da modernidade: Luzes. Essa palavra, no século xviii, com o surgimento do movimento iluminista na Europa Ocidental, ganhou uma nova força de significado para aqueles que desejavam romper com toda tradição do Velho Regime rodeada pelas trevas da opressão e falta de liberdades individuais (DARNTON; DUHAMEL, 2001, p. 21). É importante notar que, para David Caldas, o significado das luzes no século xviii, principalmente na França, se perpetuava para o século xix. Portanto, toda tradição do Antigo Regime constituinte no Império brasileiro, ainda encontrada na época de publicação do *O Amigo do Povo*, era vista como anacrônica. O século xix era, enfim, o século das Luzes, da democracia e não do despotismo e da aristocracia. Nesse sentido, David Caldas criticava e desvalorizava todos os aspectos constituintes da realeza moderna, no seu jornalismo. O jornalista defendia que as instituições monárquicas não respondiam à herança política deixada principalmente pelas revoluções francesa e americana no século xviii. O século xix era o século das Luzes, David Caldas denunciava que seus raios luminosos ainda não haviam chegado ao sistema político brasileiro:

---

[49] A noção de Antigo Regime, formada no contexto histórico da Revolução Francesa de 1789, refere-se à administração política onde se figurava a monarquia absolutista, os Estados-Gerais, as ordens, os privilégios, o feudalismo, seus valores e costumes representavam o oposto do que a Revolução defendia (FURET;1989, pp. 621-623).

A hereditariedade, a sagração, a etiqueta, a onipotência e a magnificência *real* são outros tantos absurdos que admira como tem sido tolerados neste século que se diz das luzes. Em o n.º 4, deste periódico [*O Amigo do Povo*] já tratamos da *sagração*: hoje trataremos perfunctoriamente da magnificência, e mais logo nos ocuparemos daqueles outros absurdos que fazem a vergonha da civilização moderna.

O luxo da casa *real* tem sua origem numa partilha leonina; segundo a qual o chefe do estado *monárquico* apodera-se da melhor parte da riqueza pública.

[...] O luxo na casa do *rei* é indício de miséria nas choupanas dos súditos: o luxo da casa do *rei* é, pois mantido ilicitamente, embora com hipocrisia se aponte para uma intitulada lei que o autorize. Na verdade, é preciso roubar a muitos para se poder sustentar a magnificência de um só que não tem sólida riqueza, legitimamente adquirida, nem tampouco um direito incontestável de onde possa auferi-la. (CALDAS, 1868, p. 1, grifos do autor)

O dever dos súditos quanto à sustentabilidade financeira do rei, em sua magnificência, era contestado, visto como sinal de desigualdade, privilégio absoluto do usufruto da maior parte da riqueza pública, uma vergonha na era de igualdade que David Caldas denominou como civilização moderna. Não havia razão para a falta de igualdade na distribuição da renda nacional, e o contrário era um roubo à população e aos seus olhos. Nesse sentido, os ataques ao imperador D. Pedro II no *O Amigo do Povo* eram diretos, ofensivos, sempre visando a formar nos leitores um desapego à tradição monárquica, no que se refere às suas instituições e rituais como a sagração, a etiqueta, a hereditariedade, a magnificência. Essas instituições e rituais, eram utilizados no sentido de legitimar a pessoa e o mito do rei, na construção de um Estado absoluto, ao mesmo tempo em que espetacularizava a Monarquia e seus aparatos burocráticos, dando força à conservação do Império no Brasil (SCHWARCZ, 1998, p. 30). Por outro lado, *O Amigo do Povo* nadava contra essa corrente conservadora, deslegitimando pormenorizadamente as instituições imperiais a cada número publicado. A escrita de David Caldas constituía-se dessa maneira em um contrapoder face ao Império na medida em que interpretava o regime monárquico como o do privilégio de poucos em face da miséria de muitos. As palavras de Alexis de Tocqueville expressam bem as reações políticas de David Caldas em relação à Monarquia brasileira, pois "[...] os menores privilégios repugnam, portanto à sua razão. As mais leves dessemelhanças nas instituições políticas do mesmo povo o ofendem e a uniformidade legislativa lhe parece ser a condição primeira de um bom governo" (TOCQUEVILLE, 2000, p. 359).

Salienta-se que desde os primeiros números do jornal *O Amigo do Povo*, David Caldas apresentava, como a melhor forma de governo, a república federativa. Mas não era declarado republicano pelo jornalista por ainda não haver, no Brasil, uma doutrina e um partido constituído (RÊGO, 2001, p. 111). Todavia, ressalta-se que os primeiros passos para a formação de um Partido Republicano e da sua doutrina, no Segundo Reinado, foram dados também por meio da atuação de jornalistas com desejos de mudanças radicais nas instituições imperiais, no final da década de 1860. Por isso, pode-se também creditar ao jornal *O Amigo do Povo* o envolvimento na propaganda do radicalismo político que marcou outros órgãos de imprensa de diferentes províncias, no final da década de 1860 e início da década de 1870. Jornais como *Opinião Liberal, Correio Nacional, Radical Paulistano, Liberal Acadêmico*, entre outros inúmeros jornais de várias províncias brasileiras, compartilhavam de ideais semelhantes aos ideais políticos de David Caldas, daí, o grande número de artigos desses periódicos transcritos em seu jornal. Havia, portanto, um movimento nacional visto na imprensa política do período, informando sobre as reformas políticas e sociais que se acreditava serem necessárias para a regeneração moral do Brasil frente às nações republicanas. Os jornalistas reivindicavam, por meio da imprensa, a extinção do Poder Moderador e da Guarda Nacional, o fim da vitaliciedade do Senado, o sufrágio direto e universal, o federalismo, a substituição do trabalho escravo pelo trabalho livre (CARVALHO, 2007b, pp. 26-27). Entre esses jornalistas havia David Caldas que desejava a instalação da República no Brasil. Mas qual seria o conteúdo do conceito de República em seus escritos?

República, para David Caldas, era a forma de governo capaz de levar à concretização de seus ideais democráticos. Era o regime político propício para a formação plena de uma sociedade livre, igual e independente, onde todos deveriam participar das decisões políticas. Nela, todo privilégio político, de poucos ou de um só, seria inconcebível. Era enfim, a forma de governo que administraria uma sociedade em que, nas palavras de Alexis de Tocqueville, passaria "[...] a considerar com descontentamento toda autoridade e [...], ao contrário, [sugere] a ideia e o amor à liberdade política" (2000, p. 37). As palavras de David Caldas respondem a questão proposta:

> República quer dizer "zelo pelos interesses legítimos de uma nação ou de uma colmeia, que não são os mesmos de um *coroado* ou de um zangão".
> *Res publica* significa "negócio público, ou interesse comum".
> Se no *império* ouve-se a voz singular e arrogante do *imperante*, na República, ao contrário, escuta-se o prolongado sussurro de aprovação ou desaprovação, a tudo que é de utilidade geral, ou a tudo que é prejudicial à comunhão federativa: aqui é uma assembleia que discute, acolá é um indivíduo que ordena caprichosamente.
> O "modo republicano" é diametralmente oposto ao "modo imperativo". Ali há igualdade e fraternidade, em vez de imposições desdenhosas e aviltantes. Ali não se diz com gesto atrevido "faze!", mas, por mútuo acordo "façamos". (Caldas, 1870b, p. 1, grifos do autor)

O artigo de David Caldas, visto acima, compara Império e República, referindo-se às suas práticas de governabilidade e à distribuição das rendas do tesouro público. Nota-se no texto a representação positiva desta em contraposição à imagem daquele. Há, portanto, uma diferença gritante entre as duas formas de governo para o jornalista. Esse recurso na escrita denomina-se como vestalismo, um aspecto comum no periodismo dos jornalistas radicais, na segunda metade do século XIX, e que consistia na louvação dos seus ideais, suas crenças, seus regimes idealizados de governo.

Utilizando o recurso do vestalismo na escrita, os jornalistas radicais se caracterizavam como sendo portadores da salvação dos problemas políticos do Brasil, enquanto que suas descrenças e antirregimes políticos eram destacados como a causa de todas as mazelas que assolavam o país. Nesse sentido, o vestalismo e o idealismo estavam intrinsecamente ligados (CARVALHO, 2007b, p. 35).

Ainda no artigo, pode-se perceber que, na República representada por David Caldas, as decisões políticas seriam tomadas coletivamente, processo que Tocqueville caracterizou como "princípio de associação" e que era praticado nos países mais próximos da democracia, como os Estados Unidos no século XIX, por isso "nos países democráticos, as associações políticas constituem por assim dizer os únicos particulares poderosos que aspiram a ordenar o Estado" (TOCQUEVILLE, 2000, p. 144). Para o jornalista piauiense, enquanto que na República todos decidiam e colhiam os frutos das medidas tomadas, na Monarquia um só decidia e recebia os frutos a custo do trabalho de todos.

A crença em um futuro promissor à nação brasileira, para esses jornalistas, derivava da ação dos republicanos. A propaganda republicana de David Caldas salientava que o fim do governo monárquico, no Brasil, deveria ser efetuado. Para David Caldas, em uma Monarquia, a sociedade governada se corrompia, sofria abusos, era oprimida; por outro lado, uma nação regida sob a forma republicana de governo era feliz, pacífica e ordeira. Os republicanos seriam, dessa forma, os agentes principais na regeneração política do país, aqueles vistos como responsáveis pela civilização, pelo progresso e pela ordem na sociedade brasileira. Ao longo dos anos, *O Amigo do Povo* passou a destacar cada vez mais, em seus artigos, referências a ações conjuntas dos republicanos brasileiros contra o Império de D. Pedro II, ao mesmo tempo em que criticava os rituais monárquicos. Os republicanos eram apresentados como opositores do conservadorismo e desejosos por rupturas que estabelecessem o fim do monarquismo no Brasil. O jornalista escrevia seus artigos com agressividade e sarcasmo contra o imperador D. Pedro II. Um deles apresentava, com letras garrafais, o título "Viva a República":

O Sr. D. Pedro Bibiano de Bragança e Bourbon faz hoje o seu 45.º aniversário natalício, pelo que está havendo na corte uma estúpida cerimônia chamada de *grande gala*, e dando-se a baixa de sua majestade à imperial capela: haverá *Te Deum*, e depois dele o *edificante* e patriarcal [...] beija mão.

Semelhante *Te Deum* é um insulto feito ao Criador, porquanto estamos convencidos de que aquela *preciosa* vida conservou-se até hoje como a de qualquer cobra a que não houvesse ainda chegado a vez de levar cacete na cabeça, por falta de ocasião azada. Por isso não há de que dar graças a Deus.

Nós os republicanos dá-la-emos quando nos vermos livres de um tal tirano que há mais de 30 anos serve de obstáculo ao engrandecimento moral e material de nossa pátria...

Quem dera que nós pudéssemos transformar nossa legendária Libitina embora pálida e cadavérica para, em 24 horas, acabar com os testas coroadas e todos dessa raça nefanda, não deixando um só entre os povos civilizados! O obituário desse dia seria numericamente insignificante.

Nunca a morte teria sido mais benigna, do que na véspera da regeneração da humanidade. (Caldas, 1870d, p. 1, grifos do autor)

Na interpretação de David Caldas sobre seu tempo, republicanos e reis não se compactuavam. Ele fazia parte do grupo de políticos que queriam o fim do Antigo Regime no século xix, daí sua ridicularização de rituais como o *Te Deum* e o beija mão descritos com o desprezo acima. Contudo, acreditava que, no futuro, a Monarquia não mais governasse o Brasil. Vários países, durante o século xix, estavam destronando seus reis e constituindo-se em repúblicas. Esse século, para o jornalista, cada vez mais abraçava as ideias antimonárquicas e democráticas, civilizando-se. Monarquias transformavam-se em repúblicas, reis eram destronados. O século xix era marcado pela ruptura com os resquícios do Antigo Regime. Todo esse contexto histórico fomentava em David Caldas o desejo e a crença em mudanças futuras, no Brasil, com a atuação dos republicanos. Dessa forma:

Damos em seguida a lista nominal dos testas coroadas que tem sido derrubados de seus tronos.

1.º Duque Francisco V, nascido no 1.º de junho de 1819 e lançado fora em 1859;

[...] 5.º Rei Jorge V, do *Hanover*, nascido a 27 de maio de 1819; foi posto em disponibilidade em 1866.

[...] 7.º Landgrave Fernando, de *Hesse Hamburgo* nascido em 26 de abril de 1783; ficou sem a sua casa de jogo em 1866.

8.º Rainha Isabel II, de *Espanha*, nascida em 10 de outubro de 1830; arrumou a trouxa das camisas bentas em 1868; e foi assentar "tenda" em Paris.

9.º Imperador Napoleão III, da *França* atraiçoada, nascido em 20 de abril de 1808: prisioneiro em Sedan a 2 de setembro deste ano.

[...] Já veem os leitores que o negócio tem ido a razão de um por cada ano!

Pelo jeito que levam as coisas, em 1905 a Europa estará inteiramente limpa...sem nem um monstro coroado, para semente ao menos.

Nós ficaremos livres do *SÁBIO* muito em breve, visto que é único neste vasto continente do novo mundo. (CALDAS, 1870c, pp. 1-2, grifos do autor)

De acordo com o trecho acima, D. Pedro II, o "sábio", por uma questão de tempo, ainda continuava governando o Brasil. Para David Caldas, o imperador logo teria de "arrumar suas trouxas", ficando sem sua "casa de jogo". O que mais lhe fornecia subsídios para tal crença era o crescimento do movimento republicano no Brasil, entre o final da década de 1860 e o início dos anos de 1870. A causa republicana tornava-se forte, especialmente, entre aqueles que estavam descontentes com a forma de governo monárquica brasileira e que, assim como David Caldas, ansiavam por mudanças políticas que viessem a dar fim ao governo de D. Pedro II. Cada cidadão que se apresentava como republicano publicamente, no Brasil, alimentava o entusiasmo do jornalista, que ficava mais confiante na construção de um futuro republicano no país. Foi o que ocorreu quando o jornalista Salvador de Mendonça declarou-se republicano no início de 1870, no último número do jornal do

Partido Liberal de São Paulo, o *Ipiranga*. O episódio provocou grande emoção em David Caldas:

> Achávamos fora desta cidade, no lugar Boa Esperança, cerca de 2 quilômetros acima da vila da União, quando a 30 de janeiro último, tivemos de ler os belos artigos de despedida dos ilustrados redatores do *Ipiranga*.
> Quando vimos Salvador de Mendonça declarar-se *REPU-BLICANO*, foi tal a comoção que sentimos que, digamo-lo sem reticências, digamo-lo com franqueza, chegamos a chorar de prazer!
> [...] Eis aqui como concluo aquele valente e inspirado paladino, a sua terna e eloquentíssima despedida ao *presente*; na hora em que alistava-se cruzado atlético do *FUTURO DO BRASIL*; quando punha-se a caminho, na direção do verdadeiro progresso do país, com o nobre entusiasmo de um desses heróis da "Jerusalém libertada".
> Admiremos ao fervoroso peregrino da liberdade; ouçamos com profundo respeito a Salvador de Mendonça. (CALDAS, 1870 a, p. 2, grifos do autor)

A propaganda antimonárquica nas províncias do Rio de Janeiro e São Paulo conquistava adeptos, principalmente pela atuação dos chamados clubes radicais onde eram realizados as polêmicas conferências radicais, debates públicos que discutiam questões pertinentes à educação, à política, à liberdade de cultos, entre outros temas, no final da década de 1860 (CARVALHO, 2007b, pp. 19-41). Nesses ambientes, predominavam as ideias liberais e democráticas. Vale ressaltar que esses grupos eram compostos por bacharéis, liberais, jornalistas e pessoas não ligadas ao quadro partidário do Brasil. Todo esse radicalismo culminou, no Rio de Janeiro, em dezembro de 1870, após várias reuniões de discussão, na criação de um clube republicano, e logo após a criação do jornal do novo partido – *A República*, que, no primeiro número, encontrava-se o Manifesto Republicano. José Murilo de Carvalho assim avaliou o manifesto:

[...] fazia uma extensa retrospectiva do que julgava ser as mazelas do regime monárquico, incorporando as críticas dos liberais e dos radicais. Usava declarações dos monarquistas contra o poder pessoal do imperador, mas ia além, declarando o próprio sistema monárquico incompatível com a democracia, entendida essa como eleição dos governantes. Como contribuição específica, incluía uma longa seção sobre o federalismo. Não falava em abolição da escravidão, e propunha a convocação de uma Assembleia Constituinte para proclamar o novo regime. (CARVALHO, 2007c; p. 127)

David Caldas não ficou indiferente à formação de um Clube Republicano no Rio de Janeiro. Várias transformações aconteceram no seu jornalismo e em sua carreira política na província do Piauí, após a formação de um Partido Republicano na Côrte. Nota-se um encontro de ideais políticos entre David Caldas e os republicanos do Rio de Janeiro, o que fez com que o jornalista também se sentisse satisfeito pela fundação do Clube Republicano do Rio de Janeiro, e sobre essa ação dos republicanos, assim se expressou:

É com a mais viva satisfação que noticiamos aos leitores e especialmente aos nossos correligionários, que na corte, fundou-se a 3 de novembro último, um clube denominado Republicano.

Deus queira que tão patriótica associação chegue a ver afinal coroados os seus belos esforços, após a luta franca e leal que vai travar contra a perniciosa instituição monárquica.

Parabéns a nós mesmos e um voto ardente de verdadeira adesão aos corajosos e muito ilustres cavalheiros que constituem o apostolado republicano na capital do país. *Viva o Clube, Viva a República, Viva o Brasil.* (CALDAS, 1870e, p. 6, grifos do autor)

Da luta contra a "perniciosa instituição monárquica", o jornalista não desejava se esquivar, ainda mais quando as forças republicanas cresciam na sociedade brasileira no início do decênio de 1870. Contudo, é válido ressaltar que o republicanismo de David Caldas não resultava da influência dos republicanos da capital do Império, e sim de sua formação política fundamentada desde cedo em suas leituras e em experiências de vida que o contrapuseram à Monarquia. Portanto, não é da Corte que se irradia a ideia republicana, muito menos suas normas de ação comum; trata-se antes de um encontro de valores políticos semelhantes entre o jornalista piauiense e os demais assinantes do Manifesto do Partido Republicano, em 1870 (HOLANDA, 1985, p. 261).

Um republicano convicto desejando integrar-se partidariamente a seus pares políticos, assim era a relação de David Caldas com o Partido Republicano do Rio de Janeiro. Sinais desses anseios são percebidos no *O Amigo do Povo*, logo após a publicação do manifesto republicano. No primeiro número a circular do ano de 1871, o subtítulo do jornal *O Amigo do Povo* já havia deixado de ser simplesmente periódico político para, no seu lugar, salientar uma filiação com o mais novo partido político do Império. O jornal passou a definir-se como Órgão Republicano da Província do Piauí. No mesmo número, David Caldas publicou um artigo de saudação ao clube republicano criado e fez um pedido peculiar aos seus pares:

A 3 do mês que ultimamente findou-se, apareceu o 1.º n.º do órgão de nosso partido, na capital do país: chama-se ele *"A República"* nome que é por si só um programa magnífico, a deslumbrante síntese das mais altivas aspirações dos espíritos livres, nestas plagas esplêndidas do novo mundo, como em toda e qualquer parte onde não deva medrar a tirania.

Saudando pois à *"República"* com a maior efusão de nossa alma, enviamos um aperto de mão aos 58 ilustres signatários do manifesto republicano, estampado no 1.º n.º do órgão do partido a que nos ufanamos de pertencer desde 1849, quando contávamos apenas 14 anos de idade.

[...] rogamos ao Clube Republicano que se digne lançar também o seguinte nome, o mais obscuro de todos, *no grande rol de culpados* por crime de lesa-majestade: *David Moreira Caldas*, que será constante em bradar em qualquer parte desta formosa terra de Santa-Cruz: *VIVA A GRANDE FEDE-RAÇÃO BRASILEIRA; VIVA O ESTADO DO PIAUÍ; VIVA A REPÚBLICA DEMOCRÁTICA.* (CALDAS, 1871a, p. 1, grifos do autor)

Agora várias pessoas ostentavam publicamente suas opções políticas, estavam sendo propagados ideais republicanos em outras plagas brasileiras, era o tempo de David Caldas entrar na luta pelo fim da Monarquia e o estabelecimento da República de forma coletiva, dentro de um partido, daí seu interesse em ter o nome inscrito no Partido Republicano. Para isso se concretizar, o jornalista solicitou, por carta, ao Diretório do Partido Liberal na província, a saída do cargo de redator do *A Imprensa* e do diretório do partido na província. Seu partido agora era o republicano, opção respeitada pelos liberais piauienses, membros do diretório, que não colocaram empecilhos à sua saída, pois entenderam seus motivos e conservaram as relações de amizade (CALDAS, 1871b, p. 3).

Saindo do Partido Liberal piauiense, David Caldas dedicou-se ao movimento partidário republicano no Brasil e no Piauí. O manifesto republicano foi publicado na íntegra para os leitores piauienses nas primeiras páginas do jornal *O Amigo do Povo* e os artigos intitulados "Viva a República!" multiplicaram-se nas páginas do periódico. As correspondências com a imprensa republicana nas diversas províncias brasileiras aumentaram.

Diante da atuação política de David Caldas no jornal *O Amigo do Povo*, onde são percebidas críticas ferozes aos reis e rainhas e, por outro lado, leem-se elogios à forma republicana de governar, é possível a remissão aos pensamentos de Tocqueville sobre as capacidades atribuídas, por ele, ao jornal em meio à sociedade, afirmando que "[...] somente um jornal é capaz de depositar no mesmo momento em mil espíritos o mesmo pensamento" (2000, p. 137). Não cabe aqui argumentar se a reflexão do filósofo é coerente com a realidade ou não, todavia, acredita-se que David Caldas escrevia seus artigos pró-republicanos e antimonarquistas com o objetivo de alcançar a potencialidade do jornal atribuída por Tocqueville. Formar espíritos, educar pessoas para a República e o valor à soberania popular, civilizar os costumes políticos brasileiros, esses foram escopos do jornalismo de David Caldas, que embora solitário na produção jornalística de sua época, foi pioneiro no que concerne à propaganda republicana em solo piauiense (QUEIROZ, 2011, p. 218). Assim, se constituía sua atuação política no jornal *O Amigo do Povo*, onde através da sua escrita antimonárquica e republicana, formava-se, enquanto republicano, juntamente com outros políticos e intelectuais de outras províncias do Brasil.

# Referências Bibliográficas

CALDAS, David Moreira. "O Amigo do Povo". *O Amigo do Povo*, Teresina, ano 1, n.º 6, p. 1, 14 out. 1868;

_____ "Oração democrática". *O Amigo do Povo*, Teresina, ano 1, n.º 18, p. 2, 21 abr. 1869;

_____ "O Amigo do Povo". *O Amigo do Povo*, Teresina, ano 2, n.º 32, p. 1, 14 fev. 1870a;

_____ "A palavra – República". *O Amigo do Povo*, Teresina, ano 2, n.º 34, p. 1, 19 mar. 1870b;

_____ "Vão desaparecendo!". *O Amigo do Povo*. Teresina, ano 3, n.º 45, pp. 1-2, 5 nov. 1870c;

_____ "Viva a República". *O Amigo do Povo*, Teresina, ano 3, n.º 47, p. 1, 2 dez. 1870d;

_____ "Clube Republicano". *O Amigo do Povo*, Teresina, ano 3, n.º 48, p. 6, 31 dez. 1870e;

_____ "Viva a República". *O Amigo do Povo*, Teresina, ano 3, n.º 49, p. 1, 16 jan. 1871a;

_____ "Resolução". *O Amigo do Povo*, Teresina, ano 3, n.º 50, p. 3, 31 jan. 1871b;

CARVALHO, José Murilo de. *A construção da ordem*: a elite política imperial. *Teatro de sombras*: a política imperial. 3.ª ed. Rio de Janeiro: Civilização Brasileira, 2007a;

_____ "As confidências radicais do Rio de Janeiro: novo espaço de debate". In: CARVALHO, José Murilo de (Org.). *Nação e Cidadania no Império*: novos horizontes. Rio de Janeiro: Civilização Brasileira, 2007b;

_____ *D. Pedro II*. São Paulo: Companhia das Letras, 2007c;

DARNTON, Robert. "A eclosão das luzes". In: DARNTON, Robert;

DUHAMEL, Olivier. *Democracia*. Rio de Janeiro: Record, 2001;

FURET, François. "Antigo Regime". In: FURET, François; OZOUF, Mona. (Orgs.). *Dicionário Crítico da Revolução Francesa*. Rio de Janeiro: Nova Fronteira, 1989;

HOLANDA, Sérgio Buarque de. *História Geral da Civilização Brasileira*: II. 4.ª ed. São Paulo: Difel, 1985. V. 5;

PINHEIRO FILHO, Celso. *História da Imprensa no Piauí*. Teresina: COMEPI, 1972;

QUEIROZ, Teresinha. *Os Literatos e a República*: *Clodoaldo Freitas e Higino Cunha e as Tiranias do Tempo*. Teresina: Fundação Cultural Monsenhor Chaves, 1994;

RÊGO, Ana Regina. *Imprensa Piauiense*: *atuação política no século XIX*. Teresina: Fundação Cultural Monsenhor Chaves, 2001;

SCHWARCZ, Lilia Moritz. *As Barbas do Imperador*: D. Pedro II, um *monarca nos trópicos*. Rio de Janeiro: Companhia das Letras. 1998;

TOCQUEVILLE, Alexis de. *A Democracia na América*: *sentimentos e opiniões. De uma profusão de sentimentos e opiniões que o estado social democrático fez nascer entre os americanos*. São Paulo: Martins Fontes, 2000.

# PARTE III

## Narrativas Jornalísticas e Narrativas Históricas: Contextos em Destaques

# Capítulo 11

## A POÉTICA DO URRO: EXPERIMENTOS LITERÁRIOS DE VANGUARDAS PORTUGUESAS ENTRE AS DÉCADAS DE 1960 E 1980[50]

Edwar de Alencar Castelo Branco

[50] Este texto constitui sub-produto da pesquisa "Guerrilha semântica: a arte experimental no Brasil e em Portugal entre as décadas de 1960 e 1980 – um estudo comparado", desenvolvida em nível de Estágio Pós-Doutoral Sênior no Instituto de Ciências Sociais da Universidade de Lisboa, sob a supervisão do Prof. Dr. José Machado Pais e com suporte financeiro da CAPES, Ministério da Educação, Brasil.

Numa visão retrospectiva, em 1981, Ernesto Manuel Geraldes de Melo e Castro, um dos mais agudos participantes do PO-EX, movimento literário que reconfigurou a poesia portuguesa entre as décadas de 1960 e 1980, afirmava ser o experimentalismo português marcado pela heterogeneidade e pela hibridez. Para E. M. de Melo e Castro, como se tornou mais conhecido, o PO-EX teria conduzido a poesia portuguesa do humanismo dramático à prática textual. Neste sentido, o movimento corresponderia a um conjunto de poéticas heterogêneas que convergiam para a radicalização na experimentação sistemática das qualidades ao mesmo tempo semânticas e estéticas do material linguístico (MELO E CASTRO, 1981, pp. 9-15), para tanto recorrendo a todo tipo de materiais, suportes e meios de realização.

> Com a Poesia Experimental pode dizer-se que se propunha pela primeira vez em Portugal uma posição ética ao mesmo tempo de recusa e de pesquisa, em que o primeiro princípio, por todos tacitamente aceite e seguido era o de que essa pesquisa é em si própria uma destruição do obsoleto, uma desmitificação da mentira, uma abertura metodológica para a produção criativa. O segundo princípio seria o de que essa produção criativa se projecta no futuro e encontrará sempre o modo certo para agir no momento exacto quando o povo e a língua dela necessitarem. E foi efetivamente o que aconteceu

logo após o 25 de abril de 1974, com a explosão visual que invadiu cidades, vilas, aldeias e estradas de Portugal. (Melo e Castro, 1981, p. 41)

A avaliação de Melo e Castro, como se pode ver, passa ao largo de questões meramente estéticas, colidindo com a média daquilo que vem sendo dito pela crítica literária. E deste ponto de vista – o ponto de vista da crítica e da recepção – o PO-EX já foi bastante estudado, estando, por consequência e tendo-se em mente especificamente aspectos estéticos e formais, consolidados muitos dos seus significados, entre os quais ressalta o de que o mesmo seria herdeiro, em boa medida, das inovações estéticas inseridas na poesia pelo Grupo *Noigrandes*, síntese do concretismo paulista. Esta marca concretista, por sua vez, teria estabelecido as experimentações visuais como um dos aspectos mais distintivos do Experimentalismo Português, sendo o *hapenning* sua principal estratégia de divulgação.

O presente texto não pretende retomar estas questões, ainda que se beneficie das mesmas. Em que pesem as diferenças entre o Experimentalismo Português e o Concretismo Brasileiro (Marques, 2006, pp. 28-39), é necessário, para os objetivos deste estudo, fazer uma releitura da poesia experimental portuguesa. Não para reconhecer os seus aspectos estéticos, mas para conhecer as condições histórico-sociais no interior das quais emergiria este importante acontecimento da cultura e das artes em Portugal. A principal intenção, portanto, é levar adiante a sugestão de Melo e Castro, para quem

> [...] a análise estética e a descrição factual dos acontecimentos e das teorias dessas vanguardas estão feitas nos livros da especialidade. Os documentos e as obras são hoje acessíveis a quem por eles se interessar. No entanto, *há um trabalho interdisciplinar a realizar*, ou seja, o estudo daquilo a que se poderia chamar a semiologia das vanguardas. Tal estudo constaria principalmente da consideração das obras/teorias das vanguardas, como índices e sinais de transformação socio-histórica e como contraponto dialéctico do processo económico/político. (Melo e Castro, 1975, p. 8, grifo nosso)

Uma "semiologia das vanguardas", tal como proposto por Melo e Castro, começaria pelo reconhecimento de que o PO-EX é contemporâneo de mudanças que vão desde uma reconfiguração dos recursos e materiais disponíveis à atividade artística, fato cujo detonador, para o caso específico das vanguardas experimentais, seria a popularização das bitolas de filmagens domésticas de superoito milímetros e do uso dos computadores pessoais, basilares para as experiências visuais na poesia, até a própria reelaboração teórica dos parâmetros através dos quais os poetas se relacionavam com o seu produto. Ana Hatherly, outro importante nome do PO-EX, em mais de uma oportunidade testemunha a presença do pensamento de Michel Foucault na criação artística de sua geração, referindo-se também às teorias de Marshal McLuhan sobre as mídias de um modo geral como um estímulo que teria sido aproveitado pelos experimentalistas portugueses:

> Nos anos 60, quando Marshall MacLuhan, um autor então avidamente lido, preconizava que os artistas deveriam deixar a torre de marfim e dirigirem-se para a torre de controlo, falava de algo que já Mallarmé referia quando declarava que a "leitura", como a "poesia", era uma "operação". [...] Mas a literatura de vanguarda teve ainda entre nós outra incidência particular que a distingue. Em Portugal, como escreve também Melo e Castro, ela foi uma forma de provar, não só a "resistência das palavras" mas também, implicitamente, "a resistência pelas palavras". Esse controlo e delimitação do discurso a que se refere Foucault, esse interdito que pesou sobre o discurso – sobre a fala, sobre a escrita, sobre a expressão da existência dos portugueses – interdição que os autores da década de 60 vieram encontrar instalada desde o seu nascimento, essa interdição encontra a sua outra face na resistência insubordinada do texto e do acto que o origina. (HATHERLY, 1979, p. 79)

A presença dessas referências conceituais entre os experimentalistas portugueses erige um ponto importante de abordagem do movimento.

Por um lado porque faz desmoronar a ideia de que nos meados do século passado Portugal seria um país fechado sobre si mesmo, o que faria com que Lisboa fosse uma cidade "ainda fechada e dividida" (Melo e Castro, 1975, p. 6). Por outro lado porque a obra de ambos – Foucault e McLuhan – são fortes estimulantes a uma imaginação criadora e, portanto, podem figurar como algumas das referências de pensamento que os experimentalistas portugueses utilizaram "como um sinal do caminho novo e certo que se tentava abrir na abulia cultural da noite (geradora de equívocos e incertezas) que Salazar impunha ao país" (Melo e Castro, 1981, p. 10).

Uma abordagem semiológica, voltada para uma compreensão histórica da "resistência insubordinada do texto e do acto que o origina", impõe reconhecer que na obra de Foucault a crítica do presente constitui importante fundamento para uma imaginação criadora. Decorre daí, provavelmente, o foco dos experimentalistas sobre "a abulia cultural da noite que Salazar impunha ao país". Para Foucault é esta crítica do presente aquilo que permitirá revalorizar o pensamento utópico, restaurando-lhe o direito à aventura. Nesse sentido, o autor distingue – e ajuda a distinguir – o que é atual do que é apenas presente. O que consubstancia parte de sua teoria é

> [...] a diferença do presente e do atual. O novo, o interessante, é o atual. O atual não é aquilo que somos mas, antes, aquilo que nos tornamos, aquilo que estamos nos tornando, isto é, o Outro, nosso vir-a-ser-outro. O presente, ao contrário, é aquilo que somos e, por isso mesmo, o que já estamos deixando de ser. Temos de distinguir não apenas a parte do passado e a do presente, senão, mais profundamente, a do presente e a do atual. Não porque o atual seja a prefiguração, inclusive utópica, de um futuro de nossa história até agora, mas porque é o agora de nosso vir-a-ser. (Deleuze e Guattari, 1992, p. 14)

Qual seria a prefiguração do futuro da história de Portugal sob "a noite que Salazar impunha ao país"? Qual seria o vir-a-ser, ou, de outra maneira, que devir desejavam prefigurar os poetas experimentais portugueses? Por um lado, sabe-se que um repto de pobreza e de escassez de meios de realização era parte do contexto sócio-económico português, o que significou, para jovens experimentalistas como Antonio Aragão, Antonio Ramos Rosa, Antonio Barahona, Salette Tavares, Ana Hatherly, Helder Herberto, E. M. de Melo e Castro e outros, a necessidade histórica de enfrentar "de mãos e olhos nus o alvorecer da era electrónica e cibernética no Portugal dos anos 60" (MELO E CASTRO, 1981, p. 12). Mas, por outro lado, a ausência material – ausência de estúdios sonoros ou de imagem, ausência de políticas públicas para a cultura, etc. – era acompanhada por uma pesquisa cuidadosa sobre os atributos do ato comunicativo, o que acabava por sofisticar a visão dos experimentalistas em relação ao seu contexto histórico. Se a poesia experimental pode ser "tomada como sinônimo de poesia em progresso, como lema de experimentação e pesquisa poética em equipe" (CAMPOS, 1975, p. 259), os experimentalistas portugueses, a despeito do repto de pobreza sob o qual atuaram, souberam levar adiante essa receita e tiveram sempre claros os sentidos da sua arte:

A depuração que os movimentos de vanguarda têm procurado exercer no campo da literatura e das artes, é o reflexo da mudança que se opera e se quer implantar na sociedade em que se produz. Negando, rejeitando os meios de expressão da sociedade vigente, recusa-se o que de mais significativo ela tem. A literatura de vanguarda, que surge na sociedade burguesa, é anti-burguesa. Insurge-se "contra a literatura" na medida em que esta reflecte, ilustra a decadência da classe dominante, que dela se apropriou, tornando-a inoperante pelo uso rotineiro, institucionalizado que é o da cultura oficial. O carácter extremo das posições de combate necessariamente assumidas, faz com que atitudes e obras dos vanguardistas tenham um carácter de exceção e sejam sempre consideradas "esotéricas, isto é, *ilegíveis*, não imediatamente assimiláveis não só por razões psicológicas, mas também porque de facto o código em que se baseiam deixa de ser o código comum, o vigente nessa sociedade contra a qual se erguem. Os grupos de vanguarda são assim identificáveis com todos aqueles que tenham a desempenhar uma tarefa que ponha em causa a

segurança do Poder Dominante numa sociedade, seja ele
político, religioso, artístico. Como os militantes de todas as
ideologias nascentes, começam por ser pequenos grupos que
exercem uma acção subversiva chamando sobre si a difícil
responsabilidade da desordem. Mas essa desordem, na medida
em que implica o estabelecimento de uma nova ordem, traz
em si o germe da sua própria ultrapassagem eventual. É assim
que os movimentos de vanguarda, como as revoluções em
geral, se sucedem necessariamente. (HATHERLY, 1975, p. 150)

Se de Michel Foucault foram úteis suas formulações sobre os interditos que incidem sobre o discurso, bem como a sua crítica do presente,
de Marshall McLuhan certamente interessaram aos experimentalistas
portugueses tanto as suas teorias segundo as quais os meios de comunicação (*medias*) estariam, a partir da década de 1960, determinando tudo,
"desde a cultura e a civilização até a vida particular de cada um de nós"
(MACIEL, 1973, p. 20), até as suas noções de homem planetário e de
aldeia global. Formulada ao final daquela década, a noção de aldeia global
passaria a designar uma nova suposta condição existencial na terra, esta
caracterizada por um processo de mutação nas noções de tempo e espaço,
o que alteraria profundamente as condições de existir e por consequência
de fazer arte no período. Para McLuhan, enquanto a imprensa teria nos
destribalizado, os meios eletrônicos e cibernéticos estariam, a partir da
década de sessenta, a retribalizar-nos. Instrumentos como a televisão e o
computador contribuiriam para a reconstituição de uma tradição oral, o
que nos afastaria da visão linear e sequencial do paradigma da imprensa
(McLUHAN; FIORI, 1968).

Esta ideia de McLuhan de que na década de 1960 o mundo estaria voltando a ser uma grande tribo, o que impunha historicamente um
processo inexorável de retribalização que impactaria especialmente sobre
as obras de arte, aparece em várias elucubrações de teóricos do PO-EX.
Para António Aragão, por exemplo,

[...] o excessivo culto do indivíduo afastara a possibilidade
de uma intensiva participação dos outros no objecto artístico

[...]. O endeusamento extremista da individualidade ofereceu, sem dúvida, um flanco bom de comportamentos e válidas oportunidades mas, por outro lado, cavou mais largo e fundo fosso entre o artista e o público, distanciando o fruidor do plano da participação que é afinal o único plano em que o sentir toma posse física ou material, ou seja, a posse total do objeto artístico. Mas o prestígio do individualismo atingiu o seu termo: o seu estado é agónico. Tendo perdido a base ontológica sobre que assentava, poroso e esgotado, atingiu o seu máximo grau de fusão, *dentro já dos limites do colectivismo. Assim, no interior desses limites colectivos, o indivíduo que cria qualquer coisa, cria não apenas para os outros mas com os outros.* (ARAGÃO, 1965, p. 6, grifo nosso)

Como forma de esclarecer o raciocínio que está sendo formulado, pode-se dizer que as proposições teóricas do francês Michel Foucault e do canadense Marshall McLuhan favoreceriam a uma subversão, respectivamente, da relação entre a palavra e a coisa – reconfigurando, por exemplo, a operacionalização do conceito de poder – tanto quanto da mensagem com o seu conteúdo, esmaecendo-se estas duas pontas do processo comunicativo para acentuar a importância do meio *(media)*. E é aí, neste tremular da linguagem, que devem ser situados os parâmetros de uma semiologia das vanguardas portuguesas: as condições históricas de aparecimento e maturação do PO-EX, bem como as suas condições de existir, devem ser olhados de um lugar a partir do qual se possa demons-trar que a poesia experimental portuguesa, em que pesem as especifici-dades da história de Portugal, resulta de um processo, vivido em escala mundial, de complexificação do sublunar que, por sua vez, exigiria uma crescentemente complexa representação do real. O experimental, neste sentido histórico, seria a resultante de um esforço, em escala mundial, para ressignificar o mundo.

Em termos linguísticos, isto é, em termos de uma economia sígnica com a qual operaram as vanguardas experimentais em Portugal e além, reluz a problemática relação que estas vanguardas estabeleceram com a palavra. Num certo sentido, ao estabelecerem o *Radicalismo morfológico,* a *Palavra objecto*, o *Texto matéria*, o *Empirismo sensual*, a *Visualização* e *Uma semântica outra* como parâmetros do programa experimental, jovens poetas portugueses estavam, por um lado, ecoando uma problemática que ocupava, igualmente, literatos de outras regiões do mundo, para os quais, "a invenção compulsória de novas linguagens e de novas formas de comunicação é dimensão constitutiva da experiência" (Queiroz, 2005, p. 21), como se pode ver no fragmento abaixo:

> Quando eu recito ou quando eu escrevo uma palavra, um mundo poluído explode comigo e logo os estilhaços desse corpo arrebentado, retalhado em lascas de corte e fogo e morte (como napalm), espalham imprevisíveis significados ao redor de mim. Uma palavra é mais que uma palavra, além de uma cilada. Agora não se fala nada e tudo é transparente em cada forma; qualquer palavra é um gesto e em sua orla os pássaros de sempre cantam apenas uma espécie de caos no interior tenebroso da semântica. Chega de metáforas! queremos a imagem nua e crua que se vê na rua, a imagem – sem mais reticências, verdadeira. (Torquato Neto, 2004, p. 261)

Por outro lado, estas mesmas vanguardas, ao estabelecerem conexões existenciais no interior da *global village,* retomavam e traziam para o âmbito da atividade estético-criativa uma antiga reflexão sobre os atributos da palavra. Tratava-se, para estas vanguardas, de superar a segregação que, desde os escolásticos, distingue e hierarquiza as coisas em termos de definições reais (*definitio regio)* e definições verbais (*definitio nominis),* sendo as primeiras supostamente mais reais que as segundas por serem "essenciais". Esta questão, central para grande parte dos poetas experimentais aqui e alhures, trazia a palavra para o centro de um campo de batalha, pois, afinal, tratava-se, para poetas como Melo e Castro (Portugal) e Torquato Neto (Brasil), de uma "guerrilha semântica" e de um "terrorismo do signo". Percebe-se, portanto, que para vanguardas literárias de diferentes regiões do mundo a década de 1960, momento de emergência do experimentalismo poético em Portugal (Pass; Blass, 2004) vai corresponder, entre outras coisas, à percepção de que

[...] as linguagens são as mediadoras do sonho, do desejo, do medo, de todas as formas de poder. Desse maneira, novas palavras e novos significados constroem novas relações de poder e corporificam a emergência de formatos novos para as relações sociais. As palavras antigas são apropriadas segundo os significados consolidados e aprisionados na história. Em circunstância em que as estruturas repressoras atuam com visibilidade, a palavra é dos primeiros processos a ser imobilizado e castrado em sua força de operar no social. (QUEIROZ, 2005, p. 22)

Com a ênfase em uma "subversão do símbolo e da sintaxe" e tendo que experimentar sob "a noite que Salazar impunha ao país", noite certamente voltada para o objetivo de imobilizar e castrar a palavra "em sua força de operar no social", os poetas experimentais portugueses remeteram o seu fazer poético à problemática relação entre as palavras e as coisas, o que reforça o argumento, já levantado, de que renovados alicerces teóricos estariam na base da renovação da poesia portuguesa. Este enunciado permite pensar sobre como a poesia experimental portuguesa colaborou para a instauração de uma realidade portuguesa, situando esta reflexão numa posição em que seja possível pensar problematicamente a própria noção de real, despindo este real de eventuais aspectos que o naturalizem ou favoreçam a sua naturalização. Embora existam historiadores que acreditam que "a história é um fenômeno natural e espontâneo concernente ao que sucede no mundo" (LIMA, 2006, p. 406), o que torna sinônimos história e real, esta crença constitui um mero *fetichismo do real*. Segundo Barthes, este fetichismo do real, um dos núcleos discursivos da cultura midiática começada a partir da emergência da *global village*,[...] diz que o "real" supostamente basta-se a si mesmo, que é bastante forte para desmentir qualquer ideia de "função", que sua enunciação não precisa ser integrada a uma estrutura e que o "ter-estado-lá" das coisas é motivo suficiente para que sejam relatadas. (BARTHES, 2004, p. 181). Como aqui se trata de uma abordagem histórica feita semiologicamente sobre produtos culturais – no presente caso o PO-EX –, é certamente útil, para distanciar-se de um fetichismo do real, a noção de efeito de real, tal como pensada por Michel de Certeau. Para o historiador francês,

[...] a situação da historiografia faz surgir a interrogação sobre o real em duas posições bem diferentes do procedimento científico: o real enquanto é o conhecido (aquilo que o historiador estuda, compreende ou ressuscita de uma sociedade passada) e o real enquanto implicado pela operação científica (a sociedade presente que se refere à problemática do historiador, seus procedimentos, seus modos de compreensão e, finalmente, uma prática do sentido). De um lado, o real é o resultado da análise e, de outro, é o seu postulado. Estas duas formas da realidade, não podem ser nem eliminadas nem reduzidas uma a outra. A ciência histórica existe, precisamente, na sua relação. Ela tem como objetivo próprio [desenvolver esta relação] em um discurso. (CERTEAU, 2008, p. 45)

Portanto, a problemática da existência de um real referente em si mesmo, supostamente independente da linguagem, será parte das discussões em torno das quais os experimentalistas portugueses, em consórcio com jovens poetas de outras partes do mundo, procurarão, com sua poesia, ressignificar o mundo e a atividade poética. E esta ressignificação do mundo, vista em termos de uma "semiologia das vanguardas", instaura o PO-EX como parte de um processo mais amplo, repita-se, que diz respeito, em certo aspecto, a uma redefinição das bases teóricas através das quais parcelas da juventude portuguesa passavam a compreender e a conformar esteticamente o mundo à sua volta. É bastante esclarecedor, neste sentido, além dos já citados exemplos de Foucault e McLuhan, o esforço de um grupo de jovens portugueses, ao final da década de 1960, para traduzir e publicar em Portugal textos, à época recentes, que proclamavam que "a maneira como as pessoas reflectem, escrevem, julgam, falam, e mesmo a maneira como a sua sensibilidade reage, é dirigida por uma estrutura teórica" (FOUCAULT, 1968, pp. 31-32).

Foi com este espírito que em 1968 os jovens António Ramos Rosa – outro expoente do PO-EX –, Maria Eduarda Reis Colares e Eduardo

Prado Coelho utilizaram a pintura de um quadro de Paul Klee[51] – não por acaso um dos primeiros artistas a proporem a fusão entre poesia e imagem – para fazer a capa de *Estruturalismo:* antologia de textos teóricos, publicado pela editora Portugália com textos de pensadores como Michel Foucault, Jacques Derrida, Claude Levi-Straus, Paul Sartre, Roland Barthes e outros, que os três amigos, em busca da compreensão daquela estrutura teórica, verteriam para o português (COELHO, 1968, pp. 31-32).

No interior destes textos teóricos que passavam a alimentar o experimentalismo português, o debate sobre as relações entre a arte e a configuração da realidade, debate que passava por uma profunda discussão sobre as relações entre ideologia e estética, figuravam opiniões como a seguinte:

> É preciso conceber o processo estético não como duplicação, mas como inversão. Se a ideologia produz o reflexo imaginário da realidade, em contrapartida o efeito estético produz a ideologia como realidade imaginária. Pode-se dizer que a arte repete no real a repetição ideológica desse real. Contudo, a inversão não reproduz o real: realiza o reflexo dele. (BADIOU, 1968, p. 403)

Anote-se, portanto, com o fito de erigir um quadro explicativo para as condições históricas de existência do experimentalismo português, o fato relevante de que parcelas da juventude portuguesa, a despeito do "repto de pobreza" e da carga estereotípica que significou historicamente Portugal como um país em auto-isolamento nos meados do século passado, revelaram-se atentas e antenadas com a emergência de novos paradigmas explicativos do mundo. É o que se percebe ao consultar os registros – de diferentes tipos – que guardam a memória do movimento. Esses regis-

---

[51] Um dos primeiros a articular poesia e pintura, abrindo caminho para as experiências visuais na poesia, o suíço Paul Klee, é descrito como um "experimentalista nato", sendo a sua uma obra de difícil enquadramento acadêmico, na medida em que dialogava, ao mesmo tempo, com o Expressionismo, o Cubismo, o Futurismo, o Surrealismo e o Abstracionismo.

tros mostram que parte dos materiais subjetivos com os quais os poetas experimentavam o fazer poético vinham de reflexões como a seguinte:

> É extremamente difícil determinarmos o momento em que uma mudança se deu. Verificamos sùbitamente que alguma coisa nos opõe àquelas que fornecem os temas e conceitos em que nos habituamos a pensar. Que esta ruptura não escapa à violência recíproca, sabemo-lo demasiado bem. Com isto se afirma a existência efectiva de gerações, que, não sendo homogéneas, possuem, contudo, na heterogeneidade das suas ideologias e motivações de classe, uma unidade de linguagem e de problemática, um horizonte de referência comum. Nenhuma tentativa teórica se engendra de um vazio inicial. É sempre num campo cultural já duramente trabalhado que um pensamento se torna possível. No entanto, o esquema consagrado de continuidade na descontinuidade, de descontinuidade na continuidade, por saltos qualitativos que não alteram a permanência itinerante do mesmo, tal esquema revela-se hoje inadequado e conformista, no seu propósito de ocultar a *diferença* onde a novidade se inscreve. (COELHO, 1968, p. IV)

Para o caso da poesia experimental portuguesa, a diferença e a novidade diziam respeito ao fato de que, ainda que houvesse um aberto debate sobre as especificidades da vanguarda ideológica em relação à vanguarda literária (MELO E CASTRO, 1975), o PO-EX não ficou alheio nem aos acontecimentos que antecederam a Revolução dos Cravos nem àquilo que, em termos da história política de Portugal, dela sucedeu. Dentro deste quadro histórico, no início dos anos setenta intelectuais portugueses de diferentes matizes se identificavam com o brado "escrever é lutar". Sob esta bandeira, a qual colocava a palavra como uma arma na cena política, jovens poetas portugueses e artistas de modo geral admitiam que "é na linguagem que o experimental da década de sessenta opera e se executa". Assim, o terrorismo do signo, a subversão do símbolo e da sintaxe e a guerrilha da semântica seriam os pontos essenciais de um programa experimental português tanto de reconstrução da escrita e da criatividade quanto de intervenção na política nacional (MELO E CASTRO, 1993, p. 62).

A realização de uma "semiologia das vanguardas", como se pode ver, oferece, para o caso do PO-EX, muitas possibilidades de abordagem, possibilidades que vão desde de uma reflexão propriamente estética sobre o PO-EX até a indagação sobre sua relação com a poética portuguesa no âmbito de uma longa duração histórica, o que estabeleceria o Barroco, o Neo-Realismo e mesmo o Surrealismo, além, claro, do Modernismo orphico, como parâmetros para o estudo. Entretanto, como se trata de um esforço semiológico com o qual se está indagando sobre diferentes aspectos históricos das vanguardas portuguesas, optou-se pela audição a alguns dos primeiros participantes do PO-EX, através da leitura de documentos e de textos teóricos que sustentaram e deram forma às principais discussões sobre o movimento, com o objetivo de refletir sobre a relação que se pode estabelecer, em termos históricos, entre os acontecimentos da política portuguesa e o experimentalismo português, bem como entre este e outras experiências literárias em Portugal.

Em face desta opção de escrita, é necessário fazer ainda uma ressalva esclarecedora: a ênfase que se está dando, ao fazer esta releitura do PO-EX, não é à macro-política, isto é, não se discute aqui aspectos específicos, em termos ideológicos, nem dos grupos e sub-grupos que militaram naquilo que resultaria na revolução de 25 de abril de 1974, nem tampouco nas forças políticas que sustentaram o PREC – Processo Revolucionário em Curso – após o 25 de abril. Como se trata de um esforço semiológico feito com o objetivo de identificar os "índices e sinais de transformação socio-histórica que fariam contraponto dialéctico ao processo económico/ político", segundo a receita já referida de Melo e Castro, a ênfase será dada a aspectos micrológicos da história do PO-EX.

Isto porque, como se tem em mente uma economia sígnica (semiologia), a primeira exigência deste modelo de abordagem é a devolução dos acontecimentos que cercam o PO-EX à sua ordem acontecimental. Como se sabe, o acontecimento – diferentemente do fato – é surpreendente, aleatório, caótico e indeterminado (CASTELO BRANCO, 2007, pp. 321-329). A sua tradução em fato histórico exige uma necessária deficiência em sua carga acontecimental, afinal, o fato narrado não corresponde – não pode corresponder – ao acontecimento, na medida em que apenas traduz, numa narrativa, uma representação do acontecido. Esta é a razão de, no presente texto, se estar dando ênfase à voz dos dos personagens em estudo, oportunizando-lhes, pessoalmente, significar o PO-EX.

A esta altura, cumpre esclarecer também o que significa a expressão poesia experimental para os objetivos deste estudo. A poesia experimental, como ensinou Haroldo de Campos (1975), não se define apenas pela experiência, nem pelo experimentar. Ela deve ser EXPERIMENTAÇÃO e PESQUISA realizadas EM EQUIPE e voltadas para uma ARTICU-LAÇÃO entre arte e vida. Isto é, ela deve ser fluxo e nunca território. Deve ser poema antes de ser poesia. O poema é o ato escorreito do fazer. É o produzindo, é a *poiesis* grega. A poesia é o feito, é o produzido, é o produto que resulta do poema. O experimental só o é enquanto processo. Cessado o fluxo, são necessárias novas experimentações em equipe para o achamento de novas mídias, novos objetos, novas estruturas, etc. Movimento *ad infinitum*. Definição, aliás, que corrobora com a dos pró-prios experimentalistas portugueses:

> Na poesia portuguesa [...], periodicamente, regularmente, po-deríamos dizer, surgem pequenos grupos de poetas que lutam por uma renovação a todos os níveis, sendo uma característica das correntes de vanguarda não só a sua acção ao nível do texto mas também a sua vontade de interferência na vida, no real, pois não se consideram vida e arte desligadas. Desde o princípio do século que tal acontece. Publicam uma revista, de que saem pouquíssimos números; o grupo forma-se a volta de uma concepção central do modo como a arte deve ser entendida e praticada; depois os grupos desfazem-se, ficando alguns sobreviventes que produzem as suas obras até o fim, dando razão a si próprios e aos princípios em que empenharam a sua vida. A sua assimilação pela sociedade vigente, a que sempre se opõem, faz-se com dificuldade; por fim produz-se a integração e o Movimento é ultrapassado. Eis, como norma, a curva do processo. Quanto à Poesia Experimental, o processo foi exactamente esse. (HATHERLY, 1979, p. 43)

Quanto ao "contraponto dialéctico do processo económico/político", iniciemos por anotar que a já referida problematização dos atributos da palavra, para os experimentalistas portugueses, funcionava como um ponto de partida para uma reflexão mais ampla sobre as possibilidades e os interditos do processo comunicativo na "noite que Salazar impunha ao país" tanto quanto nos primeiros alvoreceres depois do 25 de abril de 1974. Sob a esgrima bamboleante dos experimentalistas, os interditos não poderiam prosperar porque os dizeres, travestidos, invadiam os interstícios do poder, disfarçando-se e metaforizando-se, como no exemplo a seguir:

Era uma vez um surdo muito surdo, um surdo de nascença. Era tão surdo tão surdo que só lia. [...] Um dia começou a ginasticar os dedos e a mão na tensão do pulso e desatou a escrever. Escrevia para surdos e então os meninos todos do reino onde vivia passaram a preferir, e com muita razão, histórias de quadrinhos. [...] Mas o surdo continuava a escrever, a escrever para surdos. Escrevia e lia. Junto dele começaram a formar-se ilhas de surdos e todos os surdos liam surdos e escreviam para surdos. [...] De resto eles gostam de uma forma fácil de comunicar, a gramática dos livros e nada de entrechos difíceis que isso de gramática já é muito, tratamento de linguagem e outras quejandas complicações são actos que podem prejudicar aquele simplíssimo encadear de letras miudinhas e é preciso não haver interferências difíceis para cérebros sem ouvidos. [...] É bem perigoso pertencer ao reino dos surdos quando acontece um 25 de abril. Agora formaram o partido dos surdos para lutar contra o analfabetismo porque é preciso que todos saibam ler letrinhas. Eles já não querem a velocidade das letrinhas, mas às letrinhas não renunciam. Para eles ser escritor é ser escritor de letrinhas. Quem escreve faz letras. Meus amigos, eu proponho a formação do partido dos não-surdos. E porque o meu lema é: contra a agressividade pela criatividade, acho que devemos contemplar generosa e caritativamente os membros do partido dos surdos com uma sopa de letras. É do que eles precisam, assimilação fisiológica da liberdade das letras dentro das sopas, para que, pelo sentido do paladar, compreendam a dimensão que como surdos jamais poderão entender. Demos-lhes a sopa de letras e que se vão em paz e descanso. Nós, depois do 25 de abril, reivindicamos o som, reivindicamos a voz da palavra. Abaixo os surdos, saneamento dos surdos. Dêem-nos a liberdade do melhor, lutemos contra a falsa democracia que eles impingiam exigindo o fácil para o Zé Povinho. Para todos o melhor! Todos têm direito ao melhor. Qualquer um tem direito ao melhor. [...] Demos tudo o que é melhor, sem censuras internas, sem falsos cuidados, tudo inteiro, palavras com som, a letra como som que representa, ou só o som. Som sem letra já chega. É a hora. Dêem-nos a TV. Queremos ser aedos e trovadores. É outro o tempo. (TAVARES, 1968, p. 28)

Como se pode ver, pelo menos duas questões já aventadas no âmbito deste texto reluzem no excerto transcrito: por um lado, evidencia-se, no campo específico da linguagem, uma, ainda que irônica, contundente reflexão sobre a economia sígnica que constitui o processo comunicativo – se o experimentalista brasileiro desejava ter "a imagem nua e crua que se vê na rua", os portugueses, na mesma direção, exigiam não apenas a libertação da palavra, mas a liberdade do SOM e da VOZ da palavra. Por outro lado, o fragmento transcrito, ao demarcar o 25 de abril como marco a partir do qual passaria a ser perigoso pertencer ao reino dos surdos, elabora uma reflexão que articula as duas pontas da problemática que ocuparia a ordem do dia para os experimentalistas portugueses a partir do contexto revolucionário: como articular uma pesquisa semiológica, voltada para um continuado achamento de novas modalidades de comunicação do fazer poético e, ao mesmo tempo, ser efetivamente parte de um corpo político em ebulição? Tendo em vista a cena literária no Portugal do início dos anos setenta e tendo em vista ainda mais especificamente as forças que culminaram com a Revolução dos Cravos e consubstanciaram o PREC, onde se situam as vanguardas experimentais?

Estas questões alimentaram os debates sobre o ser da literatura portuguesa antes, durante e depois do golpe militar de 25 de abril de 1974.

Desde a querela dos gêneros literários até as distinções – ou convergências – entre as "vanguardas ideológicas" e "as vanguardas literárias", intelectuais portugueses buscavam, no período, encontrar o sentido e o significado do ato artístico de criar na ambiência revolucionária de Portugal:

> Esse é o problema que se depara a qualquer escritor contemporâneo, que seja ao mesmo tempo "artista" e "homem de seu tempo", posição tanto mais aguda para um escritor português revolucionário, que terá de enfrentar plenamente o conflito dos elementos que conduzem a situações de grande complexidade, geradas, por um lado, pela ambiguidade natural da escrita, por outro, pelo seu caráter de solidariedade histórica. [...] Assim, a "alienação da história" e o "sonho da história" pesam gravemente sobre o escritor contemporâneo, empenhado na construção/destruição dum presente cuja incerteza ele talvez procure compensar pelo acto criador, pela produção do objecto estável, autónomo. Seria esse um dos aspectos que a necessidade de criar poderá ter adquirido na actualidade, e na dialéctica de ostentação e dissimulação implícita no acto da escrita, em que toda a imagem é, como diz Gaston Bachelard, um aumentativo psíquico, a imagem literária adquire o privilégio de agir como imagem e como ideia. [É o caso de *O ano de 1993*]. Esta obra que, escrita em 1974, se lê como um grito contra o estado de sítio da consciência em que viveram os portugueses, está marcada por uma experiência que não é só a dos últimos cinquenta anos mas a experiência milenária da luta contra a opressão. É um texto que, embora voltado nitidamente para o presente, aponta para o reiterado futuro, que se apresenta como uma montanha de destroços que "uma guerra do desprezo" não pode manter imóvel: é uma montanha que é preciso mover, talvez com uma fé que ainda não ouvimos falar, uma coragem desusada, sem desgaste. É assim que reencontramos o poeta na sua função histórica de "dinamizador da consciência pública", essa revolução permanente que nenhuma revolução dispensa.
> (HATHERLY, 1976, p. 87)

Note-se que ao resenhar *O ano de 1993*, livro de José Saramago escrito em 1974, no calor dos acontecimentos que culminaram com o golpe militar de 25 de abril, Hatherly traz para o centro da questão a presença do *telos* como ordenador tanto da "alienação histórica" quanto do "sonho da história". Para tanto, recorre a Barthes e a Bachelard. Ao primeiro para reconhecer na revolução a necessidade de extrair "do que quer destruir a própria imagem do que quer possuir" (Hatherly, 1976, p. 87); ao segundo para lembrar que

> Inventar ideias e imaginar imagens são proezas psicológicas muito diferentes. Não se inventam ideias sem retificar um passado. A imaginação poética é, verdadeiramente, *um instante* que se apreende mal se se quer colocá-lo na ilacerável continuidade de uma consciência bergsoniana. (Bachelard, 1990, p. 29, grifo nosso)

Como se pode ver, o postulado de Bachelard situa o instante como a ordem temporal que permite libertar o novo do velho, restaurando a condição surpreendente, aleatória e inesperada do acontecimento. Se Bachelard interessa a Ana Hatherly, provavelmente o participante mais vistoso do PO--EX em termos de uma elaboração teórica do movimento, isto certamente reforça, entre as vanguardas experimentais, a ideia de que "não é o ser que é novo num tempo uniforme, é o instante que, renovando-se, remete o ser à liberdade ou à oportunidade inicial do devir" (Bachelard, 2007, p .31).

E é exatamente em torno da "oportunidade inicial do devir" que serão configuradas, entre intelectuais portugueses, as diferenças de entendimento sobre o significado do 25 de abril e, mesmo, estabelecida a necessidade de inquirir sobre as diferenças entre vanguardas literárias e vanguardas ideológicas, conforme já aventado. A questão – tomada ainda em termos de sua superfície, na medida em que um aprofundamento deste aspecto demandaria um estudo que extrapolaria às vanguardas poéticas e diria respeito à história política de Portugal, tarefa à qual presentemente não se propõe este trabalho – diria respeito à relação que as vanguardas literárias teriam, tanto no âmbito da Revolução dos cravos quanto das guerras de descolonização – com a doutrina marxista e com o Partido Comunista Português.

Neste sentido, o Neo-Realismo seria o ponto de curva de um debate que pretendesse estabelecer os limites e continuidades entre as vanguardas de tipo político e aquelas outras, por assim dizer, apenas literárias. Em outros termos, se trataria de, ao refletir sobre a relação entre o PO-EX e a política portuguesa, fazer esta reflexão tendo em vista uma dupla dobra do problema, na medida em que se indaga tanto sobre o "terrorismo do signo", enquanto aspecto semiológico, quanto sobre a militância política enquanto aspecto remissivo aos acontecimentos que redundaram no 25 de abril.

O cotejar das fontes revela uma relativa tensão entre as "vanguardas literárias" e as "vanguardas políticas". Enquanto estas últimas se esforçam para simplificar o cenário, reduzindo tudo a apenas dois lados, as primeiras, em que pese o reconhecimento da existência de um universo multifacetado, no interior do qual é imperioso, ao mesmo tempo, fazer arte e política, se colocam como o Outro tanto do Neo-Realismo como do fascismo salazarista. Neste campo de tensão pode -se ouvir que os neo-realistas erigiram a consciência política portuguesa, tornando-se "grilos falantes" dessa consciência (RICCIARDI, 1999, p. 18), tanto quanto pode-se encontrar opiniões mais elaboradas como a de Eduardo Lourenço, para quem

> [...] não teria havido um 25 de abril como houve, se não houvesse facto de o partido comunista ser o único partido verdadeiramente militante e que pôs problemas ao regime salazarista em termos de poder e em termos de política, mas como tivesse sido ele o polarizador maior da resistência cultural a todo um sistema e que, directa ou indirectamente, as pessoas chamadas da oposição, ao longo das diversas gerações, quisessem ou não quisessem, sendo mesmo teoricamente opostas a certas posições, a certos aspectos da visão de mundo que nós chamamos marxista, a verdade é que das duas uma: ou se estava dentro do regime, consciente ou inconscientemente, ou se estava fora. E quando se tinha um mínimo de consciência desse "estar fora", desse "opôr--se, desse "não-querer" e de querer efectivamente terminar com o tipo de sociedade que ele representava, com o tipo

de opressão que ele representava, então, duma maneira ou doutra, estava-se na galáxia não direi marxista em sentido próprio, mas na galáxia que, para fins de ordem cultural, tomou o nome de Neo-Realismo. (Lourenço, 1999, p. 47)

A citação acima desafina com a ideia, já anunciada, de focar os aspectos micrológicos da história das vanguardas poéticas. Necessário, entretanto, a sua transcrição para sublinhar um dos aspectos que mais relevam no experimentalismo: a arte experimental não reconhece a arte e a política como dimensões distintas, ainda que colaborativas entre si, como no exemplo acima, tampouco preconizam ações criativas que não sejam, em si, partes de um processo mais amplo de pesquisa e proposição de novas modalidades de comunicação. Dizendo de outro modo: ao coincidir a pesquisa experimental com um "terrorismo do signo", os experimentalistas instauram a linguagem como o começo de todas as coisas, inclusive da política e de suas adjacências, como a classe, o Estado, a ideologia, etc. De uma maneira bastante distinta da apresentada acima, as vanguardas experimentais, livres do maniqueísmo que acaba por enquadrar, sempre de modo bipolar, as coisas em termos disto ou daquilo, afirmam que as ditaduras ("situações políticas de força") tendem a seccionar, em benefício delas mesmas, as vanguardas literárias e as vanguardas políticas.

Outra situação de força, provocando a rotura das vanguardas ideológica e literária, é a situação portuguesa na ditadura salazarista. Esta longa ditadura, impedindo durante várias gerações a evolução natural do povo nos setores da cultura e do acesso à informação, a par da repressão econômica e do impedimento da melhoria do nível geral da vida, criou condições ótimas para o florescimento duma "literatura" neo-realista, que aparecia com todas as virtudes (incontestáveis mas não literárias) da luta pela liberdade e de ser a voz do povo oprimido. Os verdadeiros problemas literários (de que se ocuparam as vanguardas literárias dos anos 40/50 e 60) foram relegados ideologicamente para uma espécie de *guetto*. Essas mesmas vanguardas literárias, no entanto, (a) não podiam ser salazaristas – por motivos óbvios; (b) não podiam ser neo-realistas – por específicas razões literárias, ou seja, da própria natureza de sua investigação, do modo de agir e da sua função; (c) não podiam alhear-se das pesquisas das vanguardas internacionais sem risco de se anularem a si próprias; (d) não podiam deixar de produzir e tentar fazer--se ouvir e intervir, tanto na vida portuguesa como no nível do intercâmbio internacional; (e) só podiam contar com um reduzido público que procurava estar informado; (f) tinham de forçar as barreiras do silêncio, da impreparação da desconfiança, do sectarismo, da ignorância e, ainda por cima, da censura salazarista/marcelista. (MELO E CASTRO, 1975, p. 9)

A apropriação destes fragmentos, esmaecidas as questões que digam respeito apenas à desdenhosa crença – entre experimentalistas como Melo e Castro – em que o Neo-Realismo representaria apenas uma vanguarda política, sendo desprovido de virtudes literárias, é útil à retomada de um dos aspectos do PO-EX que interessa centralmente a este trabalho evidenciar: enfrentando a censura policialesca de subjetividades reacionárias, estas muitas vezes aboletadas na máquina do Estado Novo salazarista, os experimentalistas portugueses, uns de forma mais outros de forma menos consciente, colocaram a pesquisa formal, voltada para o achamento de formas alternativas de comunicar o ato poético, como uma das dimensões da política entre as décadas de sessenta e oitenta do século passado. Para tanto, enfrentaram inúmeras e diferentes dificuldades, que iam desde a falta, óbvia, de políticas públicas para a cultura e as artes, até "o repto da pobreza e da escassez de meios que era parte do contexto sócio-económico português" (MELO E CASTRO, 1981, p. 12).

Mas, provavelmente, a maior dificuldade que a poesia experimental portuguesa enfrentou disse respeito à recepção da mesma, especialmente pela crítica literária circulante nos jornais diários de cidades como as de Lisboa e do Porto. Se por um lado o debate sobre os atributos e as implicações ideológicas da arte acabariam por favorecer um maniqueísmo que tendia à qualificação bipolar dos produtos culturais, por outro a pesquisa teórica e o cuidado formal, já demonstrados ao longo deste texto, acabariam por gerar uma tensão entre os experimentalistas e setores da intelectualidade portuguesa, especialmente aqueles ligados aos citados jornais diários. Ao final dos anos 1970, quando o PO-EX já completava duas décadas, Ana Hatherly se queixava

> [...] da falta de informação da parte já não mais do público mas dos "difusores da informação cultural", a que não se pode, na verdade e na maior parte dos casos, chamar críticos literários, pois para tanto não se encontrariam minima-mente preparados, credenciados, aptos e dotados, como se pode verificar duma observação da imprensa literária das últimas décadas. Há uma diferença importante entre a marginalização voluntária, desejada do autor de vanguarda e o ostracismo a que o sujeita um "meio cultural" baseado no desconhecimento, na preguiça, na recusa do esforço impli-cado em toda a tentativa de renovação; uma coisa é recusar por fundamentada oposição, outra é recusar por ignorância, pela acomodatícia razão de que "é mais seguro" o que se conhece – a rotina, o certificado pelo passado, pelo que o esforço (alheio) já feito decantou. Se o nosso temperamento português pôde ser definido como "temperado", talvez se devesse acrescentar que, pelo menos culturalmente, outros dois fatores intervêm para nos definir (e tolher): o medo e a preguiça. Medo de ousar (e a vanguarda é ousadia, a coragem de insurgir e contestar); medo do esforço (e a vanguarda é luta, perseverança na adversidade). Pelo medo (inclusive o tão apregoado medo do ridículo imputado aos portugueses como factor paralisante) chegamos a atingir situações de impotência absoluta e de absoluta intolerân-cia: inquisitoriais e intriguistas, a nossa "crítica" literária na imprensa foi por demasiadas vezes (quase sempre) uma área de difamação, insulta e galhofa – armas típicas do estilo pasquim de que com grande dificuldade tem vindo a libertar-se. (Hatherly, 1980, p. 45)

Se todo texto é contextualizado, "todo contexto é textualizado" (MUNSLOW, 2009, p. 43). Os experimentalistas portugueses, ao abrirem o flanco da poesia experimental e, com isso, abandonarem o humanismo dramático – caro às rimas em linha reta que seguem animando os saraus retrô aqui e alhures – em nome da prática visual, arrancaram a poesia da posição serena em que se encontrava, ancorada em verdades eternas como o amor, o Estado, a classe, a saudade, etc., para a transformarem em um problema de forma, de objeto e de fruição. Com isto, textualizaram o contexto salazarista.

Seria em torno da tríade composta pelos elementos forma-objeto--endereçamento/recepção, que os experimentalistas portugueses adotariam as primeiras experiências visuais, com as quais procuravam romper com a sisudez da poesia, admitindo-a como um objeto de jogo e brincadeira. Com isto, procuravam romper com as formas dominantes de pensamento através do oferecimento de novas alternativas de comunicação. Não obteriam, como se pôde ver na queixa transcrita de Hatherly, fácil aceitação. E do ponto de vista histórico isto encontra uma relativamente fácil explicação: até a década de 1960 a comunicação da arte com o público dava-se no interior de um acordo tácito marcado pela discursividade-linear-sequencial, esta por sua vez fundada nos códigos formais da língua e nos limites de uma gramática normativa (CASTELO BRANCO, 2005). As vanguardas experimentais, por sua vez, pesquisavam, descobriam e inventavam uma multiplicidade de linguagens – sonoro-visuais, gráfic/orais, dos gestos, dos objetos e dos não-objetos e, com isso, redefiniam não apenas os modos de endereçamento[52], mas também as estratégias de recepção.

Este acontecimento acabaria por formatar um novo acordo tácito entre produtores e consumidores de arte, deslocando de uma posição contemplativa este consumidor, que deixa de ser um "receptor passivo, agente que assiste a uma obra/processo/mensagem pré-definida e que tem

---

[52] Modo de endereçamento é uma noção que foi desenvolvida por teóricos do cinema mas tem sido largamente utilizada por antropólogos, historiadores e educadores. Ela tem a ver com a relação entre o *social* e o *individual*, remetendo ao interesse – e mesmo à dificuldade – em responder qual é a relação entre o texto – inclusive imagético – de uma obra de arte e o espectador.

de a descodificar nos códigos próprios cunhados pelo artista [e passa a ser] agente activo, *colaborador*, *co-criador* ou mesmo *conteúdo*" (Madeira, 2012, p. 3) da arte que consome.

O PO-EX, no sentido aqui apresentado, revela as inquietações de parcelas da juventude portuguesa de cidades como as de Lisboa e do Porto. Estas inquietações, por sua vez, encontram sentido nas condições existenciais no interior das quais estas parcelas juvenis adotavam/podiam adotar estratégias para o consumo de seu tempo. Isto porque, como apontado pela teoria social, "os usos que os jovens fazem dos seus tempos quotidianos [...] não podem ser separados do ordenamento social estruturante que os envolve e enforma" (Pais, 2003, p. 16). À noite salazarista que pairava sobre o país – síntese do ordenamento social estruturante –, à qual vinham se juntar outras condicionantes endógenas e exógenas, os experimentalistas responderam com uma complexificação do fazer poético, entre outras coisas tensionando o espaço entre conceito e sensibilidade. Venceram o "medo do ridículo imputado aos portugueses como factor paralisante" para romper com as linguagens poéticas até então prevalecentes e prospectar novas formas de comunicação da poesia.

Em 1980, quando o PO-EX completava duas décadas e apenas alguns de seus participantes ainda se mantinham no front, os organizadores da Exposição de Poesia Experimental Portuguesa, realizada nas dependências da Galeria de Arte Moderna, no Belém, em abril e maio daquele ano, ofereceriam um bom fechamento para o texto que ora se escreve:

MANIFESTO, não houve.
Houve e há uma poeprática que se transforma.
Foi o que se iniciou na década de 60.
É o que hoje se renova.
Tal como então experimentando na terra de ninguém – que é a nossa. Que é a nossa margem. A margem do interior das coisas: Do poetar. – Do representar. – Do saber: O NÚCLEO DO FAZER. COISA A FAZER-SE = POESIA. Vocação da voz. Versão do VER. Manutenção da MÃO. E se ontem desmontávamos e desmistificávamos os discursos – Fósseis do sistema – múmia (porque isso era preciso) hoje montamos e construímos percursos e espaços. (PO-EX.80, 1980, p. 1)

## REFERÊNCIAS BIBLIOGRÁFICAS

ARAGÃO, António. "Intervenção e Movimento". *Fundão*, Lisboa, p. 6, jun. 1965. Suplemento especial;

BACHELARD, Gaston. *Fragmentos de uma Poética do Fogo*. São Paulo: Brasiliense, 1990;

_____ *A Intuição do Instante*. Campinas: Versus, 2007;

BADIOU, Alain. "A Autonomia do Processo Estético". In: COELHO, Eduardo Prado (Sel. e Int.). *Estruturalismo: Antologia de Textos Teóricos*. Lisboa: Portugália Editora, 1968. pp. 397-413;

BARTHES, Roland. *O Rumor da Língua*. São Paulo: Martins Fontes, 2004;

CAMPOS, Haroldo de. *Teoria da Poesia Concreta: Textos Críticos e Manifestos: 1950-1960*. São Paulo: Livraria Duas Cidades, 1975;

CASTELO BRANCO, Edwar de A. *Todos os Dias de Paupéria: Torquato Neto e a Invenção da Tropicália*: São Paulo: Annablume, 2005;

_____ "Fazer ver o que vemos – Michel Foucault: por uma história diagnóstica do presente". *História Unisinos*. São Leopoldo, ano 11, v. 3, pp. 321-329, set./dez., 2007;

CERTEAU, Michel de. *A Escrita da História*. 2.ª ed. Rio de Janeiro: Forense, 2008;

COELHO, Eduardo Prado (Sel. e Int.). *Estruturalismo: Antologia de Textos Teóricos*. Lisboa: Portugália Editora, 1968;

DELEUZE, Gilles; GUATTARI, Félix. *O que é a Filosofia?*. Rio de Janeiro: Editora 34, 1992;

FOUCAULT, Michel. Entrevista a *La Quinzaine Literaire n.º 5*, de 15 de maio de 1966. In: COELHO, Eduardo Prado (Sel. e Int.) *Estruturalismo*: *Antologia de Textos Teóricos*. Lisboa: Portugália Editora, 1968. pp. 31-32;

HATHERLY, Ana. "Poesia experimental". In: HATHERLY, Ana.

*O Espaço Crítico: do Simbolismo à Vanguarda*. Lisboa: Editorial Caminho, 1979;

HATHERLY, Ana. "Poesia experimental". In: *Catálogo da Exposição de Poesia Experimental Portuguesa*. Lisboa: Galeria Nacional de Arte Moderna, 1980;

_____ *A Reinvenção da Leitura: Breve Ensaio Crítico Seguido de 19 Textos Visuais*. Lisboa: Ed. Futura, 1975;

_____ *O Espaço Crítico: do Simbolismo à Vanguarda*. Lisboa: Caminho, 1979;

_____ Recensão crítica a *O Ano de 1993*, de José Saramago. *Colóquio Letras*, Lisboa, ano 6, n.º 31, maio 1976;

LIMA, Luís Carlos. "Perguntar-se pela Escrita da História. Vária História". Belo Horizonte, v. 22, n.º 36, pp. 395-423, jul./dez., 2006;

LOURENÇO, Eduardo. "Uma Revisitação ao Neo-Realismo". In: Encontro Neo-Realismo: Reflexões sobre um Movimento, Perspectivas para um Museu, 1999. Vila Franca de Xira. *Anais...* Vila Franca de Xira: Museu Municipal do Neo-Realismo, 1999. pp. 35-47;

MACIEL, Luís Carlos. *Nova Consciência: Jornalismo Contracultural*: 1970-1972. Rio de Janeiro: Eldorado, 1973;

MADEIRA, Claudia. "Espetáculos com Gente Real". In: Congresso Português de Sociologia. 7, Porto. *Anais*. Porto: Associação Portuguesa de Sociologia/Universidade do Porto, 2012;

MARQUES, Cristina. "O Concretismo Brasileiro e a Poesia Experimental Portuguesa. Diálogos". *Revista de Estudos Culturais e da Contemporaneidade*. São Bernardo, ano 1, n.º 1, pp. 28-39, jan./jun. 2006;

MELO E CASTRO, Ernesto Manuel Geraldes de. "A Poesia Experimental Portuguesa". In: HATHERLY, Ana; MELO E CASTRO, Ernesto Manuel Geraldes de. *PO-EX: Textos Teóricos e Documentos da Poesia Experimental Portuguesa*. Lisboa: Moraes Editores, 1981. pp. 9-15;

_____ "Experimental em poesia: poesia experimental". In: *Catálogo da Exposição de Poesia Experimental Portuguesa*. Lisboa: Galeria Nacional de Arte Moderna, 1980;

_____ "O que pensa das relações entre os conceitos de 'Vanguarda ideológica' e 'Vanguarda literária' à luz da experiência actual?": Inquérito. *Colóquio Letras*, Lisboa, ano 5, n.º 23, pp. 8-11, jan. 1975;

MELO E CASTRO, Ernesto Manuel Geraldes de. "A Revolução DA Linguagem e a Linguagem da Revolução". In MELO E CASTRO, Ernesto Manuel Geraldes de. *O Fim Visual do Século XX e Outros Textos Críticos*. São Paulo: EDUSP 1993. pp. 62-64;

McLUHAN, Marshall; FIORI, Quentin. *War and Peace in the Global Village: an inventory of some of the current spastic situations that could be eliminated by more feedfordward*. New York: Bantam Books, 1968;

MUNSLOW, Alun. *Desconstruindo a História*. Petrópolis: Vozes, 2009;

PAIS, José Machado; BLASS, Leila Maria. *Tribos Urbanas: Produção Artística e Identidades*. São Paulo: Annablume, 2004;

_____ *Culturas Juvenis*. 2.ª ed. Lisboa: Imprensa Nacional/Casa da Moeda, 2003;

POESIA ou Morte: Texto de Abertura. Exposição de Poesia Experimental Portuguesa. PO.EX.80 – Galeria Nacional de Arte Moderna – Belém. Lisboa, abr./maio, 1980. p. 1;

QUEIROZ, Teresinha. "Imprevisíveis Significados". In: CASTELO BRANCO, Edwar de Alencar. *Todos os Dias de Paupéria: Torquato Neto e a Invenção da Tropicália*. São Paulo: Annablume, 2005. pp. 19-37;

RICCIARDI, Giovanni. "Saudação". In: Encontro Neo-Realismo: Reflexões Sobre Um Movimento, Perspectivas Para Um Museu, 1999. Vila Franca de Xira. *Anais...* Vila Franca de Xira: Museu Municipal do Neo-Realismo, 1999. pp. 17-18;

TAVARES, Salete. "Voz (vós?)". In: *Catálogo da Exposição de Poesia Experimental Portuguesa*. Lisboa: Galeria Nacional de Arte Moderna, 1980. pp. 28-30;

TORQUATO NETO. "Marcha à Revisão". In: PIRES, Paulo Roberto. *Torquatália: Obra Reunida de Torquato Neto*. V. I. Rio de Janeiro: Rocco, 2004, pp. 261-262;

# Capítulo 12

## GRAMMA E CHAPADA DO CORISCO: JORNALISMO ALTERNATIVO PIAUIENSE NA DÉCADA DE 1970[53]

Marcela Miranda Félix dos Reis

[53] Excerto da dissertação de mestrado orientada por Ana Regina Rêgo.

Entre 1964 e 1985, o Brasil foi palco de inúmeras mudanças de natureza política e, com a instauração de ditadura civil-militar os meios de comunicação sofreram transformações significativas. No jornalismo impresso, houve a difusão da imprensa alternativa, movimento que teve origem na década de 1960 e se espalhou por todo o país na década de 1970, sendo responsável pelo surgimento de inúmeras publicações dos mais diversos estilos e propostas.

Os jornais alternativos, como o próprio nome enuncia, compuseram narrativas diferenciadas em reação à "grande imprensa" e nasceram em um momento delicado da história do Brasil. A diversidade, a criatividade e a ousadia foram algumas de suas características.

Mas, afinal, o que foi o jornalismo alternativo no Brasil? E no Piauí, como ele se desenvolveu? Sendo um movimento plural, que perfis se destacam no Estado? Essas são algumas das indagações tomadas como ponto de partida para discussão no intuito de conhecer um pouco mais sobre esse movimento tão diverso e tão significativo para a história do Brasil.

Este artigo discute conceitualmente o que foi o jornalismo alternativo durante a ditadura civil-militar no Brasil, aborda os jornais alternativos locais que surgiram na década de 1970 no Piauí e apresenta os dois objetos eleitos para esta pesquisa: os jornais *Gramma* e *Chapada do Corisco*.

## Pluralidades do Jornalismo Alternativo

A imprensa alternativa vem sendo estudada desde a década 1980 por pesquisadores e instituições que buscam compreender a dimensão e os efeitos desse movimento que brotou em várias partes do mundo e que no Brasil teve início após o golpe militar em abril de 1964.

Plural e heterogêneo sua definição enfrenta obstáculos. São inúmeras as definições e as classificações que revelam a complexidade do movimento. A tentativa de conceituação inicia-se pela proposta da pesquisadora Leila Miccolis, que ao organizar o *Catálogo de Imprensa Alternativa* (1986) classificou os periódicos em nanicos[54], aqueles que eram mimeografados, com pequenas tiragens, de traço artesanal e alternativos; os tabloides, com tiragem maior, de médio porte, dotados de esquemas de produção e distribuição. A definição de Miccolis toma como base do movimento alternativo a resistência em sentido amplo.

Kucinski (2003) adotou como critérios de definição o discurso alternativo, o trabalho jornalístico e o grau de autonomia de cada periódico. Advoga que a palavra nanica foi atribuída por publicitários que a associavam ao tamanho dos jornais, geralmente pequenos, em formato tabloide e também por conta da imaturidade e falta de organização empresarial dos que os faziam. Já o termo alternativo é definido por Kucinski (2003, p. 14) como "algo que não está ligado a políticas dominantes" e que simbolizava o "desejo das gerações de 1960 e 1970, de protagonizar as transformações sociais que pregavam".

Segundo definição do Fórum de Mídias Alternativas da Argentina citada por Moraes (2008), a democratização da palavra e a informação são os objetivos maiores daqueles veículos que integram a comunicação alternativa, especificamente o jornalismo alternativo, cuja atuação ocorre no campo popular, independente tanto dos governos quanto de outras corporações. Além disso, teriam "um projeto de transformação social" (Moraes, 2008, p. 44).

---

[54] Segundo Braga (1991) a expressão "nanica" foi criada por João Antônio, quando publicou o artigo "Aviso aos nanicos" no Pasquim n.º 318, em 1975. Já a expressão "imprensa alternativa" foi lançada por Alberto Dines, em janeiro de 1976, também em uma publicação no Pasquim.

Para Araújo (2000), a imprensa alternativa ramifica-se em três linhas: a dos jornais de esquerda; a das revistas de contracultura que negavam os esquemas comerciais; e as publicações de movimentos sociais; "englobando nesse campo o movimento estudantil, os movimentos de bairro e, principalmente, um tipo específico de imprensa alternativa – aquela vinculada a grupos e movimentos de minorias políticas" (ARAÚJO, 2000, p. 21).

Apesar de heterogeneidade de propostas dos jornais alternativos, observa-se como denominadores comuns a oposição à ditadura civil-militar, a produção independente fugindo dos padrões seguidos pela grande imprensa e os ideais de resistência de tipos diversos – contraculturais, políticos, de grupos estigmatizados, no intuito de ensejar transformações sociais. Dentro desses parâmetros configuram-se as mais diversas publicações que compõem o pluralismo do jornalismo alternativo brasileiro.

Millôr Fernandes, um dos atores sociais desse movimento no Brasil, define essa imprensa pela vontade de produzir livremente, longe de coerções e padrões impostos pelo regime e pelas grandes mídias.

A imprensa alternativa a gente geralmente sempre vê como tabloide e como uma coisa feita marginalmente, fora do sistema industrial e fora do sistema de imprensa normal. Mas acredito que a imprensa alternativa, o espírito alternativo é realmente um estado de espírito, é realmente uma vocação intelectual e uma vocação psicológica de não se deixar envolver de maneira nenhuma pelas ideias que estão em torno de você e que tendem a tolher de você uma visão verdadeira do que está acontecendo. (FERNANDES, 1987, p. 12)

Esse caráter polêmico, contestatório e inovador consiste no diferencial dos jornais alternativos, que cativam públicos também heterogêneos. Segundo Kucinski (2003) o jornalismo alternativo tem suas fases no período da ditadura militar: inicialmente, como instrumento de resistência e num segundo momento, torna-se o espaço público de discussão rumo à abertura política.

Braga (1991, p. 236) aponta que a imprensa alternativa preenche um espaço vazio deixado pelas grandes empresas de comunicação: "[...] a repressão feita pelo regime sobre a imprensa em geral criou as condições nas quais estes jornais ocuparam um espaço deixado vazio pelo conformismo dos grandes jornais".

A imprensa nanica surge como crítica não só aos excessos da repressão militar, mas também à indústria cultural, permitindo repensar as relações comerciais e econômicas dos veículos propagadores de informação e também os ideais contra-hegemônicos. Segundo Kucinski (2003, p. 19), "havia entre as concepções vigentes uma forte inspiração gramsciana, entendendo os jornais como entidades autônomas, com o principal propósito de contribuir para a formação de uma consciência crítica nacional".

Na visão de Abreu (2002, p. 19) a imprensa alternativa "surgiu no momento em que se tornou visível o fracasso da luta armada, e foi através dela que muitos jornalistas, intelectuais e ex-militantes tentaram construir um espaço legal de resistência política, além de uma frente de trabalho alternativo à imprensa comercial". Muito mais que resistência política, a imprensa alternativa também representou minorias, revoluções culturais e comportamentais, anseios de uma parcela da sociedade que não se via representada pela grande imprensa e pelos ideais do regime militar.

No Piauí, a imprensa alternativa tem início na década de 1970, com o *Gramma* e outros jornais. Por volta de 1976, ainda defende os ideais do movimento, a exemplo do *Chapada do Corisco*.

### Contexto Local: Práticas Desviantes em uma Sociedade Tradicional

Segundo Certeau (2011), toda pesquisa historiográfica é articulada a partir de um lugar de produção sócio-econômico, político e cultural. Para ele, a história é produto de um lugar, é resultado de um conjunto de práticas.

Sob este prisma, no Piauí o clima era efervescente e a censura vigorava, o Estado realizava grandes obras como a construção de estradas, do estádio Albertão e reformas como a do Hospital Getúlio Vargas. A gestão modernizadora do engenheiro Alberto Silva lhe permitiu constituir uma imagem positiva. Tido como um "empreendedor", "tocador de obras" foi considerado um dos melhores governadores do período Médici. Segundo Fontineles (2009, p. 39) "[...] Alberto Silva conseguia obter o reconhecimento para suas ações administrativas até de oponentes, que embora o criticassem na segunda administração, reconheciam seus feitos durante seu primeiro governo".

Os jornais locais divulgavam as ações do governo federal como gestão que fomentava o desenvolvimento do país. O jornal *O Dia*, de 3 de janeiro de 1972, traz na capa, como a chamada principal Médici: agora somos um país ouvido e respeitado e em destaque um artigo com a mensagem em que Alberto Silva ressalta as ações desenvolvidas no ano de 1971 e o que planejava para o ano de 1972. Percebe-se que a ideia de progresso e bem-estar da população estava ligada somente a fatores de ordem econômica. No editorial intitulado Nova ordem do progresso são ressaltados os avanços que o país e o Estado do Piauí obtiveram no ano de 1971. Trecho da mensagem passa a ideia que o momento era positivo para o Piauí.

> O Piauí, contagiado por esse surto de prosperidade que assinalou o ano de 1971 no Brasil inteiro, apresentou um saldo acima das expectativas e passou a contar com o indispensável crédito dos demais estados refazendo-se dos prejuízos passados em que estava em grande descompasso com o desenvolvimento regional. Uma nova imagem surgiu e o seu progresso já é palpável. (SILVA, 1972)

Como enfatiza Braga (1991), o governo militar impõe um discurso que valoriza a estabilidade, a disciplina e o planejamento como fatores determinantes para o desenvolvimento econômico do país. A capacidade de aquisição de bens de consumo reforça o clima de otimismo, de crescimento, de progresso. Enquanto isso, os segmentos das artes, os meios de comunicação e outras instituições sofriam com a perseguição política.

Dando continuidade ao modelo de gestão que aliava a construção de grandes obras a um bom plano de marketing e publicidade, com apoio dos meios de comunicação, Dirceu Arcoverde segue os passos de Alberto Silva.

O mandato de Dirceu Arcoverde teve inicio no dia 15 de março de 1975 e também foi de certo modo benquisto pelos piauienses. Segundo José Lopes dos Santos (*apud* Fontineles, 2009, p. 40), "[...] o povo piauiense, de modo especial o teresinense, gostava do médico Dirceu Arcoverde, responsável por uma obra administrativa grandiosa, que todos aplaudiram, dotando a capital do Estado de vários e importantes melhoramentos". Ambas as gestões receberam forte apoio político do regime militar que prezava pela harmonia que não "deslegitimasse as diretrizes do movimento de 1964" (Fontineles, 2009, p. 46).

Na área cultural, surgem inúmeros movimentos artísticos que questionam a política, a economia, a sociedade e a cultura, numa tentativa de introduzir na sociedade desejos de mudança e coragem de lutar pela democracia. Nesse momento, uma camada da sociedade foi imprescindível para tais práticas. A juventude, com sua avidez, sede de cultura e de liberdade promoveu inúmeros movimentos para questionar o autoritarismo, a pobreza, a repressão cultural, dentre outros problemas existentes na época.

Como se sabe, a ditadura civil-militar agiu em diversas frentes buscando ter o controle de tudo e de todos. A música, a literatura, o teatro e outras atividades artísticas passaram a sofrer severo controle, causando indignação e suscitando reações.

> Nesse período, marcado por intensa captura social e renitente fuga identitária, o campo artístico experimentaria profundas rupturas, em diferentes frentes, gerando uma taxonomia que traria para o cenário público categorias como Poesia Concreta, Cinema Novo, Poema Processo, Tropicália e Poesia Marginal, entre outras. Essa reconfiguração, por sua vez, tendia historicamente a um reposicionamento do papel social da arte e dos artistas, chegando mesmo a forçar a constituição de um novo acordo tácito entre consumidores e produtores das obras de arte. (Castelo Branco, 2007, p. 178)

A juventude passou a lutar por um espaço na sociedade que lhe permitisse exprimir sua opinião, mesmo que esta contrariasse os padrões sociais. Os jovens usam de sua liberdade, de seus corpos e de suas mentes criativas para darem sentido e voz a um movimento de resistência à ordem e disciplina impostos pelo regime militar.

> [...] a década de 70 foi talvez a melhor fase para a arte piauiense. As produções nas diversas áreas eram constantes e bastante elaboradas, como as feitas pelos poetas da chamada GERAÇÃO MIMEÓGRAFO. Os anos 70 foram para a nossa música assim como foram os anos 60 para a MPB. (Brito, 2002, p. 60)

No Piauí, a juventude manifestava-se por meio da arte e da cultura fosse através da música, do cinema, da literatura ou dos impressos que questionavam a realidade.

> A produção cultural no Piauí era resultante de uma compulsão juvenil de muita vitalidade, que buscava resistir ao sufoco (e os seus reflexos) impostos pelos instrumentos repressivos do regime militar pós-64 e pós-68, que teve como contrapartida econômica o crescimento e o impulso modernizador do milagre econômico. (Bezerra, 1993, p. 11)

Essa juventude também experimentava o cinema marginal como resposta ao Cinema Novo e ao cinema de mercado da década de 1960. A produção era amadora, com poucos recursos financeiros, pautada pelos ideais contraculturais.

No Piauí, o cinema ganha adeptos e resulta em produções como *O Terror da Vermelha* (1972), *Davi Vai Guiar* (1972), *Miss Dora* (1974), *Coração Materno* (1974) utilizavam o super 8 (bitolas de oito milímetros) como estratégia de negação as grandes produções cinematográficas ancoradas por recursos tecnológicos de som e imagem custeados pelo mercado. Tais práticas ressignificam a linguagem, os espaços urbanos e as subjetivações desses atores sociais.

A implantação da televisão no Piauí por Walter Alencar, no início da década de 1970 marca do processo de modernização, introduz nova fonte de informação e entretenimento. Símbolo de poder, a televisão piauiense em sua fase inicial é marcadamente elitista, em virtudes altos preços cobrados pela aquisição dos aparelhos receptores, como também ferramenta para promoção do governo de Alberto Silva.

> Para muitos, a televisão viria aumentar a autoestima dos piauienses, atendendo às demandas de progresso impostas pelo tão propalado discurso de modernização em voga naquele momento. Nesse contexto, a TV Clube foi transformada em instrumento de promoção do governo Alberto Silva, na representação de uma imagem de mudança, de avanço e desenvolvimento, nos moldes do seu projeto político. (Santos, 2010, p. 65)

Além de divulgar os interesses governamentais, a televisão, em virtude do grande potencial publicitário tornou-se veiculo para promoção de bens de consumo. Por conta disso foi alvo de críticas dessa parcela da juventude que fugia dos ditames mercadológicos.

> Começava aí a servidão voluntária da família em frente da telinha, onde o país aparecia, graças ao milagre brasileiro, como uma ilha de tranquilidade, como dizia o presidente Emílio Garrastazu Médici, em março de 1973: "Sinto-me feliz, todas as noites, quando ligo a televisão para assistir ao jornal. Enquanto as notícias dão conta de greves, agitações, atentados e conflitos em várias partes do mundo, o Brasil marcha em paz, rumo ao desenvolvimento. É como se eu tomasse um tranquilizante, após um dia de trabalho". (Dias, 2003, p. 89)

Negando essa servidão, o aprisionamento das ideias e da expressão os jovens buscavam de diferentes maneiras fugir à regra. O corpo, as vestimentas, os movimentos marginais eram estratégias de resistência de uma cultura juvenil que desejava romper com os valores morais e éticos da época. "Nesta recusa contra a cultura dominante os jovens se esforçariam, especialmente, para entender e tensionar os limites da linguagem, impondo novos conceitos e significados e, inclusive, utilizando os próprios corpos como instrumento desta nova linguagem" (CASTELO BRANCO, 2005, p. 71).

Em Teresina, famílias conservadoras alimentavam preconceitos contra essa juventude que destoava dos demais por usar cabelos grandes, adotar uma moda unissex, sendo assim taxados de transgressores.

> Proibido de entrar em alguns bares e de frequentar determinados restaurantes, a sociedade conservadora estabeleceu um acordo tácito de combate ao "ser desviante" que se concretizava com o preconceito, a disciplina e aceitação de um regime de governo que se empenhasse na manutenção dos valores morais entendidos como regras de sociabilidade imutáveis. (LIMA, 2009, p. 144)

Nas escolas de Teresina, instituições usadas para manutenção da ordem e da disciplina, jovens sofriam retaliações por suas escolhas desviantes. Como ressalta Frederico Osanan Amorim Lima (2009, p. 144), "[...] diretores de colégios impediam a matrícula, permanência ou a entrada de alunos cabeludos nas suas escolas, utilizando a justificativa de que isso destruía a imagem do homem e o fazia parecer com o gênero oposto".

Esse preconceito revela a dificuldade que muitas famílias tinham de romper com posições conservadoras que até então eram tidos como os ideais para a sociedade. Nesse contexto ocorria a revolução cultural encabeçada pelos jovens, tida como uma geração aberta por mudanças e destemida, capaz de questionar, enfrentar e resistir aos padrões sociais vigentes na época, constantemente reafirmados pelo regime militar.

Em Teresina, o movimento *underground* assemelha-se à contracultura conforme discutida por Roszak (1972). Seus idealizadores questionam, negam e remodelam valores e práticas sociais em diversos segmentos – na música, no cinema, na imprensa, na literatura.

A cidade vivia, pois, sob os imperativos da ordem, do controle dos espaços e do comportamento da população como tentativa de civilizar a paisagem social e urbana. Nesse contexto, insurgem-se pelas ruas de Teresina jovens que desejavam, através da arte, fazer experimentações no campo da linguagem. (Brandão Junior, 2011, p. 44)

No jornalismo alternativo, os valores da contracultura fortaleceram o movimento, que respondia a censura imposta aos veículos de comunicação. Os jornais alternativos buscaram de várias formas exprimir o estado de indignação juvenil frente às situações de repressão e à falta de liberdade em uma sociedade sufocada pelo regime militar.

### O Jornalismo Alternativo no Piauí

Na década de 1970 em Teresina além dos jornais de grande circulação como *O Dia*, *O Estado*, *A Hora* e *Correio do Piauí* surgem pequenos jornais alternativos, marcados pela efervescência cultural e juvenil. Apresentaremos a trajetória de alguns jornais teresinenses, especialmente, *Gramma* e o *Chapada do Corisco*.

O jornal *Opinião*, lançado em 19 de março de 1970 sob a direção do professor José Camillo da Silveira Filho e tendo como chefe de redação Evandro Cunha e Silva. Veiculou uma página escrita pelos estudantes Durvalino Couto, Edmar Oliveira, Paulo José Cunha e Fátima Mesquita, marcando o início da difusão da imprensa alternativa na capital piauiense na década de 1970. Intitulada Comunicação, a página abordava assuntos diversos e trazia entrevistas como a de Torquato Neto e de Deusdeth Nunes – o Garrincha. Segundo Edmar Oliveira (2012, p. 1), apesar de "careta" o nome da página "era como se a cidade precisasse dessa palavra para poder entender o que estávamos querendo dizer". Oliveira convidado por Paulo José Cunha para colaborar no jornal, afirma que a página era feita à noite e continha cerca de três a quatro artigos. A proposta era atingir a juventude, tanto que muitos exemplares eram distribuídos nas escolas, leitores escreviam para o jornal e mesmo fã-clube surgiu em virtude da repercussão da página Comunicação. Em uma dessas escolas, Carlos Galvão conhece a proposta do periódico e passa a integrar a equipe.

A experiência no jornal *Opinião* serviu de estímulo para que futuros jornais fossem lançados por Durvalino Couto Filho, Edmar Oliveira e Paulo José Cunha.

Após a experiência do jornal *Opinião*, em junho de 1971 apareceu o jornal *Tribuna Democrática*, que circulava somente aos domingos, sob a responsabilidade de Herculano Moraes e gerência de Evandro Cunha e Silva. O jornal tinha como redatores Paulo B. Sá, Edmar Oliveira, Chico Viana, José Inácio, Willis Cavalcante e correspondentes Durvalino Couto Filho e Paulo José Cunha, que nesse período moravam em Brasília, onde cursavam Comunicação Social.

O *Gramma* foi lançado no dia 19 de fevereiro de 1972 e teve apenas duas edições, ambas com tiragem de mil exemplares. Foram impressos em mimeógrafo eletrônico em Brasília, por intermédio de Paulo José Cunha, que na época admirado pela inovação tecnológica brincava dizendo "cumpradre, se cuspir na folha sai" (OLIVEIRA, 2012, p. 1). A equipe de colaboradores do jornal era composta pelo cartunista Arnaldo Albuquerque, Paulo José Cunha, Carlos Galvão, Edmar Oliveira, Durvalino Couto Filho, Haroldo Barradas, Torquato Neto, Marcos Igreja, Francisco Pereira, Geraldo Borges, Rubem Gordo e Antônio Noronha Filho.

O jornal apareceu causando controvérsias. A começar pelo nome, visto pela Polícia Federal como uma alusão ao *Granma* de Cuba[55]. Albuquerque (2006) afirma que a relação com o nome do periódico cubano era proposital, porém Edmar Oliveira ressalta que a escrita com dois "M" foi tão somente um recurso para o nome ficar diferente e essa escolha deveu-se ao fato de os jovens reunirem-se todas as tardes na praça da Igreja São Benedito, onde sentados na grama tiveram a ideia de fazer o jornal.

---

[55] Jornal oficial do Partido Comunista cubano. Fundado em 3 de outubro de 1965, era porta voz das ações do governo de Fidel Castro. em circulação até hoje nas versões impressa e *on line*, inclusive em outros idiomas, como inglês, francês, italiano, alemão, espanhol e português.

Alusivo ou não ao periódico cubano, fato é que após o lançamento do jornal no bar Gellati, a Polícia Federal intimou seus responsáveis e no dia seguinte Edmar Oliveira e Durvalino Couto Filho compareceram a sede da Polícia para explicações. Interrogados, surpreenderam-se porque a PF considerava que nome aludia ao jornal cubano e que uma ilustração, que incluía a frase de Olavo Bilac, "Nunca haverá um país como este", feita para fechar a última pagina era uma crítica ao Congresso Nacional.

Na Polícia Federal fomos perguntados por que tínhamos desenhado o Congresso Nacional de cabeça para baixo, por que tínhamos insinuado que o país tinha sido vendido para a coca-cola, por que considerávamos o país um lixo, o que nós sabíamos de Cuba, de Fidel Castro, do Comunismo, entre outras perguntas capciosas e burras. A história do Congresso Nacional de cabeça pra baixo é porque o Arnaldo colocou dois traços brancos, dividindo a estrada no meio. Com muita imaginação, e isso a Polícia Federal tinha de sobra, ficou parecendo o Congresso na situação descrita por ele. Claro que negamos tudo. Em contrapartida, tivemos uma das maiores lições sobre Cuba, Fidel Castro, comunismo, e de quebra, pegamos no *Granma* cubano, que só sabíamos da existência por meio de informações precárias. Explicamos que o nosso jornal era de poesia e arte. Eles fingiram acreditar e nos liberaram. Era só sugesta, comum naqueles tempos ditatoriais. (Couto Filho *apud* Kruel, 2008, p. 85)

Essa intervenção da polícia não impediu que o jornal circulasse e ninguém foi preso ou punido. Essas ações tinham o interesse em controlar o que estava circulando nas ruas e também deixar claro para os organizadores do jornal que a polícia estava monitorando o periódico. Oliveira (2012) lembra que depois desse episódio a PF continuou acompanhando a vida dos colaboradores e cartas trocadas entre eles eram apreendidas. Em 1972, Durvalino Couto Filho e Paulo José Cunha moravam em Brasília e Carlos Galvão estava no Rio de Janeiro. Essa apreensão de correspondências funcionava como um meio de intimidá-los, mas não surtia tanto efeito.

A primeira edição do *Gramma* teve repercussão positiva e calorosa. No jornal *O Dia*, na edição correspondente aos dias 20 e 21 de fevereiro de 1972, na coluna Fatos em destaque, assinada por Helmano Neto, o periódico é elogiado pela proposta gráfica e editorial.

> Os redatores do jornal *Gramma* confessam que "fazer jornal no Piauí é desdobrar fibra por fibra o coração", mas nem por isto estão desanimados e oferecem na primeira edição uma imagem gráfica diferente, mas de boa apresentação. Também constatei a participação do extraordinário Garrincha na primeira edição do *Gramma*. (HELMANO NETO, 1972)

O jornal *Rolling Stone* também citou o *Gramma* em uma de suas edições, definindo a iniciativa da "rapaziada do Piauí" como um "tremendo barato". Nos suplementos, *Estado Interessante* e *Hora Fa-tal*, o *Gramma* também foi mencionado.

O *Gramma* era feito sem nenhum planejamento. Os colaboradores reuniam-se na casa de um ou de outro, não dispunham de recursos financeiros, materiais e nem de um plano de divulgação e distribuição. Não havia hierarquia e cada um escrevia o que pretendia. Oliveira (2012) lembra que a página intitulada Leitura caracterizada por ele como "fascista", trazia "não leia" o que mostrava o quanto eles queriam ser provocativos: "A gente nem tinha lido o *Tombador*, um belo livro, equívoco absurdo, mas a gente era tão p. com o *stablishment* daquele momento, que dizemos para não ler Fontes Ibiapina. Pra nós ele representava o *stablishment*, o poder".

O intuito do jornal era chamar a atenção da sociedade, principalmente dos jovens, para questões culturais e políticas, e mostrar que não eram alinhados ao regime militar. Arnaldo Albuquerque (2006) que também fez parte da equipe do *Gramma* afirma "[...] nosso ego era muito excitado, nós nos sentíamos o máximo porque a gente fazia muitas críticas, éramos bem provocativos". Para Oliveira (2012, p. 2), "[...] a gente queria fazer um jornal que nem a censura entendesse dele, não era para estar explícito quem está fazendo alguma coisa contra ninguém, era para deixar dar nó nessa coisa da Polícia, que era a ditadura militar".

Oliveira definiu o *Gramma* como um jornal anárquico-cultural. Os colaboradores grupo não possuíam ligações com nenhum grupo político e nem tinham pretensões de se manter financeiramente à custa do jornal, "Aquilo era a expressão daquilo que tínhamos na alma, e ela tinha que ser muito livre" enfatiza Oliveira (2012, p. 2).

Após o lançamento da primeira edição do *Gramma*, novos projetos pessoais surgiram e a segunda edição demora a sair. Edmar Oliveira e Haroldo Barradas continuavam o curso de Medicina, Carlos Galvão tentava carreira artística no Rio de Janeiro, Paulo José Cunha e Durvalino Couto Filho dedicavam-se ao curso de Comunicação Social em Brasília e Arnaldo Albuquerque continuava trabalhando no jornal *O Dia*.

Em 25 de março de 1972 surge o suplemento dominical *Estado Interessante* do jornal *O Estado*. Escrito por Paulo José Cunha, Edmar Oliveira, Durvalino Couto Filho, Antonio Noronha Filho, Marcos Igreja, Arnaldo Albuquerque, Alberoni Lemos e Carlos Galvão, o encarte vem como uma resposta ao *Gramma* lançado no mês anterior.

Oliveira (2012) explica o porquê do nome do suplemento: "Arnaldo genialmente desenha uma grávida, que se chamava naquela época de estado interessante. Então pensamos, vamos engravidar a cultura e passamos a fazer essa folha, dessa gravidez cultural, em um jornal de grande circulação". O suplemento teve 15 edições e circulou até 16 de julho de 1972.

Depois do *Estado Interessante*, Edmar Oliveira, Durvalino Couto Filho e Paulo José Cunha rompem com o dono do jornal *O Estado* e resolvem fundar o suplemento *A Hora Fa-tal*, encartado no jornal *A Hora*, de propriedade de Paulo Henrique de Araújo Lima. Em termos do próprio Oliveira (2012) "*A Hora Fa-tal* é filha do *Estado Interessante*".

A primeira edição do jornal traz em sua capa dois textos que dialogam com proposta do movimento da imprensa alternativa, no sentido de reafirmação da prática e referenciação ao *Gramma*. O primeiro de autoria de Torquato Neto, traça um panorama do jornalismo alternativo no país, da comunicação entre jornais, dos quais cita *Gramma*, *Presença*, *Flor do Mal*, *Tribo*, Verbo *Encantado*. Faz referência às pessoas à frente movimento, e sua louvação "[...] viva a rapaziada – inventar jornais – ninguém vai esperar por condições ideais – o negócio é não parar – quem para consente – taqui mais um – vai como vai, vamos lá"

(TORQUATO NETO, 1972, p. 1). O momento, como frisa Torquato Neto, é particular, efervescente e a difusão de jornais em várias partes do país representava uma voz dissidente que "desafina o coro dos contentes" e que não pode desanimar.

O segundo texto, Cada macaco no seu galho, de Carlos Galvão fala da imprensa juvenil piauiense e do que ela se propõe a fazer:

> [...] o jornalismo que a gente imagina tem um gosto fatal e suicida. A gente sente o abismo a frente, a um passo, justamente o passo que se almeja dar. E plantam as coisas do agora, do momento. GRAMMA chegou, rodou, piruou e foi. E foi alguma coisa de alguma coisa. E foi um pouco de tudo de cada um. E foi um grito (me permitam) uníssono embora composto (pode?) de vozes diferentes. (GALVÃO, 1972, p. 1)

Galvão (1972, p. 1) reconhece as subordinações do jornalismo local, os valores divergentes e que a prática da imprensa alternativa incomodava: "A lamparina que alumia este nosso academicóide jornalismo, de há muito precisa querozene. E é a esse apelo incontido de burrice que ocorrem os picaretóides da terra. Alimentando, pondo mais alento ao farol da idiotice piauiense". Acerca da publicação de uma segunda edição do *Gramma*: "[...] mais dia menos dia estaremos brotando de novo" e ainda fala dos riscos de perseguição e censura, e "só me arrisco a levar dois tapas".

No dia 10 de novembro, a equipe do *Gramma* recebe a notícia do suicídio de Torquato Neto e decide lançar a tão esperada e anunciada segunda edição do jornal em homenagem ao poeta. Segundo Oliveira (2012, p. 2), "tivemos a morte de Torquato como uma coisa sem saída. A ditadura naquele tempo não se apresentava pra gente como se fosse acabar. Por isso estávamos gritando".

Para Oliveira (2012) ao contrario do que ocorreu com a primeira edição do *Gramma*, a segunda foi um desastre. A equipe já não estava sintonizada e houve desencontros e desentendimentos. Essa desarmonia, do seu ponto de vista, fez com que o *Gramma* não atingisse a mesma proposta da edição anterior.

Contudo ela saiu, em novembro de 1972, com aproximadamente 22 páginas. Uma foto de duas crianças mexendo numa lata de lixo ilustrando a capa e um anexo, marca-página, com a palavra MANQUEM-SE. Conforme expediente, a segunda edição incorporou colaboradores de várias estados como Pernambuco e Bahia, e um patrocínio Piauí Laticínios S/A para custeio da publicação.

Encerrava-se na emblemática segunda edição, a trajetória do jornal alternativo piauiense *Gramma*. Sobre esse fim Oliveira (2012, p. 2) pontua: "a gente queria fazer aquilo que a gente fez e pronto, acabou, não tem mais pra onde ir. [...] naquela época éramos estudantes e cada um tinha que seguir seu rumo".

O periódico alternativo *Chapada do Corisco* surgiu anos depois, em setembro de 1976 e durou cerca de nove meses. Impresso em linotipo com uma tiragem de mil a dois mil exemplares cada edição, a equipe do jornal era composta por Albert Piauí, Paulo Henrique Machado, Dodó Macedo (cartunista), Assaí Campelo, Jorge Riso (fotógrafo), João de Lima (cineasta), Arnaldo Albuquerque (cartunista), Fábio Torres (ilustrador), Alberoni Lemos, Lapi (colaborador do Rio de Janeiro), João Antônio (colaborador do Rio de Janeiro) e Wander Piroli (colaborador de Minas Gerais).Cineas Santos (2007), idealizador do jornal ressalta que na época havia muitos jornais alternativos no Brasil: "[...] havia o jornal *De fato*, o *Co-jornal* do Rio Grande do Sul, *Selva* no Acre, *O Pasquim*. Com esses jornais havia um intercâmbio, nós mandávamos exemplares e recebíamos deles". A motivação para a criação do jornal resultou do momento histórico "[...] a gente vivia o regime militar, havia a imprensa grande que não noticiava o que interessava pra gente e aí veio essa febre de jornais, como o João Antônio chamava de 'jornais nanicos', um movimento de época mesmo ligado à conjuntura política, cultural do país".

O nome do jornal faz menção a uma característica de Teresina, cujo território também chamavam de Chapada do Corisco. Por conta da localização geográfica, a cidade recebia forte incidência de raios, trovoadas e faíscas durante o período de chuvas, o que deu origem à nomenclatura *Chapada do Corisco*.

O jornal contém poesias, contos, matérias sobre a cidade, entrevistas, charges, cartuns, cultura e publicidade de pequenos anunciantes. Um dos traços característicos dos dois jornais é justamente a forte presença de imagens, sejam cartuns, charges, desenhos, geralmente eram feitas por Arnaldo Albuquerque e Albert Piauí.

Segundo Cineas Santos (2007, p. 1), a relação do periódico com outros meios de comunicação não era boa. "Os jornais, via de regra, sacaneavam conosco. O Pompílio Santos escreveu uma vez um editorial dizendo que o jornal era um conservador, alienado, que o nome do jornal devia ser Corisco na Chapada e não Chapada do Corisco, até o nome era ruim".

Contudo era bem recebido por outros jornais alternativos, como o *Pasquim*, do Rio de Janeiro. "O *Pasquim* foi muito generoso conosco, escreveu uma resenha para o nosso jornal, uma coluna inteira com o jornal *Chapada do Corisco*. O Henfil era muito legal conosco" (Santos, 2007).

As maiores dificuldades do jornal eram financeiras e estruturais, não dispunham de local de trabalho adequado e verbas, quem financiava o jornal era o próprio Cineas Santos. Segundo ele, o jornal dava prejuízo, por isso não teve condições de dar continuidade. A impressão era feita na gráfica Prelo e a diagramação, capa e algumas ilustrações quem fazia era Albert Piauí manualmente.

Uma das marcas do *Chapada do Corisco* é a diversidade e grande quantidade de colaboradores. Mesmo não havendo uma organização empresarial, uma estrutura jornalística que instituísse um papel para cada colaborador, editoria e pautas, o jornal conseguia produzir matérias de interesses diversos, assemelhando-se ao padrão jornalístico dos grandes jornais.

Apesar de a polícia por vezes questionar as produções do jornal, em momento algum sofreu repressões severas ou teve o material censurado, impedido de circular. Cineas Santos relata como acontecia a intervenção da polícia:

O jornal até tinha muitos problemas com a censura, toda vez que o jornal saía a polícia federal ia lá em casa me procurar. A pergunta sempre era a mesma: quem bancava o jornal? Quem estava se escondendo sob o pseudônimo de Chicote? E queria até saber quem se escondia com o pseudônimo

Wander Piroli, eles achavam que Wander Piroli não era nome
do autor e sim um pseudônimo e então tinha problemas.
(SANTOS, C., 2007, p. 1)

Em resposta à censura imposta ao veiculo tinha-se o *feedback*
dos leitores que mandavam cartas, comunicavam-se com o jornal. Na
edição número 8, a carta do leitor José Louzeiro do Rio de Janeiro
chamava atenção.

> Caro amigo Cineas Santos:
> Recebi e agradeço pelo *Chapada do Corisco*. É uma boa.
> Quem não tem cão caça com gato. O importante é não
> seguir o exemplo dos acovardados, dos intelectuais a serviço
> do sistema, que vivem de braços cruzados e reclamando da
> vida, embora um tanto envergonhados[...]. Achei um ótimo
> tabloide. Gostei especialmente da matéria com o Garrincha,
> a do Jorge Baleeiro falando de gente nordestina aqui por
> essas lonjuras, do minidrama de Fontes Ibiapina, da luta
> pela profissionalização dos músicos... Não fica nada a dever
> ao *Pasquim*, *O Bicho*, *Bagaço* e tantos mais. (CHAPADA DO
> CORISCO, 1977, p. 15)

A carta do leitor revela um amadurecimento da proposta do movimento do jornalismo alternativo, uma distinção clara entre jornais alinhados
e opositores, a abrangência que o *Chapada do Corisco* atingiu na época
recebendo carta de leitores de outros estados, assim como também mostra
a veiculação de posicionamentos mais firmes e críticos ao regime militar.

Marcados por momentos diferentes na década de 1970, *Gramma*
e *Chapada do Corisco* carregam em si semelhanças e diferenças. Com
uma proposta mais jornalística o *Chapada do Corisco* não trazia em suas
páginas ideais contraculturais, contudo abusava do uso de charges, cartuns,
quadrinhos e caricaturas para criticar a falta de liberdade de expressão, o
autoritarismo do governo militar e os problemas sociais daquele momento
histórico. Ambos valorizam questões culturais, visto como o meio de se
alcançar uma sociedade mais participativa.

## As Peculiaridades dos Jornais

Marcadamente inovadoras, as atuações dos jornais *Gramma* e *Chapada do Corisco* representam novas práticas do fazer jornalístico em Teresina. Frutos do contexto e da coragem desses atores sociais, tais veículos fizeram parte de um movimento maior, o jornalismo alternativo, do período da ditadura civil-militar brasileira.

A censura que limitou por bastante tempo a prática jornalística foi um dos elementos que motivou o surgimento dos jornais alternativos, mas não o principal. Como se pode perceber, o *Gramma* teve como motivação maior a necessidade que o grupo tinha de ser porta voz dos seus ideais contraculturais, de ter o próprio jornal que pudesse ser feito ao modo deles, e assim abordar assuntos de interesse do grupo. Isso graças à experiência adquirida em outros jornais de Teresina e contato com os periódicos de outros estados, que lhes apresentaram estilos diferenciados e inspiração para criação dos jornais, no intuito de fortalecer o movimento.

Ambos fazem uso de elementos gráficos que os enriquecem e os tornam mais atrativos. O uso das imagens permitiu que muitas mensagens ultrapassassem as barreiras da censura e chegassem ao leitor de forma leve, descontraída e acima de tudo, informativa. Os jornais alternativos utilizaram muitos recursos, seja pelo traço, pelo texto ou pela diagramação. Mesmo sendo produções que não dispunham de recursos financeiros como os grandes jornais, possuíam algo que as enriquecia, o conteúdo, a criatividade e sensibilidade.

O *Gramma* foi um jornal simples, sem sofisticação, voltado para um público jovem, que fazia um contraponto com os demais meios impressos de comunicação. Ao abordar assuntos não veiculados pelas grandes mídias oferecia ao publico uma opção de leitura diferenciada. O discurso, ao negar e criticar o jornalismo "oficial", ao questionar o poder autoritário do regime militar, as normas, os gostos e comportamentos instituídos pelas camadas sociais que se viam como detentoras da boa moral e dos bons costumes, remetia-se ao discurso do outro. Assim, sua construção discursiva rebatia o discurso tradicional.

O *Chapada do Corisco* possuía formato diferenciado do *Gramma* quanto aos padrões estéticos adotados. Com uma proposta mais jornalística, seu ponto de resistência foi o uso excessivo de charges, cartuns, quadrinhos e caricaturas. As matérias de enfoque social revelavam o compromisso ético e social do jornal com os problemas da cidade e o interesse em expandir o público e crescer estruturalmente. Fruto de uma censura que limitava a expressão dos grandes jornais, o *Chapada do Corisco* surgiu também do interesse e da paixão dos colaboradores em criar um jornal em que pudessem denunciar, informar e criticar.

Como se pode perceber, os dois jornais analisados carregam traços do movimento alternativo, mas trazem também diferenças no modo como constituem a noção de resistência. Ambos estão inseridos em contextos conflituosos, de endurecimento do regime militar, nos governos de Médici e Geisel. Entretanto nos anos de chumbo, período de circulação do *Gramma*, não se tinha esperança e expectativas quanto ao fim da ditadura, vivia-se o auge do autoritarismo, enquanto que na época do *Chapada do Corisco* já se falava em abertura política, em redemocratização, já se tinha plena consciência dos estragos causados pela censura exacerbada, e esses temas já eram abordados, inclusive visualmente.

Nos jornais, textos e imagens dialogam entre si. Esse caráter polifônico traz marcado nos jornais a resistência como um elemento capaz de promover mudanças na sociedade, seja no âmbito comportamental e cultural, como proposto pelo *Gramma*, seja nos espaços da política, da economia e social, caso do *Chapada do Corisco*. Apesar de circularem em contextos diferentes, e apresentarem construções diferenciadas da noção de resistência, ambos acreditavam no poder do discurso dos jornais, como fator de mudança e transformação.

# Referências Bibliográficas

ABREU, Alzira Alves de. *A Modernização da Imprensa: 1970-2000*. Rio de Janeiro: Jorge Zahar, 2002;

ALBUQUERQUE, Arnaldo. Entrevista concedida à Marcela Miranda Félix dos Reis. Teresina, jun. 2006. 1 cassete sonoro;

ARAÚJO, Maria Paulo Nascimento. *A Utopia Fragmentada: as Novas Esquerdas no Brasil e no Mundo na Década de 1970*. Rio de Janeiro: FGV, 2000;

BEZERRA, José Pereira. *Anos 70: Por Que Essa Lâmina nas Palavras?* Teresina: Fundação Cultural Monsenhor Chaves, 1993;

BRAGA, José Luiz. *Pasquim e os Anos 70: Mais pra Epa do que pra Oba*. Brasília: UNB, 1991;

BRANDÃO JÚNIOR, Ernani José. *Um Formigueiro sobre a Grama: A Produção Histórica da Subjetividade Underground em Teresina-Pi na Década de 1970*. 2011. 188f. Dissertação de História do Brasil – Universidade Federal do Piauí, Teresina;

BRITO, Geraldo Brito. "Música no Piauí: Anos 60, Anos 70". *Cadernos de Teresina*. Teresina, ano 14, n.º 34, nov. 2002. pp. 54-61;

CASTELO BRANCO, Edwar de Alencar. Castelo. *Todos os Dias de Paupéria: Torquato Neto e a Invenção da Tropicália*. São Paulo: Annablume, 2005;

CERTEAU, Michel de. *A Escrita da História*. Rio de Janeiro: Forense, 2011;

*CHAPADA DO CORISCO*, Teresina, ano 1, n.º 0, set. 1976;

_____, Teresina, ano 1, n.º 5, 1976;

DIAS, Lucy. *Anos 70: Enquanto Corria a Barca*. São Paulo: Senac, 2003;

FERNANDES, Millôr. "Imprensa alternativa: histórico e desdobramentos: a literatura na imprensa alternativa dos anos 70/80". In: *Imprensa Alternativa & Literatura: os Anos de Resistência*. Rio de Janeiro: RIOARTE, 1987;

FONTINELES, Cláudia Cristina da Silva. *O Recinto do Elogio e da Crítica: Maneiras de Durar de Alberto Silva na Memória e na História do Piauí*. 2009. 376f. Tese de Doutorado – Universidade Federal de Pernambuco, Recife;

GALVÃO, Carlos. "Cada macaco no seu galho". *A Hora*, Teresina, jun. 1972. Suplemento *Hora Fa-tal*;

*GRAMMA*. Teresina – Piauí, ano 1, n.º 1, 1972;

_____ Teresina – Piauí, ano 1, n.º 2, 1972;

KRUEL, Kenard. *Torquato Neto ou a Carne Seca é Servida*. Teresina: Zodíaco, 2008;

KUCINSKI, Bernardo. *Jornalistas e Revolucionários: Nos Tempos da Imprensa Alternativa*. São Paulo: USP, 2003;

LIMA, Frederico Osanan Amorim. "A contracultura piauiense dos anos 1970". In: CASTELO BRANCO, Edwar de Alencar (Org.). *História Cinema e outras Imagens Juvenis*. Teresina: EDUFPI, 2009. pp. 143-150;

MICCOLIS, Leila (Org.). *Catálogo de Imprensa Alternativa*. Rio de Janeiro: RIOARTE, 1986;

MORAES, Dênis de. "Comunicação alternativa em rede e difusão contra-hegemônica". In: COUTINHO, Eduardo Granja (Org.). *Comunicação e Contra-Hegemonia*. Rio de Janeiro: UFRJ, 2008. pp. 39-64;T

ORQUATO NETO. "Pezinho pra dentro, pezinho pra fora". *A Hora*, Teresina, jun. 1972. Suplemento *Hora Fa-tal*;

OLIVEIRA, Edmar. *Uma Conversa sobre o Gramma*. Rio de Janeiro, out. 2012. Arquivo digital. Entrevista concedida à Marcela Miranda Félix dos Reis;

OLIVEIRA, João Henrique de Castro de. *Do Underground Brotam Flores do Mal: Anarquismo e Contracultura na Imprensa Alternativa Brasileira (1962-1992)*. 2007. 216f. Dissertação de Mestrado em História Social – Universidade Federal Fluminense, Niterói;

ROSZAK, Theodore. *A Contracultura*. Petrópolis: Vozes, 1972;

SANTOS, Cineas. *Sobre o Jornal Chapada do Corisco*. Teresina, jan. 2007. 1 cassete sonoro. Entrevista concedida à Marcela Miranda Félix dos Reis;

SANTOS, Maria Lindalva da Silva. *A Força de um Ideal: História e Memória DA Primeira TV Piauiense*. 2010. 138f. Dissertação de História do Brasil – Universidade Federal do Piauí, Teresina;

SILVA, Alberto. "Mensagem do governador". *O Dia*, Teresina, ano 1, n.º 3.502, p. 1, 03 jan. 1972;

# Capítulo 13

## CADA PALAVRA GUARDA UMA CILADA: CONTRACULTURA E CIDADE NA IMPRENSA ALTERNATIVA TERESINENSE DA DÉCADA DE 1970

Laura Brandão

Mundialmente, a efervescência social juvenil das décadas de 1960 e 1970 favoreceu importantes alterações nos paradigmas referentes à política e à cultura, promovendo, o redimensionar do campo de contestação socio-política. Durante os anos 60 a arte foi amplamente utilizada para tentar conscientizar as massas consideradas alienadas por parte dos intelectuais de esquerda. Entretanto, a crescente influência de formas juvenis de subversão dos arquétipos tradicionais de se pensar a política incorporou novos modelos de contestação e gestou um redimensionamento do que vinha a ser o político.

A imprensa alternativa, que emergiu no Brasil durante o fim da década de 1960 e início da década de 1970 e se prolongou, enquanto um fenômeno juvenil e contracultural, até a década seguinte, integra o repertório de ações juvenis que deslocam o campo de intervenção política para o cotidiano e para as ações microscópicas. Em todas as regiões do país foram registrados jornais e revistas que não seguiam as normas de edição, publicação e distribuição da grande imprensa, tratando-se, portanto, de um movimento generalizado, porém não uniforme. Salvo algumas especificidades, esse tipo de jornal destoava do discurso da imprensa de circulação aberta, que era na época maciçamente alinhada ao discurso militar ou quando não, era constantemente censurada pelos mecanismos desenvolvidos pelo Estado Autoritário. Houve o que Bernardo Kucinski (1991, p. 14) considera um surto produtivo no Brasil no que diz respeito a jornais de cunho juvenil, anti-estético e contracultural.

O jornalismo alternativo redimensionou os padrões dominantes de emissão e de recepção e preocupou-se em destacar sua condição à margem das grandes iniciativas da imprensa aberta, superando a concepção de política em termos apenas partidários. Para Sérgio Camparelli, a imprensa alternativa caracteriza estabelecer uma relação de complementaridade entre dois lados de interesse: o produtor e o consumidor. Segundo o autor "não contente com a imprensa tradicional, se propõe elaborar ele mesmo seu produto. E do ponto de vista do consumidor: [...] que no mercado capitalista das ideias tem opção a uma maior diversidade de conteúdos, fugindo ao monopólio dos grandes grupos que reforçam o *status quo*" (Camparelli, 1996, p. 45).

O jornalismo no Brasil passava por um de seus momentos mais conturbados. Durante a Ditadura Civil-Militar foram criados órgãos do governo com o intuito de garantir a ordem desejada e os interesses da direita. A imprensa foi um dos principais alvos da censura durante o governo autoritário instaurado em 1964 e assumiu múltiplas formas: a lei da imprensa de 1967, presença de censores dentro das redações dos jornais, a censura prévia, a autocensura e o recolhimento ou proibição de materiais considerados subversivos. Parte dos jornalistas que se recusaram a aceitar o cerceamento de suas liberdades de expressão migraram para a imprensa alternativa. Despontaram entre os principais jornais alternativos da época *O Pasquim*[56], *Bondinho*[57], *Verso*[58], *Opinião*[59] e *Movimento*[60]. Apesar de complexa e plural,

---

[56] Jornal semanário brasileiro editado entre 26 de junho de 1969 e 11 de novembro de 1991, reconhecido por seu papel de oposição ao regime militar. Com tiragem inicial de 20 mil exemplares, atingiu a marca de mais de 200, em meados dos anos 1970.

[57] Revista lançada em 1974 produzida pela empresa Arte & Comunicação, distribuída em uma grande rede de supermercados do Brasil – Pão de Açúcar e dirigida por Luís Carlos Marciel.

[58] Semanário paulista em tamanho tablóide, que circulou nacionalmente entre 1975 e 1981. Liderado por Raimundo Rodrigues Pereira.

[59] Jornal alternativo paulista que circulou nacionalmente entre 1972 e 1978. Foi um dos mais influentes jornais alternativos durante o regime militar. Por sua postura de defesa da democracia brasileira, foi um dos alternativos mais perseguidos pela censura.

[60] O jornal que circulou entre 1975 a 1981. Reuniu diversos setores da intelectualidade brasileira, tendo como seu principal editor o jornalista Raimundo Rodrigues Pereira e entre seus principais colaboradores Fernando Henrique Cardoso e Duarte Pereira.

a experiência da imprensa alternativa desse período possui contorno: os jornais possuíam cunho juvenil, linguagem ácida e debochada, tom coloquial, irreverente e de denúncia. Possuíam tiragem reduzida, se comparada à imprensa aberta, e a incerteza de permanência. Alguns desses jornais conseguiram atingir uma tiragem considerável, como é o caso do *O Pasquim*, *Movimento* e *Inovação*, entretanto, suas características de desalinho com o mercado e com o lucro permaneceram. A partir do sucesso do jornal *O Pasquim*, inaugurado em 1969, que chegou a produzir tiragens de 200 mil exemplares, inicia-se intensa proliferação de jornais alternativos pelo país. Durante os 20 anos de circulação *O Pasquim* teve grande receptividade, principalmente entre o público jovem, tornando-se uma referência para aqueles que ousariam fazer imprensa alternativa no Brasil.

No que tange à produção da imprensa alternativa piauiense[61], a pesquisa, em consonância com a historiografia produzida sobre o tema, evidenciou diferenças temáticas e estéticas entre os jornais alternativos piauienses, nesse sentido, é possível dividi-los, considerando o conjunto de propostas e linhas de atuação, em dois grupos: os jornais de cunho vanguardista, alinhados à contracultura e aos movimentos juvenis e os jornais de denúncia social, ligados à crítica aos problemas enfrentados no estado (BRANDÃO, 2012, p. 138). Na primeira classificação estão presentes

---

[61] Durante a década de 1970 a imprensa de grande circulação de Teresina era composta essencialmente por quatro jornais: *O Estado*, *O Dia*, *Jornal do Piauí* e *A Hora*. Apesar da existência de outros, eram esses quatro que disputavam o mercado na cidade. Pode-se destacar que os jornais *O Dia*, *A Hora* e *O Estado* investiram nessa época em encartes alternativos produzidos por jovens da capital. O jornal *O Dia* passou a encartar em suas edições de domingo o suplemento *A Folha da Mãe Ana*, coordenada por Deusdeth Nunes, o nome é uma paródia do jornal *A Folha da Manhã*, que circulou em Teresina até o fim dos anos 60. Esse suplemento foi uma página de humor e abriu espaço para a veiculação de charges e cartuns. O Jornal *O Estado* e *A Hora* também incorporaram em seu projeto editorial páginas de cunho juvenil e contracultural, o primeiro passou a produzir *O Estado Interessante* e o segundo *A Hora Fa-tal*.

os jornais *O Linguinha*[62], *Gramma*[63], *Estado Interessante*[64], *A Hora Fa-tal*[65] e *Bouquitas Rouge*[66], produções que, com diferentes gradações, subvertem a estética do jornal: desenhos sem perspectiva, parte do jornal manuscrito com letras maltraçadas, não linearidade na organização das ideias como forma de contestação aos padrões de diagramação, com o objetivo de afastar-se ao máximo dos modelos instituídos. Isso se potencializa quando associado à linguagem irreverente, irônica e carregada de humor. Esses jornais foram produzidos por um mesmo grupo – Grupo Gramma[67] – e focalizavam em assuntos como música, cinema, literatura e quadrinhos,

---

[62] Primeiro jornal com características de produção alternativa no Piauí foi *O Linguinha*. Produzido em Parnaíba, procurou expor os anseios da juventude inconformada com as condições culturais e socioeconômicas da cidade. Começou a ser produzido em dezembro de 1971, sem periiociidade definida, perdurou até janeiro de 1973, sob o comando de Alcenor Candeira Filho. O jornal teve curta duração, como a maioria dos jornais alternativos do período. Apesar disso, *O Linguinha*, abriu espaço para a que fossem produzidos outros jornais e livros alternativos em Parnaíba, a exemplo do jornal *Inovação*, lançados posteriormente na cidade, e contando com a colaboração constante dos editores de *O Linguinha*.

[63] Primeiro alternativo teresinense e o segundo do Piauí. Possuía aspecto gráfico heterodoxo, misturando partes manuscritas com partes datilografas e recortes de revistas. Foram produzidas duas edições, a primeira sub-intitulada *Jornal pra burro* e a segunda *A maior curtição: o coração de Jesus era de pedra?* Dentre a equipe editorial estavam Durvalino Couto Filho, Edmar de Oliveira, Carlos Galvão, Arnaldo Albuquerque e Torquato Neto.

[64] O jornal Alternativo encartado aos domingos no jornal *O Estado*. Começou a ser produzido em março de 1972, em Teresina e durou até julho do mesmo ano. Em sua equipe editorial estavam Durvalino Couto Filho, Edmar de Oliveira, Marcos Igreja e Carlos Galvão.

[65] Jornal alternativo encartado aos domingos no jornal A Hora. Possuiu quatro edições, todas em junho e julho de 1972. Entre sua equipe editorial estavam os dissidentes do jornal Estado Interessante: Durvalino Couto Filho, Edmar de Oliveira e Carlos Galvão.

[66] Jornal alternativo teresinense produzido no segundo semestre de 1972. Entre seus produtores estavam Durvalino Couto Filho, Edmar de Oliveira, Chico Pereira, Carlo Galvão, Arnaldo Albuquerque e Haroldo Barradas.

[67] Apesar da circularidade de alguns de seus produtores, existiram grupos delineados nesses jornais: o *Grupo Gramma* – Edmar Oliveira, Carlos Galvão, Arnaldo Albuquerque, Durvalino Couto Filho e Marcos Igreja – produziu a maior parte dos alternativos em Teresina, informado pelos movimentos juvenis como a Tropicália e propunham a ruptura com a forma, aproximaram-se da produção cinematográfica em Super-8.

tratando principalmente sobre temas próximos de suas vivências habituais como a cidade, a universidade, e as "transas[68]" cotidianas, com destaque especial às entrevistas e à produção literária, sobretudo poética.

Ao produzirem um tipo de imprensa de recusa aos padrões de produção, de linguagem e de organização – linguagem formal, linearidade de ideias – esse grupo mantinha uma relação tática (CERTEAU, 1994, pp. 177-178)[69] de produção, contrapondo-se às estratégias que emanavam das instituições e dos espaços privilegiados de poder – a imprensa de circulação aberta e a imprensa oficial. Há um reformular no conteúdo, na estética e no formato, que permitia o exercício da subjetividade de quem escreve e a adição de temas que partem do próximo e do cotidiano.

O segundo grupo de jornais, mais sensível aos problemas sociais do estado, é composto pelos jornais *Chapada do Corisco*[70] e *Inovação*[71]. São produções que assumiram postura de denúncia sem fazer coro com as vozes da contracultura, possuindo diagramação e estrutura editorial próxima da grande imprensa, diferenciando-se nos assuntos abordados e na postura de desalinho com o Estado Autoritário e com o discurso da imprensa aberta. Conferiam destaque especial à situação de vida da população pobre nos bairros periféricos, bem como aos problemas urbanos e administrativos.

---

[68] Transa era uma gíria frequentemente utilizada por essa juventude que significava o ato de produzir algo ao seu modo, uma "curtição".

[69] Conceito formulado por Michel de Certeau que significa as formas de desvio de consumo de um bem material ou imaterial. Ao contrário das táticas, as estratégias referem-se a uma ação sistemática que emana de um espaço de poder privilegiado. A distinção entre os dois conceitos reside principalmente no tipo de operação que se pode efetuar. Enquanto as estratégias são capazes de produzir e impor, as táticas permitem utilizar, manipular e alterar algo.

[70] O *Grupo Corisco* era formado por Cinéas Santos, Paulo Machado, Albert Piauí, Dodó Macêdo, Assaí Campelo – que circulava em torno do escritor Cinéas Santos e da Editora Corisco responsáveis pela produção do jornal *Chapada do Corisco* e por diversos livros e coletâneas produzidas em Teresina.

[71] Em Parnaíba o *Grupo dos Inovadores* era composto por Francisco José Ribeiro, Paulo Couto, Reginaldo Ferreira da Costa, Ednólia Fontenele e Elmar Carvalho, responsáveis pela produção do jornal *Inovação* e alguns tendo participado também do jornal *O Linguinha*.

Esse jornalismo mostrava-se como uma alternativa à imprensa de circulação aberta piauiense, considerada por esses sujeitos como de péssima qualidade, que abordava apenas assuntos superficiais e que não cumpria sua função de informar, apenas perpetuava a falta de problematização de assuntos importantes e a burrice do povo:

> Fazer jornal aqui é ficar alimentando a eterna burrice do povo. O conceito que este esquizofrênico jornalismo daqui tem de comunicação é o mesmo de um navio de socorro que encontrando um náufrago em alto mar, ao invés de salvá-lo, joga no mar uma tábua nova para que o náufrago continue a boiar. (GALVÃO, Carlos. "Bate Boca". Estado Interessante. Teresina, 23 abr. 1972, p. 02)

A compreensão de imprensa empreendida por essa juventude ultrapassava o positivismo e sua ambição de neutralidade. Fazer imprensa era colocar-se diante do mundo, expressar seus medos, suas ideias, seu inconformismo frente às questões que os cortavam. Nesse sentido, as críticas tecidas à imprensa de grande circulação eram constantes e assumiam caráter irônico, frequentemente associadas à ideia de cópia de jornais de outros estados:

> Jornalismo no Piauí é o maior barato. Otário quem compra jornal de fora. Geralmente todos os jornais daqui publicam matérias dos jornais do sul, leste e oeste, centro e mais ao norte. [...] O bonde tá correndo e a gente não quer ficar atrás. Tudo só deve ser feito como se quer. A gente prefere o diletantismo que aceitar condições [...] Dono de jornal entende muito mais de poder financeiro do que de poder inventivo. O inventor que não fira seus bolsos, senão já viu. Enquanto deixarem a ordem é Movimento & Ação. (UM PONTO. *A Hora Fa-tal*. Teresina, jun. 1972, p. 6)

No expediente do *Gramma*, parte do jornal onde os autores comentam a respeito do processo de elaboração, os escritores ressaltaram as dificuldades enfrentadas para produzi-lo. Tratou-se de uma produção quase artesanal, feita a várias mãos e com poucos recursos, conseguidos por meio de rifas. Depois de pronto, o jornal passou a ser vendido a um cruzeiro. Isso mostra que, em grande medida, a produção desse jornal e dos demais jornais alternativos dos anos setenta no Piauí não era perpassada por interesses comerciais, o objetivo era se expressar. No fragmento a seguir retirado do expediente do jornal *Gramma*, os autores descrevem os problemas que enfrentaram durante a elaboração do jornal:

> [...]A redação passou de casa em casa dos amigos e depois das muitas brigas entre a turma, até rifas de livros, aparelhos de barbear e outros bregueços pessoais (para arranjar o tutu), mandamos a papelada pra Brasília. Lá foi o jeito e aqui está, como vocês estão lendo. Se CR$ 1,00 custa pra vocês, saibam que custou muito mais pra gente [...] (EXPEDIENTE. *Gramma*, Teresina, jun. 1972, p. 2)

As dificuldades para a produção desse material, em maior ou menor escala, foram comuns a todos os jornais alternativos piauienses como é mostrado abaixo em trecho retirado do editorial do *Chapada do Corisco*:

> Cada vez que fazemos um número do *Chapada do Corisco* é como se estivéssemos fazendo o primeiro: as mesmas dificuldades, a mesma preocupação em oferecer ao leitor o que de melhor podermos fazer. Em verdade, não é fácil manter em circulação um jornal sem padrinhos e sem uma estrutura financeira estável. Mas estejam certos de que ainda temos fôlego e, no momento, a nossa preocupação é fazer o próximo número mais próximo possível da realidade que teima em ser adversa à grande maioria: o povo. (É. GERAIS *Chapada do Corisco*. Teresina, 1976, p. 2)

O formato alternativo por meio do qual os jornais, revistas e livros eram produzidos revela que além da falta de financiamento, em alguns casos tratava-se de uma postura consciente para se colocarem à margem das regras editoriais, pois não foi apenas por meio do conteúdo e da linguagem que esses jovens tentavam chocar, a própria estética tosca e artesanal da grande maioria dessas obras tinha esse objetivo. Os autores participavam de todas as etapas do processo de produção dos jornais, desde a elaboração e escolha dos textos até a diagramação e a distribuição: eram vendidos diretamente pelos autores em bares, teatros e shows. Cineas Santos também informa sobre as táticas de produção e de distribuição empreendidas por esses jovens:

> Livro/jornal pronto, onde lançá-lo? As livrarias da cidade (apenas duas) não tinham interesse no meu projeto. [...] Bancas de jornal? Nem pensar. Não conseguíamos convencer os proprietários das bancas de vender nem o *Chapada do Corisco*, jornalzinho alternativo que editávamos, imagine livros mimeografados. Tentamos a venda em colégios, bares, ruas e becos de Teresina. (SANTOS, Cineas. 2003, p. 289)

É possível apontar, portanto, um número considerável de jornais alternativos e de encartes culturais produzidos no Piauí durante a década de 1970 (Bezerra, 1993)[72], impressos em *off-set* e em mimeógrafo. Alguns desses alternativos eram encartados em jornais de grande circulação, outros produzidos de forma quase artesanal e distribuídos em circuitos alternativos, com recortes, colagens e partes manuscritas. Com efeito, mesmo sendo produções consumidas por minorias, oriundas da classe média, estavam ligadas ao surgimento de uma nova consciência juvenil, cada vez mais internacionalizada. Esse período foi marcado por diversas tentativas de criação de novos espaços no interior da grande imprensa. Os alternativos piauienses ao negarem a forma hegemônica de fazer jornalismo – pela subversão estética ou pela crítica social – se constituíram

---

[72] Segundo José Pereira Bezerra ainda durante a década de 1970 foram produzidos em Teresina os alternativos *Distanteresina*, que contou com duas edições no ano de 1977, *Travessia*, produzido no segundo semestre de 1978 e reproduzido em Xerox, e *Cobaia*, editado em 1978 em mimeógrafo. Em Parnaíba foram produzidos *Abertura* (1978), *Querela* (1978/79), *Osso* (1979) e *Espinho* (1980).

de forma antidisciplinar. Cada disciplina reconhece proposições verdadeiras e falsas, criando interdições e os possíveis, repelindo ou incluindo para dentro de suas margens. Segundo Foucualt, cada produção deve "preencher exigências complexas e pesadas para poder pertencer ao conjunto de uma disciplina" (FOUCUALT, 1999, p. 34), pois a disciplina é "um princípio de controle da produção do discurso. Ela lhe fixa os limites pelo jogo de uma identidade que tem a forma de uma reatualização permanente das regras" (FOUCUALT, 1999, p. 36). A imprensa alternativa, portanto, operou pela desarticulação do discurso e pela burla à forma correta de fazer jornalismo, agindo de forma contra-hegemônica no que tange à produção desses materiais e aos temas abordados, mantendo um olhar constantemente inquieto diante do contexto em que se inseriram.

### Os Jornais Contraculturais: a gestação de linguagens e consumo tácito da cidade

As formas juvenis de subversão dos arquétipos tradicionais de se pensar a política incorporam novos modelos de contestação e gestaram um redimensionamento do que vinha a ser o político. O desbunde, uma das faces da contracultura, foi uma forma de contestação social, gestada por fração da juventude do período, que se construiu na recusa aos modelos de participação política tradicionais, imprimindo novas formas de rupturas com o social. Sob esse aspecto, o desbunde começa a ser adotado como paradigma de subversão, inclusive, dos modelos da esquerda tradicional. Foi considerado pela esquerda como um movimento imaturo e alienado. Entre os meios encontrados para a expressão das ideias contraculturais estava a imprensa alternativa. As práticas contraculturais juvenis do período que se ancoravam na forma desbundada de agir provocaram a revisão dos preceitos fundamentais da prática política tradicional. Como afirma Edwar de Alencar Castelo Branco:

> A arte e a existência deveriam se sobrepor promovendo uma politização do cotidiano e rompendo com as conexões binárias que pensariam o homem estético e o homem político como instâncias impossíveis em um mesmo palco.

Desapontados com a institucionalização e burocratização das múltiplas instâncias políticas [...] e ao mesmo tempo sentindo necessidade de romper com o modo tradicional de definir e fazer política, alguns setores jovens passaram, no período, a contestar e a recusar a racionalidade das formas dominantes de pensamento. E nesta recusa contra a cultura dominante os jovens se esforçariam, especialmente para estender e tensionar os limites da linguagem, impondo novos conceitos e significados e, inclusive, utilizando os próprios corpos como instrumento desta nova linguagem. (CASTELO BRANCO, 2005, p. 71)

Os alternativos teresinenses analisados nesta sessão não se alinharam ao discurso político partidário, nem tampouco à crítica social sistematizada, aproximando-se do modelo desbundado de intervenção polícia e social. Dentre eles estavam os jornais produzidos pelo Grupo Gramma: *Estado Interessante, O Gramma, Bouquitas Rouje* e *A Hora Fa-tal*. Esses jornais foram produzidos tendo em vista questões políticas sob outras perspectivas: como a da busca por novos espaços e formas de participação, a divulgação cultural no campo musical e cinematográfico, a subversão da linguagem, o misticismo, a literatura, o consumo tácito da cidade e a utilização do corpo como forma de recusa ao tradicional.

É possível encontrar nesses jornais grande número de referências à subjetivação dos espaços da cidade de Teresina e às formas de consumo que esses indivíduos empreendiam sobre eles. Permitem ver a cidade a partir de um novo prisma, a cidade invisível resultante da forma como essa fração da juventude se relacionava com ela e subvertia o discurso urbanista. As produções marginais teresinenes da década de 1970 revelam uma Teresina pacata, com reduzidos espaços culturais e que se remodelava para se tornar moderna sob as rédeas do governador Alberto Tavares Silva. Essa parcela da juventude sonhou uma cidade com espaços culturais e de sociabilidades juvenis, uma cidade onde o progresso chegasse sem as metáforas dos cartões postais:

Apoio à Cultura
O governo gastou nada menos de um milhão com o Albertão
antes de iniciar as obras do próprio. E quanto já gastou com
teatro? Hein? Hein? Hein? (Zum, Zum no pé do ouvido.
*Estado Interessante.* Teresina, 14 maio 1972, p. 11)

O espaço urbano, para além do concreto, é constituído por significados e sentidos. Na leitura histórica da cidade impera a necessidade
trazer à tona uma cidade sensível e subjetiva. Ítalo Calvino (1990) mostra
a diversidade de cidades que se constituem pelos significados múltiplos
que se atribuem a ela. Segundo o autor, a dinâmica sobre a cidade é
realizada não apenas por aqueles que detêm o poder, mas também por
aqueles que vivenciam seus espaços cotidianamente e que fazem incidir
sobre ela emoções, sensibilidades e ressentimentos. Corroborando as
análises de Calvino, Certeau (1994, pp. 177-178) afirma que além do
espaço geométrico definido pelo discurso urbanístico, a cidade é composta
por possibilidades e interdições nas quais os caminhantes se inscrevem e,
em alguns casos, para fugir às regras estabelecidas pelo traçado urbano.
Nesse sentido, os anônimos sujeitos do cotidiano fazem ocorrer na cidade
um conjunto de práticas que transformam cada significante espacial pela
apropriação inventiva dos seus espaços. As grandes obras do período, símbolos do governo autoritário, intervinham nos lazeres da cidade, guiando
as sociabilidades a determinadas práticas em detrimento de outras. A
construção do estádio Albertão representou uma nova opção de lazer
para a população teresinense, ao passo que também incentivou a paixão
pelo futebol, seguindo o projeto ufanista do governo militar. Entretanto,
foi frequente a crítica ao projeto modernizador do governador Alberto
Silva, como na matéria a seguir:

Respeito a opinião dos que aplaudem o Albertão, mas junto-me
com o direito de ser contra esse verdadeiro elefante-branco,
por muitas razões:
Teresina é cidade de aviltante pauperismo. Renda per capi-
ta baixíssima. Sérios problemas angustiam a coletividade.
Criança maltrapilha, faminta, abandonada. Falta de higiene

por toda parte. Oitenta por cento de sentinas de buraco. Pequena rede de esgoto. Bairros em condições de miserável existência. Subnutrição. Sistema educacional que, quando muito, transmite alguns conhecimentos intelectuais. Meretrício como nódoa, impressionante. Cidade escura. Sistema penitenciário da Idade Média. Sem transporte. Desemprego e subemprego. O interior do Estado vive em condições sub--humanas.

A febre desses estádios monumentais começou com o Maracanã, em 1950. [...] Há jogos em Teresina cuja renda não paga nem o trabalho do juiz. Quem vai pagar a construção desse estádio? O governo? Com que dinheiro? Com empréstimos? [...] Afirma-se que esse estádio viverá cheio de gente porque os ingressos serão baratos. O argumento não convence. Porque não se baratearia o ingresso do Lindolfo Monteiro, para que viva sempre repleto de gente? (Coroa, *Estado Interessante*. Teresina, 19 abr. 1972, p. 12)

O projeto modernizador proposto pelo governo militar provocou reações adversas. Ao mesmo tempo em que fora recebido com entusiasmo era também visto como excludente (Monte, 2010, p. 235), alienante, remodelador de sociabilidades e causador de impacto ecológico. As reformas localizavam-se em pontos centrais da cidade. Quando tematizada pelos jornais alternativos produzidos pelo Grupo Grama, a modernização da capital foi descrita como excludente e centralizada nos cartões-postais da cidade, no momento em que as preocupações do governo deveriam se situar em resolver os problemas da população pobre dos bairros mais afastados do centro, tais como a miséria, o saneamento básico e a educação. Nesse contexto, a construção do estádio Albertão é apontada como um luxo desnecessário frente a gama de problemas sociais a serem solucionados.

Com efeito, esses jornais denunciavam a ausência de espaços destinados à prática cultural. Manifestações culturais como o teatro, o cinema e os shows não foram contempladas pela política cultural do Estado. Essa fração da juventude teresinense criou suas próprias áreas de lazer e sociabilidades, transformando alguns espaços da cidade em lugares praticados (Certeau, 1994, pp. 201-202). As praças foram os espaços mais utilizados para encontro dessa juventude. O espaço realiza-se enquanto lugar praticado quando é vivenciado, transformado, e quando se exercem dinâmicas sobre ele. A praça geometricamente definida por um projeto urbanístico era constantemente atualizada, burlada, consumida criativamente e transformada por essa fração da juventude. A grama das praças – Praça da Liberdade e Praça Pedro II – era um lugar de encontros. Reuniões. Tratava-se da reapropriação do espaço físico da cidade, que proporciona o consumo subjetivado do mesmo, pois há uma subversão da forma "correta" de consumir a praça em função de negar a racionalidade de uma norma e desordenar o uso do espaço. Como afirma Certeau (1994, p. 41) "esses modos de proceder e essas astúcias de consumidores, compõem, no limite, a rede de uma antidisciplina". No encarte dominical *Estado Interessante*, Carlos Galvão cita a praça, e a grama em especial, como lugar de convergência de uma juventude muito incomodada com a apatia e "antenada" com o que estava ocorrendo no restante do Brasil:

> Se você é um cara que todo mundo discorda de suas ideias, e já quiseram lhe bater porque você acha que o Flávio Cavalcante é uma josta, aparece "mode" a gente conversar. Na grama depois das cinco. (GALVÃO, CARLOS. "Chegou". *Estado Interessante.* Teresina, 26 mar. 1972)

As páginas dos jornais alternativos piauienses produzidos pelo Grupo Gramma veiculavam amplamente o lançamento de discos, filmes e livros, configurando uma prática do jornalismo cultural. Eram os grandes responsáveis por informar os mais recentes lançamentos de seus ícones no país, em especial aqueles ligados à Tropicália. Nesse sentido, todos os jornais consultados possuíam páginas relacionadas aos lançamentos nos cenários musical e cinematográfico. Informavam aquilo que devia e o que não devia ser consumido:

SAILORMOON
Acaba de sair no Rio de Janeiro e em São Paulo, o livro de Waly Sailormoon, primeiro volume da coleção Na Corda Bamba, chamado "Me segura que eu vou dar um *troço*". Deve

aparecer breve por aqui, pelas bancas de jornal. Quando pintar, tratem de se ligar: Waly, da pesadíssima, é um poeta de maior importância hoje em dia. Não brinca em serviço. Mas será possível que vocês não saibam quem é Waly? Tão por fora. (SAILORMOON. *A Hora Fa-tal.* Teresina, jul. 1972. p. 2)

Em páginas como "Leia e não leia" e "Ouça e não ouça", no jornal *Gramma*, e "Músicas e discos", no jornal *Estado Interessante*, a atenção dos leitores era direcionada para as produções que consideravam significativas. Mostravam também o que já havia sido ultrapassado e que, portanto, não deveria ser apreciado pelo público jovem. A música, com ênfase na Tropicália e na MPB, era amplamente divulgada e colocada à disposição do consumo juvenil.

Os movimentos juvenis do fim da década de 1960, como a Tropicália, deram o diapasão do gosto para essa parcela da juventude piauiense. Foi em um ambiente extremamente tensionado entre o novo e o velho, com disputas intensas no campo da linguagem e da cultura que parte da juventude da década de 1970 se postou contrária aos modelos hegemônicos de fazer literatura, imprensa e cultura. A partir do final da década de 1970, foram constantes as modificações socioeconômicas relacionadas ao grande impulso tecnológico e ao processo de internacionalização da economia brasileira. Um período onde "o herói é o carro" e a TV ganha os lares com a primeira transmissão a cores no Brasil – a da copa do mundo do México. Fração dos jovens de classe média passaram a ser possuidores de um significativo poder de consumo, principalmente de novas mídias e tecnologias. Foi nessa conjuntura de internacionalização do consumo, que parcela da juventude teresinense construiu seu discurso, veiculado principalmente por meio da imprensa alternativa, e aproximou-se dos movimentos juvenis ocidentais, seguindo a burla e os novos remodelamentos do consumir a cidade.

## Os Jornais de Crítica Sociopolítica: Um Jornalismo Sem Colunista Social

Os jornais *Chapada do Corisco* e *Inovação* foram os mais sensíveis às causas sociais e políticas do período. Diferentemente dos jornais produzidos pelo Grupo Gramma, houve a construção de projetos mais delineados de jornalismo e de intervenção social: estrutura gráfica regular, preocupação com a organização e a formatação do material, bem como tom de denúncia e de repúdio ao quadro sociopolítico em que se inseriram. Há recorrências de temas como o retrato do cotidiano das populações pobres urbanas, a deficiente circulação cultural do estado e o autoritarismo do Estado Militar. Destaca-se nos jornais a grande quantidade de entrevistas, os textos literários e uso de imagens.

O tom de denúncia foi contínuo no jornal Chapada do Corisco, com a focalização nos problemas de ordem social, em especial ligados às formas de vida das populações mais carentes e ao olhar escasso do governo sobre essas questões. Os interesses de ordem ecológica ganham espaço nos jornais Inovação e Chapada do Corisco. Esses jornais irão desenvolver uma linha de reportagem ligada à preocupação ambiental, mostrando a forma como o meio natural estava sendo tratado, sublinhando a preocupação com os espaços públicos urbanos, com sua vegetação e com os rios que banham as cidades de Teresina e Parnaíba. Há tematização constante das modificações ecológicas, e o apontar das mudanças ocorridas na cidade de Teresina onde "o verde se transformou em cinza" devido ao progresso empreendido no período, em virtude do remodelamento urbano da capital com o alargamento de ruas e avenidas e a construção de grandes obras. Cronistas e poetas da época consideravam que Teresina não havia sido preparada para esse progresso, que não estava sendo acompanhado por um ordenamento urbano e ecológico. Desde a década de 1950, a capital vivia um processo de transformações econômicas e sociais ligadas ao modelo de desenvolvimento do governo federal (NASCIMENTO, 2010). Cineas Santos destaca que:

> A verdade é que Teresina está minguando, desaparecendo na proporção direta ao decantado crescimento da cidade. Teresina ainda se recente, embora a maioria das pessoas

faça vista grossa, da perda irreparável que foi a destruição
maciça das velhas amendoeiras da rua Lizandro Nogueira,
substituídas por uma nesga enviezada e inútil de asfalto.
Centenas de árvores sacrificadas em nome do alargamento
de uma rua, cuja atração principal era exatamente as acolhe-
doras amendoeiras. Hoje, a Lizandro Nogueira é uma rua
completamente desfigurada, quente e inumana. E o que de
mais triste existe nisso tudo é que não faltou quem aplaudisse
a medida, inclusive moradores da rua, apressados, certamente,
em experimentar na própria pele os efeitos fascinantes do
progresso. [...] Teresina se comparada a outras cidades ainda
pode ser considerada cidade verde, mas é bom que se tenha
em mente que nossa cidade tem apenas 124 anos de existência
e ao que parece, incorre nos mesmos erros que transforma-
ram grandes centros urbanos em viveiros insuportáveis. [...]
Como se não bastasse o desaparecimento dos quintais, as
árvores das ruas também sofrem os efeitos do progresso;
basta que se observe o tratamento que a Cepisa dispensa às
árvores das ruas por onde estende a rede de energia elétrica,
e é bom que se diga que as árvores chegaram primeiro [...]
(SANTOS, CINEAS. "Quando acabarem os quintais". *Chapada
do Corisco*, Teresina, set. 1976, p. 5)

As alterações físicas empreendidas no período com vistas a deixar a
cidade moderna modificaram sensivelmente a paisagem urbana, o cotidiano
e as sociabilidades em Teresina, e, para Cineas Santos essas modificações
estavam desfigurando a cidade. Essas mudanças foram amplamente re-
tratadas por cronistas, que possuíam opiniões diferentes sobre a questão
(NASCIMENTO, 2007, pp. 195-214). Apesar das tentativas modernizantes,
ainda durante os anos 70 a cidade era pequena, mal iluminada, com pre-
cário serviço de abastecimento de água, energia e transporte.

A expansão demográfica provocou o crescimento dos problemas
sociais, especialmente aqueles relacionados à moradia. Em 1950, a população total de Teresina era de 90.723 habitantes, já em 1970, esse
número aumentou para 363.666 habitantes. A maioria dessa população

era composta por migrantes vindos do interior do Piauí e de outros estados do Nordeste. Com efeito, a década de 1970 é marcada por um tenso processo de modernização e expansão da cidade, com a proliferação de novos conjuntos habitacionais (LIMA, 1996), sem a infraestrutura necessária para abrigar a população, a exemplo do Bairro Parque Piauí:

> 18:30. O repórter pega um ônibus: Parque Piauí – Circular. Na Frei Serafim os bancos já estão todos ocupados. [...] Construído em 1967, o conjunto habitacional Parque Piauí é o mais populoso e conhecido de Teresina. Situa-se no ponto intermediário entre a zona urbana e a zona rural desta capital. Com uma população que varia entre 16.000 e 17.000 habitantes (censo de 1973) o índice médio por moradia é de 6,5 habitantes por casa. Distancia-se do centro 40 mim de ônibus [...] O riso e a chacota em cima do bairro vinham comumente temperados na panela da falta de água. A tradição foi feita, perpetuada. [...] seus moradores mais antigos tentam esquecer o tempo em que as latas de querosene e caldeirões eram constantes nas ruas; em que as casas eram depredadas e assaltadas em telhas, portas, janelas, pia; em que eram invadidas pelos flagelados corridos da seca. [...] para Ivan Bosco Leandro o ônibus é o maior problema do Parque Piauí [...] O problema fundamental do Parque será sempre e ainda hoje é o problema da provisoriedade. [...] ("A CLASSE média invade o parque". *Chapada do Corisco*. Teresina, set. 1976, p. 7)

Há um acentuado processo de deslocamento da fração pobre da população das áreas mais centrais da cidade para a periferia. O bairro Parque Piauí possuía estrutura precária para receber essa população, parte advinda inclusive de outros municípios. A expansão da cidade provocou o colapso no fornecimento de água e de eletricidade. Outro problema recorrente do período foi o transporte urbano que não oferecia muitas possibilidades e conforto. Mesmo com uma população de cerca de 17.000 habitantes, o bairro, assim como muitos outros que surgiram na mesma época, não era contemplado pelo olhar atento do poder público, mais preocupado com a criação de cartões-postais na cidade. Em várias edições do jornal *Chapada do Corisco* são abordados temas relacionados aos problemas advindos do crescimento desordenado da cidade.

> Seria até difícil enumerar, numa simples reportagem, todos os problemas que afetam os moradores do conjunto, em sua maioria pequenos funcionários públicos, alguns até receosos que seus nomes figurem jornais "por causa das perseguições que agente pode sofrer".
> Construído numa área bastante acidentada e de difícil acesso, o conjunto do IPASE fica praticamente isolado do restante da cidade no período do inverno [...]
> Em verdade o problema mais grave do bairro Monte Castelo, mais precisamente do conjunto Ipase, não é a presença mais ou menos frequente de cobras venenosas que habitam o matagal que cresce entre as casas e sim a ausência total de qualquer tipo de assistência Construído há nove anos o conjunto do Ipase não possui calçamento, não é servido por qualquer tipo de transporte, não dispõe de escolas. Não consta com um simples posto médico, nem o caminhão coletor do lixo passa por ali. (SANTOS, CINEAS. Conjunto Ipase "Um rio de Lama". *Chapada do Corisco*. Teresina, 1976, p. 2)

Associado ao crescimento demográfico, a política de habitação do Governo Federal chega a Teresina com a criação da Companhia de Habitação do Piauí (COHAB-PI). Na prática o que se viu foi a proliferação desordenada de vários conjuntos habitacionais. Certas regiões da cidade tornaram-se verdadeiras áreas de segregação residencial, pois abrigavam apenas os conjuntos habitacionais de baixa renda, que na ocasião de sua construção estavam desconectadas da área urbana de Teresina.

A modernização da cidade, bem como o reinventar da relação com o tempo nas décadas em estudo foram tematizados pelos poetas e jornalistas alternativos do Grupo Corisco. Esses escritores foram muito sensíveis às mudanças e aos remodelamentos culturais que a década de 1970 asumiu. A cidade mostrada na produção desses poetas ultrapassa a materialidade, é mais que um espaço físico, ela é sentida e subjetivada. Como afirma Nicolau Sevcenko (1999, p. 286) "os fenômenos históricos se reproduzem no campo das letras, insinuando modos originais de observar, sentir, compreender, nomear e exprimir. [...] Os textos literários se tornaram termômetros admiráveis das mudanças de mentalidade e de sensibilidade". Do mesmo modo, as transformações que se processavam no Piauí foram experienciadas por essa juventude, sendo a literatura um meio de expressão de suas sensibilidades.

O ato de produzir o jornal e a utilização do mesmo como veículo político foram subjetivados por essa juventude que direcionava seus discursos no sentido de intervir de forma crítica e contundente na cidade. O jornal representou uma forma de se fazer ouvir em uma sociedade fechada e sem canais de informações capazes de denunciar sistematicamente as mazelas sociais, colocando-se contrário a uma política que reproduzia vícios e que representava as oligarquias estaduais.

Através da análise dos jornais produzidos em Teresina durante a década de 1970 foi possível mostrar a coexistência de variado conjunto de propostas e linhas de atuação. A heterogeneidade das produções alternativas permitiu evidenciar duas formas distintas de experimentar a cidade: a crítica engajada ao tenso processo de modernização e o flanar e consumir os espaços da cidade como forma de negar as normas e o instituído.

O desenvolvimento desta pesquisa possibilitou o reconhecimento das táticas adotadas por parcela da juventude teresinense para superar os limites impostos pela edição formal e pelo sistema de circulação comercial. Percebemos a indissociável relação entre o contexto político e as ações juvenis. Entretanto, a relação mantida entre o Estado autoritário e as manifestações juvenis em estudo não configura uma relação de causa e efeito, uma vez que a experiências dessas manifestações ultrapassou o viés da luta política partidária, assumindo uma postura de "estar no mundo", ou seja, um sentimento coletivo dessa fração da juventude. A necessidade juvenil de expressão e de criação de novos suportes por meio dos quais a excitação e a palavra interrompida pudessem ser veiculadas guiou a elaboração dos jornais alternativos. O jornalismo alternativo foi subjetivado por esses jovens como uma porta de expressão, suprindo a necessidade da escrita e da comunicação, associado ao estar vivo, ao manter-se num mundo cada vez mais multifacetado, disperso e mediado por opressões das ditaduras e das sociedades tecnocráticas.

Ao produzirem um tipo de imprensa e de literatura de recusa aos padrões de produção, de linguagem e de organização, esses grupos juvenis mantinham uma relação tática de produção, contrapondo-se às estratégias que emanavam das instituições e dos espaços privilegiados de poder – a imprensa de circulação aberta e a imprensa oficial. Nesse caso, o "fazer imprensa alternativa" foi mais importante do que o produto final e essa atitude encontrava significado na necessidade de resistir e de criar, em um contexto de supressão dos direitos civis estabelecido pelo AI-5, momento em que a política fechou-se para o macro e houve uma migração para as ações microscópicas e para a subversão dos dispositivos que regulavam o corpo. É também a década do "milagre econômico", dos slogans ufanistas, da copa do mundo e de novas influências culturais. As parcelas da juventude em estudo colocaram-se contrárias ao Estado autoritário brasileiro e utilizaram táticas para se fazer ouvir em uma época de silenciamento e censura.

## REFERÊNCIAS BIBLIOGRÁFICAS

BEZERRA, José Pereira. "O triste engano". In: BEZERRA, José Pereira. *O Prisioneiro da Liberdade. Contos Populares Piauienses.* Teresina, 1978;

CALVINO, Ítalo. *As Cidades Invisíveis.* São Paulo: Companhia das Letras, 1990;

CAMPARELLI, Sérgio. *Comunicação de Massa sem Massa.* São Paulo: Summus, 1996;

CAPELATO, Maria Helena Rolim. *A Imprensa na História do Brasil.* São Paulo: Contexto/EDUSP,1988;

CASTELO BRANCO, Edwar de Alencar. *Todos os Dias de Paupéria:* Torquato Neto e a invenção da Tropicália. São Paulo: Annablume, 2005;

CERTEAU, Michel de. *A Invenção do Cotidiano 1: Artes de Fazer.* 9.ª ed. Petrópolis, RJ: Vozes, 1994;

FERREIRA, Climério. "Canto do rio". In: SANTOS, Cinéas (Org.) *Baião de Todos.* Teresina: Editora Corisco, 1996;

FOUCAULT, Michel. *A Ordem dos Discursos.* São Paulo: Edições Loyola, 1999;

_____ *Microfísica do Poder.* 2.ª ed. Rio de Janeiro: Graal, 1979;

_____ *Vigiar e Punir.* Petrópolis: Vozes, 1977;

KUCINSKI, Bernardo. *Jornalistas e Revolucionários: Nos Tempos da Imprensa Alternativa.* São Paulo: EDUSP, 1991;

LIMA, Antônia Jesuíta de. *Favela COHEBE: Uma História de Luta por Habitação Popular.* Teresina: EDUFPI, 1996;

NASCIMENTO, Francisco Alcides do. *Cajuína e Cristalina: As Transformações Espaciais Vistas pelos Cronistas que Atuaram nos Jornais de Teresina entre 1950 E 1970.* Rev. Bras. Hist. [online]. 2007, vol.

27, n.º 53, pp. 195-214. 2007;

REIS, Daniel Aarão. *Ditadura Militar, Esquerdas e Sociedade*. 2.ª ed. Rio de Janeiro: Jorge Zahar Ed.,2002;

SANTANA. Raimundo Nonato Monteiro (Org). *Apontamentos para a História Cultural do Piauí*. Teresina: FUNDAPI, 2003;

SEVCENKO, Nicolau. *Literatura como Missão: Tensões Sociais e Criação Cultural na Primeira República*. São Paulo: Companhia das Letras, 1999;

# Capítulo 14

## O SILENCIAMENTO DOS JORNAIS PIAUIENSES DURANTE O ESTADO NOVO

Thamyres Sousa de Oliveira

A imprensa brasileira entre 1937 e 1945 atravessou um período obscuro de sua história. Os jornalistas e a população viram o direito de informação limitado pela ditadura Vargas, amparada pela Constituição de 1937 e pelos departamentos de Estado. Getúlio Vargas manteve-se no poder até 30 de outubro de 1945, quando militares e adversários políticos o forçaram a renunciar.

Com os objetivos de resgatar a memória e observar os limites impostos à produção jornalística do período ditatorial, este busca mostrar a conjuntura que se instalava no Brasil e no Piauí e a maneira como a mesma influenciou a imprensa da época. Para análise dos oito anos, foram acessados depoimentos de jornalistas que participaram desse período de repressão no Piauí e em outras regiões do país, e buscadas as estratégias de silenciamento da imprensa, bem como feita uma revisão de literatura sobre a atuação da imprensa durante o Estado Novo.

O artigo estrutura-se da seguinte forma: primeiro, analisou-se o contexto histórico de instituição do Estado Novo, analisando-se questões políticas, econômicas e sociais que permearam o período; segundo, estabeleceu-se panorama das práticas do Departamento de Imprensa e Propaganda (DIP). Com base nisso, observou-se como os veículos e, sobretudo, os profissionais da época se posicionaram para conviver com o regime no Brasil. Por fim, analisou-se como a imprensa piauiense se comportou face às limitações impostas pelo regime e a atuação de profissionais que trabalharam durante o Estado Novo.

## Contexto Histórico no Brasil e no Piauí

O golpe de Estado de 10 de novembro de 1937 manteve Getúlio Vargas no poder. Com o ato, o presidente contrapunha-se ao artigo 52, da Constituição de 1934, ainda em vigor nessa data. Segundo o artigo, o período presidencial duraria quatro anos e, caso o presidente da República manifestasse interesse de conquistar um novo mandato só poderia ser reeleito após quatro anos do término de seu mandato. A legislação não valeu para o então presidente do Brasil. Vargas, que ficou no poder provisoriamente, de 1930 a 1934, e de 1934 a 1937, por meio de voto indireto da Assembleia Nacional Constituinte, infringiu a lei e, antes que seu mandato terminasse, em 3 de maio de 1938, manteve-se no poder autoritariamente.

Porém, a tomada de poder não aconteceu de maneira desarticulada. Come bem afirmam Gomes e Pandolfi (*apud* NASCIMENTO, 2002, p. 39), a ação foi premeditada, e desde a Revolução de 1930 havia indícios que apontavam para a implantação do regime de força. Entre esses indícios podem ser apontadas as políticas de favorecimento econômico ofertadas aos cafeicultores paulistas; o fortalecimento do poder executivo através da Constituição de 1934, cujo anteprojeto foi elaborado por uma comissão reativada por Vargas no Governo Provisório; a implantação de leis trabalhistas; o fortalecimento de organizações sindicais e o uso da imagem negativa dos comunistas, grupo sobre o qual já se difundia repugnação. Esses atos colaboraram para garantir a popularidade do presidente e propiciaram a diminuição dos obstáculos para que ele continuasse no governo.

Com o intuito de estabelecer as normas do novo regime, foi elaborada a Constituição de 1937, na qual constavam medidas como o desaparecimento da Federação e da autonomia estadual e municipal, o que dava ao governo federal a possibilidade de intervir nos estados através da nomeação de interventores[73]; o direito do chefe de Estado de legislar por decretos, autonomia para estabelecer estado de emergência e a suspensão

---

[73] No Piauí foi nomeado para o cargo Leônidas de Castro Melo, o mesmo atuava desde 1935 como governador do Estado.

das liberdades individuais. A aprovação da Constituição por plebiscito, que jamais houve, também garantiu o estabelecimento de censura prévia a áreas como a imprensa, o teatro, a cinematografia e radiodifusão sob alegação da necessidade de se preservar a moralidade pública e os bons costumes. Essas medidas refletiam a concentração de poderes nas mãos do chefe de Estado e indicavam as mudanças políticas, econômicas e sociais que incidiriam sobre o país nos anos seguintes.

O apoio ou pelo menos a aceitação da sociedade facilitaria a implantação do novo governo. Para que a sociedade aceitasse as novas ideias e as contradições do regime, foi formado todo um discurso, pois o regime tinha a necessidade de hegemonicamente obter a aceitação social para que fosse perpetuado. Visando o apoio da maioria, ou, em casos de maior resistência, a submissão, o Estado Novo utilizou-se tanto da coerção quanto da influência ideológica para tornar uma vontade singular, a do governo, em vontade coletiva. Esse posicionamento segue em desacordo com as ideias difundidas por Gramsci (2002, p. 65), pois o mesmo argumenta que a implantação da hegemonia não requer apenas coerção. É necessário que haja direção cultural, consentimento social e a superação de crenças e sentimentos, ou seja, possui um caráter mais pacífico. Em consonância com as ideias de Gramsci, Barbero (2008, p. 112) acrescenta que o processo de hegemonia, além de ser uma espécie de acordo entre classes, pode ser desfeito ao longo do tempo à medida que novas dimensões culturais forem se consolidando. Com sustentação no pensamento desses autores, é possível entender a incorporação de valores típicos de regimes totalitários à ditadura implantada por Vargas, uma vez que, apesar da diferença existente entre os regimes, o totalitarismo, principalmente o fascista, atraiu o governo brasileiro e fez com que o país incorporasse aspectos desse tipo de regime, como a suspensão de direitos políticos e civis, a perseguição a grupos específicos e o controle dos meios de comunicação.

No âmbito econômico, o Brasil adotou, durante o Estado Novo, uma política de maior intervenção estatal. O pagamento da dívida externa e criação de conselhos regulatórios nas áreas de finanças, comércio e recursos energéticos, como foi o caso do Conselho Nacional do Petróleo, foram algumas das medidas aplicadas. Como ressalta Garcia (2005, p. 90) houve o estímulo à produção interna em detrimento da importação.

Para incentivar essa perspectiva econômica buscou-se reduzir a dependência econômica, conteve-se a realização de transferências para o exterior e investiu-se na diversificação da produção, evitando o mesmo incidente que acontecera em virtude da superprodução do café.

No Piauí, a produção foi diversificada com investimento na produção de cera de carnaúba, da amêndoa do babaçu e da borracha de maniçoba. Conforme Tavares (2000, p. 51) a movimentação financeira proporcionada pela carnaúba fez com que o governo executasse grandes obras como o prédio destinado ao Museu e ao Arquivo Público, o novo quartel da Polícia Militar, a conclusão da Casa Anísio Brito, Liceu Piauiense e hospital Getulio Vargas. Nesse mesmo período, de acordo com Lira (2008, p. 43) a mobilização econômica também girava em torno da borracha de maniçoba devido à necessidade do produto para a preparação de artefatos que seriam utilizados na Segunda Guerra Mundial. Segundo a pesquisadora, os próprios gestores mobilizavam a população para que se voltasse para a extração da maniçoba e o mês de junho de 1943 ficou conhecido como o mês nacional da borracha. Deste modo, observa-se que o governo buscava convencer a população de que o investimento na atividade era necessário e seria benéfico à sociedade em geral. Para persuadir a população utilizava-se o *Diário Oficial* com discursos como o seguinte: "[...] os estabelecimentos de ensino público ou particular participarão, sem dúvida, desse agradável empreendimento, em proveito de um objetivo que está a reclamar os melhores esforços de todos nós" (DIÁRIO OFICIAL *apud* LIRA, 2008, p. 44).

No âmbito social, o período foi de perseguições políticas e de prisões. Destacavam-se também os incêndios que atingiram os casebres de palha em Teresina. Fontes Ibiapina, no livro *Palha de Arroz* (2004), descreve as dificuldades enfrentadas pela população teresinense durante esse período. As tragédias foram constantes entre 1941 e 1943 e a ineficiência e o controle dos meios de comunicação eram obstáculos para que as informações sobre os incêndios e o atendimento às vítimas chegassem mais rápido. O rádio, que poderia ser utilizado para pedir auxílio, ainda era incipiente no Estado, o que dificultava o socorro às vítimas.

Algumas pessoas morreram em meio às labaredas. Os primeiros incêndios surgiram em agosto de 1941. Eles começavam quase sempre do meio-dia para a tarde. O alarme era dado muitas vezes, através do sino da igreja de São Benedito. À falta de outros meios de comunicação, os frades mantinham olheiros nas torres do templo. (TAVARES, 2000, p. 55)

A repressão policial também foi comum nesse período de constantes incêndios. De acordo com Carvalho (2011, p. 16) incidiam proibições sobre atos como acender um cigarro ou manusear caixas de fósforo ou isqueiros em locais públicos. Era proibido falar na rua ou em recinto público a palavra fogo.

Um poeta, rapaz pobre [...] foi uma das vítimas. A polícia o flagrou defronte sua casa num subúrbio a sacar do bolso uma caixa de fósforos para, indiferente, acender um cigarro. Preso, na delegacia alegou que era formado em direito, porém não portava na hora documentos. O delegado que não era formado, nem conhecia o poeta não acreditou e o meteu em uma delegacia comum. (CARVALHO, 2011, pp. 16-17)

Nessa nova conjuntura, o Estado necessitava divulgar sua ideologia, unificar o discurso no país e obter aceitação social. Visando a esses resultados, investiu-se em órgãos como o Departamento Administrativo do Serviço Público (DASP), criado a fim de supervisionar o trabalho de interventores e controlar a administração pública e o Departamento de Imprensa e Propaganda (DIP), posteriormente, assessorado pelos Departamentos Estaduais de Imprensa e Propaganda (DEIP's) que controlavam os setores relacionados à comunicação.

## O DIP e o Severo Controle da Imprensa no Brasil

Enquanto a publicidade oficial se fortalecia com o intuito de divulgar as benfeitorias do regime, o Estado montava todo um aparato para que a imprensa fosse cerceada e ao invés de atuar conforme interesse público, levando em consideração o bem geral, o governo fortalecia os veículos midiáticos para que os mesmos o apoiassem com veemência. Vale se ressaltar que nos primeiros anos de governo de Getúlio Vargas foram criados o Departamento Oficial de Propaganda (DOP) controlado pelo político, Francisco Antônio Rodrigues de Sales Filho, que também era diretor da Imprensa Nacional. O mau êxito do DOP fez com que o departamento fosse substituído em 1934 pelo Departamento de Propaganda e Difusão Cultural (DPDC), que vigorou até 1939 e pelo decreto-lei n.º 1.915, de 27 de dezembro de 1939, tornou-se Departamento de Imprensa e Propaganda (DIP).

Segundo esse decreto, seria de competência do DIP controlar qualquer informação que pudesse afetar o poder instituído, fosse ela originária de adversários políticos de Getúlio Vargas, dos veículos de comunicação, de manifestações teatrais ou cinematográficas e de publicações oriundas de países que viviam um período democrático, com maior abertura para as liberdades individuais. O órgão controlava a imprensa, o cinema, o teatro, o rádio, o turismo e a divulgação. Com relação à imprensa, o órgão exercia uma vigilância maior. Além da imprensa, livros, folhetos, radionovelas, peças teatrais, documentários cinematográficos e filmes de ficção eram convocados para dar suporte às ideias do governo.

De acordo com o jornalista Luiz Alberto Bahia (*apud* DINES, 2000), a imprensa tinha o poder de criticidade regido pelas determinações do Estado. Caso entrassem em contradição com as ideias do governo, os jornais poderiam ser fechados e os jornalistas perseguidos.

> Os jornais não podiam desfrutar do poder de crítica contundente, crítica esta que poderia, acumulando-se, transformar-se em oposição organizada. Então, os jornais podiam se permitir pequenas notícias, tópicos de críticas que não significavam necessariamente uma crítica sistemática. [...] Havia um jornal que fazia, às vezes, oposição a coisas concretas e generalizadas. (BAHIA *apud* DINES, 2000, p. 65)

O cerceamento à imprensa já era determinado pela Constituição de 1937, por meio do artigo 122, parágrafo 15 (BRASIL, 1937), que apesar de reconhecer aos cidadãos o direito de manifestarem seus pensamentos, contra-ditoriamente, explicitava o dever da imprensa de seguir os limites prescritos pela lei, inserindo nos jornais os comunicados governamentais que lhes fos-sem enviados, respeitando a dimensão imposta pelo regime estadonovista e divulgando os ideais do governo. O parágrafo também proibia o anonimato, o que de certo modo impedia que jornalistas e membros da sociedade civil, por temerem punição, criticassem o regime. As punições aos que transgredis-sem as regras constitucionais direcionadas à imprensa já eram previstas e os subsídios oferecidos pelo governo para a importação de papel só chegavam para os veículos julgados por ele como merecedores. Todo esse trabalho seria controlado pelo DIP, especificamente, pela Divisão de Imprensa do órgão.

Conforme Capelato (1999, p. 125), pesquisadora que estudou o controle dos meios de comunicação durante o Estado Novo sob uma perspectiva nacional, 60% do que era divulgado nos jornais eram matérias fornecidas pela Agência Nacional, órgão que atuava junto ao DIP e era responsável por uniformizar as notícias que seriam distribuídas aos jornais. Esse dado mostra o poder de intervenção que o Governo possuía na época.

As medidas de intervenção na imprensa executadas pelo DIP po-dem ser compreendidas como uma tentativa de manipular a memória coletiva, pois através dessas interferências governamentais passava-se uma imagem do país condizente com os anseios do governo estadonovista. Era benéfico ao governo o fato de que os veículos de comunicação, im-portantes construtores e veiculadores da memória social, o apoiassem e repercutissem uma imagem positiva do movimento varguista. Surgia daí a necessidade de o regime mostrar-se atuante, bem como de silenciar o que não lhe fosse conveniente através de estruturas controladas, como os veículos de comunicação. Como a imprensa dispõe de espaço privilegiado e atua como um lugar de memória, embora não seja essa a sua função primordial, o controle da mesma era uma forma do Estado se posicionar de maneira mais próxima da sociedade e de se fazer mais presente na memória coletiva. Como bem ressalta Le Goff (2003), a memória é um espaço que se consolida através de disputas de poderes.

> [...] a memória coletiva foi posta em jogo de forma importante na luta das forças sociais pelo poder. Tornarem-se senhores da

memória e do esquecimento é uma das grandes preocupações das classes, dos grupos, dos indivíduos que dominaram e dominam as sociedades históricas. Os esquecimentos e os silêncios são reveladores desses mecanismos de manipulação da memória coletiva. (Le Goff, 2003, p. 422)

Nessa conjuntura, Capelato (1999, p. 175) afirma que a censura também regia a ordem política e financeira do país. A autora aponta que eram seguidos os moldes da Itália fascista, aonde existiam assuntos que eram proibidos de serem noticiados:

> [...] havia uma série de assuntos proibidos pelo DIP, notícias que mostrassem ou sugerissem descontentamento ou oposição ao regime; temas ou notícias relativas a problemas econômicos (transporte, abastecimento, escassez e alta do preço dos produtos) divulgação de acidentes, desastres, catástrofes, naufrágios, [...], corrupção, suborno, etc. (Capelato, 1999, p. 175)

A Segunda Guerra Mundial, confronto originado inicialmente por questões mal resolvidas e tratados de paz acertados após a Primeira Guerra Mundial, igualmente aos moldes impostos à economia e política nacional, foi incluída nas páginas dos jornais. Em 1941, ano em que os Estados Unidos entraram na guerra, os jornais apoiam essa decisão, visto que o próprio Estado Novo também apoiava a política dos norte-americanos (Romancini; Lago, 2007, p. 100).

A política de silenciamento era comum. Em São Paulo, jornais que tinham bastante destaque desde os anos 1920 foram calados. As ligações telefônicas ordenando a queda de pautas ou a não publicação de textos prontos e mesmo a presença de censores nas redações foram elementos utilizados para intimidar a imprensa da época. O jornal *O Estado de São Paulo* tentou resistir às mudanças do Estado Novo, porém em 1940 tornou-se um órgão oficioso mantido essa condição por todo o período em que Getúlio manteve-se no poder. Na época da interferência do governo no jornal, foi acusado de possuir armas que seriam usadas contra o regime (Romancini; Lago, 2007, p. 100).

Tentando sobreviver à ordem instalada, *O Estado de São Paulo*, *A Noite*, *O Dia* e os *Diários Associados* tornaram-se parceiros do Estado Novo, pois veiculavam a propaganda oficial.

Com relação às publicações jornalísticas, Amaral (2002, p. 4) argumenta que havia profissionais instruídos no DIP, desde os cargos mais simples, para fazer a censura dos conteúdos jornalísticos. A pesquisadora relata que, além de jornalistas contratados pelo DIP, os mecânicos e demais funcionários também poderiam apontar casos de censura. Para isso, nota-se a necessidade de que os membros dos departamentos de vigilância dispusessem de certo capital intelectual para avaliar o conteúdo jornalístico enviado ao órgão. Sendo assim, o processo de censura do período era feito com mais cautela, uma vez que os encarregados possuíam uma formação educacional mais aguçada para constatarem os possíveis fatores que desestruturariam a ordem instalada no país.

A fotografia, ferramenta utilizada em larga escala pelo jornalismo e pela publicidade, estampava sempre as páginas das publicações da época e, segundo Amaral (2002, p. 4), o órgão censor, o DIP, instituiu caráter obrigatório na publicação de imagens que fizessem a boa representação do ditador Getúlio Vargas.

Fotografias de Vargas sempre sorrindo, exemplo de um poder criativo de persuasão, estabelecendo relações, criando afinidades, produzindo a sensação de carisma e sentimentos. E através de um sorriso "puro", fazia com que o líder tivesse em suas mãos um triunfo de aproximação junto à massa, mantendo sua popularidade. (AMARAL, 2002, p. 4)

Existia uma dupla função nas fotografias utilizadas nesse período, pois o que fazia parte de uma estratégia de publicidade era vendido como informação para os leitores das publicações. As fotos previamente estabelecidas eram repassadas como se fossem fotos ocasionais, espontâneas. Deste modo, era necessário que os fotógrafos que trabalhavam para os veículos da época fotografassem em sintonia com o aparato ideológico que os publicitários do período estadonovista pretendiam difundir.

Apesar das constantes perseguições da censura, o Estado Novo pode ser citado como um período de reconhecimento para alguns repórteres. Joel Silveira, David Nasser, Edmar Morel e Samuel Wainer são exemplos de jornalistas que mesmo com o crivo da ditadura conseguiram desempenhar as suas funções.

Em entrevista concedida à *Folha de São Paulo* em 9 de janeiro de 1979, Joel Silveira afirma que foi a reportagem "Gran–finos em São Paulo", escrita em 1943, que lhe deu notoriedade no jornalismo. No texto, o jornalista contava as aventuras de um sergipano que se disfarçou de *gentleman* pelos salões de famílias quatrocentonas paulistas. Segundo Silveira (*apud* NEGREIROS, 1979, s/p), a matéria foi louvada por Getúlio Vargas, que desprezava a burguesia paulista, mas isso não foi o suficiente para Silveira escapar dos ajustes do DIP.

[...] diariamente a gente recebia, lá pelas nove e meia dez horas , um telefonema com aquela vozinha: "Silveira, olha aqui, está falando o fulano (geralmente dava só o primeiro nome), não pode sair aquilo, evite comentários" [...] Era a briga do beijo. Vargas se embriagava no Cassino da Urca. Dava um bofetão em alguém e a vozinha: nenhum comentário sobre a briga do beijo, heim. (NEGREIROS, 1979, s/p)

David Nasser, que foi transferido do jornal *O Globo* para atuar na Revista *O Cruzeiro*, ganhou destaque no Estado Novo com a matéria, de dezoito páginas, intitulada "Enfrentando os Chavantes". O texto falava sobre uma tribo indígena que vivia na fronteira de Mato Grosso com o Pará e dispunha de fotos que mostravam momentos selvagens que nunca tinham sido publicados (MORAIS, 1994, p. 419). A finalidade dessa reportagem pode ser vista a partir de dois ângulos: além de ser uma tentativa de divulgar temas desconhecidos e atrair o leitor com imagens diferentes, poderia ser também mais uma estratégia de silenciamento, pois enquanto o regime cerceava direitos e saturava o público com a propaganda oficial, a revista destinava grande número de páginas somente para esse tema.

Edmar Morel foi outro jornalista que se destacou na profissão trabalhando durante o Estado Novo. A matéria Farpa não entra na fila, que denunciava o fato de uma égua ser alimentada com quatro litros de leite no momento em que o Brasil sentia os reflexos da Segunda Guerra Mundial e tinha quase que racionar o produto, moveu a população a sair às ruas a protestar contra o fato (Morais, 1994, p. 421).

O medo da censura, do exílio, da prisão, ou até mesmo da morte fazia com que muitos jornalistas abandonassem a profissão ou se voltassem exclusivamente para a defesa do regime. Samuel Wainer, apesar das opressões sofridas pode ser citado como um jornalista que ousou e transformou a revista antiditatorial *Diretrizes* (1938) em um jornal diário no ano de 1945. Em entrevista concedida ao repórter Wainer Pinheiro da *Folha de São Paulo,* em 1979, Wainer relata que nem mesmo o exílio em 1945 e o fechamento do veículo fez com que ele perdesse a vontade de escrever e driblar a censura. A matéria O Governo deve sair do povo como a fumaça deve sair da fogueira, que reclamava do autoritarismo do Estado Novo e exigia a redemocratização, fez com que *Diretrizes* saísse de circulação por algum tempo. Vale destacar que o mesmo Wainer que duelava com Vargas nas páginas da revista *Diretrizes* tornou-se seu parceiro na eleição de 1950.

Segundo Orlandi *apud* Bellintani (2005, p. 1), a censura proporciona a reelaboração de textos, do discurso e da significação, porém a interpretação ultrapassa os limites censurados. Pode-se até falar e escrever apenas o que está autorizado, mas a interpretação transcende o que foi estipulado pela censura. Utilizando-se desse artifício alguns jornais conseguiram publicar matérias e artigos que atacavam o Estado Novo e seus principais representantes.

Esse foi o caso do periódico *A Democracia,* jornal que surgiu no Uruguai e fazia oposição direta ao Estado Novo. Adriana Bellintani (2005, p. 2) mostra em seus estudos que a administração de Vargas era ridicularizada e o jornal fazia severas críticas citando casos de denúncias e corrupção na ditadura Vargas. Benjamin Vargas, irmão de Getúlio, é mostrado no jornal como traficante, assassino, desordeiro e contrabandista.

O silenciamento invadiu não somente os veículos das maiores capitais do Brasil. No Piauí, o DIP intervia com ligações e com visitas às redações jornalísticas. Com a criação do Departamento Estadual de Imprensa e Propaganda (DEIP), a interferência nos serviços de imprensa adquiriu um caráter mais específico.

## O Piauí e a Censura dos Jornais

O Decreto-Lei 2.557, de 4 de setembro de 1940, criou os Departamentos Estaduais de Imprensa e Propaganda (DEIP). Segundo o decreto, a finalidade dos órgãos seria assegurar a distribuição de notícias e ensinamentos "exatos e úteis" sobre administração, política externa, comércio, indústria, educação e saúde. Percebe-se na própria finalidade dos DEIP's o interesse governamental de promover sua opinião e divulgar sua boa reputação em todos os cantos do país. A criação desses aparelhos de Estado também pode ser vista como tentativa de eliminar as informações contrárias ao poder getulista de maneira mais eficiente, tanto no campo da imprensa quanto nas outras áreas controladas pelo DIP. Piauí, Bahia, Ceará, Espírito Santo, Pará, Rio Grande do Norte, Santa Catarina e São Paulo foram alguns dos Estados em que foram estabelecidos DEIP's.

O decreto que criou os Departamentos Estaduais de Imprensa e Propaganda é de 1940, entretanto no Piauí, o departamento foi criado em 1941 e com objetivo de gerir os serviços estaduais referentes à imprensa, radiodifusão, diversões públicas, propaganda, publicidade e turismo. Com o órgão, o governo central tornou-se mais próximo da conjuntura piauiense. Devido à precariedade dos sistemas de comunicação do Piauí, era oportuno que se estabelecessem laços mais próximos com a população por meio desse departamento estadual, pois a condição geográfica do Nordeste à época favorecia a entrada de ideias oriundas de outros estados, especialmente dos locais com base defensiva durante a Segunda Guerra Mundial e o nível de instrução da população baixo sugeria que a mesma tivesse suas opiniões facilmente manipuláveis, de maneira favorável ou não ao Estado Novo.

No Piauí, o DEIP foi dirigido por João Soares da Silva, Bonifácio de Carvalho Abreu e Robert Wall de Carvalho. O último atuou também como conselheiro na Associação Piauiense de Imprensa. Da mesma maneira que a implantação do Estado Novo fora aceita no Piauí, o DEIP também foi bem recebido no estado. No ofício de n.º 45/46, de 27 de abril de 1946, um pouco depois do fim do Estado Novo, mostra a cordialidade que existia entre o DEIP, por meio do então diretor Robert Wall de Carvalho e o governo estadual representado pelo Secretário Geral de Estado, Valter Alencar.

Com a vigilância do DEIP tornava-se cada vez mais difícil divulgar informações que não fossem condizentes com os ideais propagados pelo Estado Novo. Segundo Celso Pinheiro (1972, p. 199), as atividades da imprensa no Piauí até 1945 foram restritas a assuntos rotineiros em virtude da atuação da censura os periódicos praticamente desapareceram. O interesse em calar assuntos que atacassem o regime e o racionamento de papel, cuja escassez era atribuída à queda de importações, devido a II Guerra Mundial, são fatores que podem ter incidido sobre a circulação de periódicos.

Ainda conforme Pinheiro (1972, p. 200), o silenciamento dos jornais não esteve associado apenas à dificuldade de importar papel. O autor acredita que o desaparecimento de alguns dos jornais no Piauí foi uma estratégia indireta do DIP para limitar o acesso da população às informações.

> [...] o controle ou a censura das notícias era feita pelo Governo, indiretamente, através das cotas de papel. O DIP (Departamento de Imprensa e Propaganda) comunicava quais notícias não podiam sair e só. Se saíssem era cortada a cota de papel [...]. Contudo, as comunicações eram feitas verbalmente, ou por telefone, de modo a não deixar vestígios. (PINHEIRO, 1972, p. 200)

O trabalho de vigilância dos serviços de imprensa também era executado pela polícia, que em alguns casos dispunha de funcionários atuando como censores. Trecho do jornal *Gazeta* mostra o poder de censura de que a polícia tinha em relação à imprensa piauiense.

> O Sr. Governador, usando da palavra, tratou da campanha que os nossos jornais, e os diretores daquelas fábricas deviam desenvolver contra o comunismo, – aqueles publicando, obrigatoriamente, em todas as suas edições, qualquer coisa condenando o credo vermelho [...] e disse que a censura à imprensa continuava a cargo do Sr. Chefe de Polícia. (*GAZETA*, 1937, p. 1)

O desenvolvimento da comunicação em geral era bastante rudimentar, o que influenciava de maneira direta os serviços de imprensa. Segundo Afonso Ligório Pires de Carvalho (2011, p. 16), no Piauí, durante o período Vargas, os acontecimentos eram divulgados em sua maioria de boca em boca. Avalia-se que essa modalidade de comunicação fazia com que a população demorasse a ter acesso às informações de um modo geral e, de certo modo, poderia ser mais eficaz que o material jornalístico impresso, já que em 1940 o Instituto Brasileiro de Geografia e Estatística (IBGE) apontava que 56,1% da população brasileira era analfabeta. Considerando esse valor, estima-se que no Piauí o número ainda era maior devido à existência de poucas escolas no período e, como informa Nascimento (2002, p. 650), com baixa frequência e alta reprovação escolar. Com base nisso, pode-se colocar que mesmo que existissem jornais impressos em grande quantidade, boa parte da população não teria condições de acesso a eles, em face do baixo grau de instrução e continuaria dependente das interpretações e leituras feitas pelos letrados.

Observando por essa perspectiva do analfabetismo, a falta de público para ler as publicações impressas, além de beneficiar o governo, pois evitava que a população tivesse acesso a críticas feitas ao regime, também pode ser pontuada como um desestímulo para que surgissem jornais, uma vez que os jornalistas e proprietários de jornais poderiam se sentir pouco motivados para produzir para um público restrito. A imprensa informativa quase na totalidade se restringia ao *Diário Oficial* e ao jornal *Gazeta*, que divulgavam assuntos em comum. Tal fato impedia a população de ter acesso a notícias com critérios de noticiabilidade diferentes e da oportunidade de observar outras linhas editoriais.

O *Diário Oficial* divulgava informações referentes a valores estadonovistas, realizações do interventor Leônidas Mello e contava com uma seção na qual existia um noticiário com as principais informações do país e internacionais. Seguindo os moldes de fiscalização adotados pelo DIP, o DEIP se encarregava de editar o *Diário Oficial* e retirar informações que afetassem o andamento do Estado Novo (NASCIMENTO, 2002, p. 49).

O periódico *Gazeta*, dirigido pela família Lemos (Benedito Lemos, Antônio Lemos e Alberoni Lemos) além de divulgar notícias de interesse do governo possuía seções de crônicas sociais, poesias, divulgação de livros, almanaques, publicidade, curiosidades e uma espécie de coluna social (Sousa, 2013, p. 44). O jornal também era vigiado pelo DEIP e recebia notícias de outras agências nacionais, porém a fiscalização, assim como no resto do país, apresentava algumas falhas. Como exemplo pode-se citar a divulgação do parecer do Tribunal de Segurança Nacional que julgava improcedente a denúncia feita contra acusados dos incêndios nas casas de palhas de Teresina publicada pelo *Gazeta*, que driblou a censura prévia existente na época, divulgando assim uma notícia contrária aos anseios do interventor federal Leônidas Mello. Dias depois da divulgação, o DEIP convocou o diretor-gerente do jornal *Gazeta* e lhe fez reclamações acerca da publicação.

> No dia 13 de junho de 1944, Antônio Lemos, diretor gerente do jornal *Gazeta*, compareceu ao DEIP a chamado do Diretor Geral [...] O diretor do DEIP encerrou o "diálogo" informando ao jornalista do *Gazeta* que o jornal deveria ficar fora de circulação. "Seja como for, o que tenho a lhe dizer, autorizado pelo Interventor, é que a *Gazeta* não poderá circular sem censura prévia que está a meu cargo". (Nascimento, 2002, p. 52)

Em repúdio ao silenciamento que o Estado impunha, alguns intelectuais da época criaram formas de burlar as normas estabelecidas e expressar suas opiniões. Rodolfo Cavalcanti conseguia através da literatura de cordel expressar o seu descontentamento com situações como a dos incêndios que atingiram casas de palha da população pobre de Teresina. Embora fosse proibido falar ou veicular qualquer informação que se referisse ao assunto, Cavalcanti fazia isso elogiando o chefe de polícia local a fim de que a publicação não fosse censurada, porém boa parte da população entendia as sátiras que eram feitas à polícia e ao regime. Usando pernas de pau e roupas exóticas Cavalcanti vendia seus cordéis, na praça Rio Branco (Carvalho, 2011, p. 16).

Alguns dos jornais que conseguiram circular no Piauí, mesmo que por pouco tempo, eram produzidos no Rio de Janeiro. Pinheiro (1972,

p. 234) afirma que o *Língua de Sogra*, jornal que circulou no Piauí em 1943 era datilografado no Rio de Janeiro e criticava os piauienses que viviam nas proximidades do Palácio do Catete, no qual residia Getúlio Vargas. O jornal era feito, inicialmente, por A. Tito Filho e depois teve a contribuição de Petrarca Sá e Tibério Nunes.

A. Tito Filho também contribuiu com a nova fase de *O Piauí*, em 1945. O jornal de propriedade do comandante Helvécio Coelho Rodrigues durou também pouco tempo e foi extinto em 1946, ressurgindo alguns anos depois. A. Tito Filho (*apud* Tito, 1992, p. 50) comenta que começou a fazer jornalismo motivado, principalmente, pelo estilo de jornalismo partidário exercido por Carlos Lacerda. Desafiando forças políticas locais e as limitações da imprensa piauiense, A. Tito Filho criou no Rio de Janeiro o jornal *Libertação*. O periódico que foi idealizado ainda durante o Estado Novo só entrou em circulação em 1946.

> Comecei a fazer jornalismo no Rio. Pouca gente se lembra do que Tibério Nunes, Virmar Soares e eu fizemos na antiga capital do Brasil, o órgão *Libertação* para combater o governo dos interventores federais no Piauí em 1946. Jornalzinho valente. Vinha para o Piauí nos Douglas (avião) da antiga Navegação Aérea Brasileira. (Tito, 1992, p. 50)

O escritor Afonso Ligório Pires de Carvalho (2011, p. 16) destaca que Teresina poderia ter sido a única capital brasileira na qual a imprensa foi enfraquecida por muito tempo. Afonso aponta também que quase no final do Estado Novo, em 1945, surgiu um jornal literário chamado *O Autêntico*, que teve poucas tiragens e só voltou a ser publicado em 1947 através de Hindemburgo Dobal, Edmar Santana, Elio Piauilino, Genésio Pires e outros.

Durante o período de escassez de jornais no estado, publicações que envolviam informações institucionais começaram a ser veiculadas. A *Revista da Associação Piauiense de Medicina* (1939) e *A Voz do Estudante*, órgão do Grêmio Literário Da Costa e Silva (1939) foram algumas das publicações que circulavam com o objetivo de divulgar as ações desenvolvidas pelos órgãos. É provável que as mesmas não tenham encontrado tantos obstáculos em sua circulação, pois divulgavam informações institucionais destinadas a públicos especializados.

Os constantes casos de censura ao jornalismo reforçam a importância da atividade na esfera social. Embora durante o Estado Novo, a imprensa atuasse de forma incipiente em algumas regiões, a mesma possuía notoriedade entre determinados grupos e os assuntos divulgados poderiam ser tomados como exatos, visto que a veracidade é uma das principais características da atividade jornalística. Com essa visão do jornalismo, pode-se observar que o mesmo possui uma maior facilidade de fazer com que as pessoas rememorem fatos. A partir desse ponto entende-se a necessidade de tê-los como aliados de maneira espontânea ou compulsória em momentos de repressão, como foi o Estado Novo.

### Considerações Finais

A partir desta pesquisa foi possível observar que mesmo com toda repressão que marcou o período do Estado Novo alguns profissionais do jornalismo conseguiram se destacar na profissão e divulgar temas que eram proibidos pelo DIP. As limitações ocasionadas pela Segunda Guerra Mundial, principalmente as poucas cotas de papel no Piauí, e a criação de órgãos que padronizavam a divulgação do Estado Novo na esfera estadual não foram suficientes para apagar o interesse de alguns profissionais em veicular o que acontecia em determinadas regiões.

Publicações como a revista *Diretrizes*, que logo se transformou em jornal diário, e o jornal Língua de Sogra, o último feito por piauienses são provas de que os jornalistas podem suplantar as censuras e usar artifícios para divulgar o que consideram pertinentes, no entanto, o baixo grau de instrução da população fez com que boa parte da mesma assistisse, passivamente, o cerceamento de liberdades instalado na região. Como a circulação dos jornais era limitada e as publicações que faziam críticas ao regime eram distribuídas de maneira sub-reptícia, poucos tinham acesso a informações que discordassem da imprensa oficial, o que favorecia a propagação dos ideais varguistas.

O piauiense A. Tito Filho merece destaque pelo empenho de tentar veicular jornais em um período em que a própria Constituição, encarregada de garantir os direitos dos cidadãos, delegava punições a jornalistas que não fossem favoráveis ao Estado Novo. A força policial foi presente durante todo o regime e tinha como função não só cuidar da segurança física da população, mas igualmente colocava a sociedade da época em uma espécie de célula em que os comportamentos, as falas e as informações poderiam ser acessíveis já estavam definidas.

Privar uma população de ter acesso a periódicos é impedi-la de ter acesso a um dos direitos básicos a informação, além de prejudicar a preservação da história e da memória de um povo e enfraquecer o reconhecimento da conjuntura que vigorava na época.

# Referências Bibliográficas

AMARAL, Karla Cristina de Castro. "Getúlio Vargas: O criador de ilusões". In: Congresso Nacional de Ciências da Comunicação, 25, 2002, Salvador. *Anais...* Salvador: Sociedade Brasileira de Estudos Interdisciplinares da Comunicação, 2002;

BELLINTANI, Adriana. "A democracia: a imprensa subversiva no Estado Novo". In: Simpósio Nacional de História, 23, 2005, Londrina. *Anais...* Londrina: UEL, 2005. Disponível em: <http://anpuh. org/anais/wp-content/uploads/mp/pdf/ANPUH.S23.1061.pdf>. Acesso em: 17 de novembro de 2012;

BRASIL. Constituição (1934). *Constituição da República dos Estados Unidos do Brasil*: Rio de Janeiro, RJ: Presidência da República. Disponível em: <http://www.planalto.gov.br/ccivil_03/constituicao/constitui%C3%A7ao34.htm>. Acesso em: 13 de junho de 2012;

_____ Constituição (1937). *Constituição da República dos Estados Unidos do Brasil*: Rio de Janeiro, RJ: Presidência da República. Disponível em: <http://www.planalto.gov.br/ccivil_03/constituicao/constitui%C3%A7ao37.htm>. Acesso em 20 de maio de 2013;

_____ Decreto Lei n.º 2.556, de 3 de setembro de 1940. Disponível em: http://www.camara.gov.br/internet/InfDoc/novoconteudo/legislação/republica/leis1940Vv497/pdf35.pdf#page=1. Acesso em: 27 jul. 2012;

_____ Decreto Lei n.º 1.915, de 27 de dezembro de 1939. *Cria o Departamento de Imprensa e Propaganda e dá outras Providências.* Disponível em: http://legis.senado.gov.br/legislacao/ListaPublicacoes.action?id=19204&. Acesso em: 21 maio 2013;

_____ Decreto Lei n.º 2.557, de 4 de setembro de 1940. *Dispõe sobre o Exercício das Funções do Departamento de Imprensa e Propaganda nos Estados.* Disponível em: http://www.camara.gov.br/internet/InfDoc/novoconteudo/republica/leis1940Vv497/pdf35.pdf#page=1. Acesso em: 27 jul. 2012;

CAPELATO, Maria Helena. "Propaganda política e controle dos meios de comunicação". In: PANDOLFI, Dulce (Org). *Repensando o Estado Novo*. Rio de Janeiro: Fundação Getúlio Vargas, 1999. pp. 167-178;

CARVALHO, Afonso Ligório Pires de. "Teresina de ontem e de hoje". *Presença*, Teresina, n.º 46. pp. 7-17, 2011;

DINES, Alberto. *História e Poder: Militares, Igreja e Sociedade Civil*. São Paulo: Editora 34, 2000;

GARCIA, Nelson Jahr. *Estado Novo, Ideologia e Propaganda Política*. [S.I] RocketEditions – ebooks – Brasil, 2005. Disponível em: <http://www.ebooksbrasil.org/adobeebook/estadonovo.pdf>. Acesso em: 22 maio 2013;

GAZETA. Teresina, ano 27, n.º 1189, 26 nov. 1937;

IBIAPINA, João Nonon de Moura Fontes. *Palha de Arroz*. 4.ª ed. Teresina: Corisco, 2004;

LE GOFF, Jacques. *História e Memória*. 5.ª ed. Campinas: UNICAMP, 2003;

LIRA, Clarice Helena Santiago. *O Piauí em Tempos de Segunda Guerra: Mobilização Local e as Experiências do Contingente Piauiense da FEB*. 2008. 159f. Dissertação (Mestrado em História), Universidade Federal do Piauí, Teresina;

MORAIS, Fernando. *Chatô: O Rei do Brasil*. São Paulo: Companhia das Letras, 1994;

NASCIMENTO, Francisco Alcides do. *A cidade sob o Fogo: Modernização e Violência Policial em Teresina* (1937-1945). Teresina: Fundação Cultural Monsenhor Chaves, 2002;

NEGREIROS, Gilberto. O Estado Novo e o Getulismo. *Folha de São Paulo*. São Paulo, 9 jan. 1979. Disponível em: <http://almanaque.folha.uol.com.br/memoria_5.htm>. Acesso em: 16 jul. 2012;

ORLANDI, Eni Puccinelli. *As Formas do Silêncio*. São Paulo: Unicamp, 1997;

PINHEIRO FILHO, Celso. *História da Imprensa no Piauí*. Teresina: COMEPI, 1972;

PINHEIRO, Wianey. "Por que Café Filho traiu Getúlio". *Folha de São Paulo*. São Paulo, 14 jan. 1979. Disponível em: <http://almanaque. folha.uol.com.br/memoria 10.htm>. Acesso em: 18 nov. 2013;

ROMANCINI, Richard; LAGO, Cláudia. *História do Jornalismo no Brasil*. Brasília: Insular, 2007;

SODRE, Nelson Werneck. *História da Imprensa no Brasil*. 4.ª ed. Rio de Janeiro: Mauad,1999;

TAVARES, Zózimo. *100 Fatos do Piauí no Século XX*. Teresina: Halley, 2000;

TITO, Delci Maria. *Falando de A. Tito Filho*. Teresina: Gráfica e Editora do Povo, 1992.

# Capítulo 15

## A CARNAVALIZAÇÃO POLÍTICA NAS CARICATURAS DO JORNAL *O PIRRALHO*[74]

Thiago Ramos de Melo

---

[74] Texto orientado por Ana Regina Rêgo.

Devido a sua linguagem simples, de fácil compreensão, a caricatura é uma expressão artística de grande alcance popular. Somado a isso, o uso de textos justapostos às caricaturas funcionam como orientadores de leitura, direcionando o olhar do leitor no sentido da compreensão do autor, produzindo assim, os efeitos desejados. Analisar caricaturas, contudo, não é limitar-se a descrever o óbvio, visto que não há uma verdade escondida atrás de textos ou imagens. O que existe são "gestos de interpretação que o constituem e que o analista, com seu dispositivo, deve ser capaz de compreender" (ORLANDI, 1999, p. 26).

Diante disso, o presente artigo procura analisar, à luz da teoria bakhtiniana de carnavalização, duas das caricaturas políticas que foram veiculadas no periódico piauiense *O Pirralho*, em 24 de fevereiro de 1979. Compreende-se que as caricaturas fundam-se no efeito cômico e na crítica política aumentando características do representado, colocando-o em situações atípicas e que geram o riso, provocando, de certo modo, sua ridicularização. Ela exige que o leitor reflita para assim compreendê-la, afastando-o do hábito de ler passivamente, abrindo novas possibilidades de se enxergar a realidade.

Assim, adota-se a Análise de Discurso (AD) como método de pesquisa para entender a construção dos sentidos nas caricaturas, visto que, para esta área do conhecimento, a linguagem, enquanto discurso, está povoada de intenções. A linguagem, enquanto discurso, não é neutra e o sentido não é imanente às palavras ou objetos, ele é fruto das condições sócio-histórico-ideológicas em que é produzido e também da posição discursiva que o sujeito ocupa no momento de/do dizer.

A teoria bakhtiniana de carnavalização também vai compor nossa base de análise das caricaturas. Somado a Bakhtin (1999), autores como Nascimento (2009), Orlandi (1999), Queluz (2005), Magalhães (2003), Moura (2006), entre outros, irão auxiliar na fundamentação de nossa discussão.

Vale ressaltar que não nos filiamos aqui, em um primeiro instante, a nenhuma das inúmeras matrizes de pensamento de um campo tão vasto como a Análise de Discurso, visto que, como cita Orlandi (1999, p. 9), "haverá sempre, por mais estabelecida que seja a disciplina, muitas maneiras de apresentá-la e sempre a partir de perspectivas que mostram menos a variedade da ciência que a presença da ideologia".

Como dito anteriormente, nosso objeto de estudo são as caricaturas veiculadas pelo jornal piauiense *O Pirralho*, em 24 de fevereiro de 1979. O próprio nome do jornal é um dado discursivo de humor, visto que a palavra pirralho remete ao de uma criança chata, enxerida, que incomoda. A escolha deste recorte se deu porque, além de ser a primeira das edições que marcam a quinta fase de "vida" d'*O Pirralho*, também é período de carnaval. Além disso, foi justamente nesta época que as caricaturas ganharam um destaque maior, ocupando espaço em praticamente todas as folhas do jornal.

Quanto à estrutura, apresentamos primeiramente uma breve conceituação referente à teoria abordada. Os conceitos que serão esclarecidos nos auxiliarão na compreensão do processo de constituição das caricaturas. Logo em seguida, passamos para uma rápida reflexão sobre sentido e condições de produção, visto que os sentidos presentes nas caricaturas são decorrentes de um contexto sócio-histórico e não podem ser compreendidos fora dele.

Mais adiante, fazemos uma breve contextualização do jornal *O Pirralho* no cenário político piauiense da época. No momento seguinte, aplicamos os conceitos trabalhados ao longo do estudo na análise das duas caricaturas escolhidas. Por fim, apontamos nossas inferências, destacando o caráter reflexivo da caricatura que afasta do leitor o hábito de ler passivamente e que possibilita outras maneiras de se enxergar o mundo.

## A Carnavalização da Imagem

Mikhail Bakhtin faz um estudo sobre a cultura popular na Idade Média e no Renascimento a partir da obra de François Rabelais, aprofundando o conceito de carnavalização que já havia aparecido em *Problemas da Poética de Dostoievski*. Para o autor, a carnavalização, como fenômeno próprio da manifestação popular, acaba com as hierarquias, pondo fim às diferenças sociais, elevando todos a um mesmo plano, criando uma nova vida, sem regras ou restrições. "Os espectadores não assistem ao carnaval, eles o vivem, uma vez que o carnaval pela sua própria natureza existe para todo o povo" (BAKHTIN, 1999, p. 6).

Opondo-se às festas oficiais da Idade Média que, sob a influência da Igreja e do regime feudal, não arrancavam o povo da ordem vigente, servindo apenas para ratificar o domínio do Estado, "o carnaval era o triunfo de uma espécie de libertação temporária da verdade dominante e do regime vigente, de abolição provisória de todas as hierarquias, privilégio, regras e tabus" (BAKHTIN, 1999, p. 8). Essa manifestação da cultura popular na Idade Média, em sua riqueza de formas e símbolos, caracterizou-se pela representação do mundo às avessas, no qual se diluem as fronteiras, instauram-se as dicotomias e se constrói essa nova vida como paródia da vida ordinária.

O riso carnavalesco de acordo com Bakhtin (1999, p. 10 *et sec*) é, antes de qualquer coisa, um riso festivo. Sua natureza tem um aspecto ambivalente, alegre e cheio de alvoroço, mas ao mesmo tempo burlador e sarcástico, nega e afirma, amortalha e ressuscita simultaneamente. O riso, em sua plena manifestação carnavalesca, aparece como ato de emancipação social, expurga a consciência da seriedade mentirosa, do dogmatismo, de todas as afetações que a obscurecem. No carnaval, o riso vence o medo que, segundo o autor, é a expressão extrema de uma seriedade unilateral e estúpida.

É na caricatura "onde o fundamento do efeito cômico e da crítica política satírica reside na revelação hiperbólica das características efetivamente presentes nas personagens representadas" (MOTTA, 2006, p. 26), distorcendo a representação do indivíduo, levando-a à ridicularização, provocando o riso, desmistificando-o e arrancando-o do patamar elevado que lhe concede o poder.

Motta (2006) menciona a existência de caricaturas elogiosas, contudo, segundo ele, as melhores são as que, para alcançar o efeito cômico almejado, "zombam impiedosamente dos personagens sob a mira do lápis do artista. Por isso, geralmente as caricaturas políticas são dedicadas aos adversários, raramente aos líderes admirados" (Motta, 2006, pp. 20-21). O riso transforma, afugentando o medo e, assim como no carnaval medieval na concepção bakhtiniana, livra o indivíduo das amarras autoritárias que o prendem, libertando-o para uma nova vida despida de hierarquizações sociais.

A caricatura foi, e ainda permanece sendo, uma arma política. Ela é "antes uma arma de ataque do que de defesa: é na mordacidade que ela revela melhor o seu potencial" (Motta, 2006, p. 20). Ela incomoda porque é crítica em suas representações grotescas e cômicas. A crítica subversiva provoca a ridicularização do representado, servindo como instrumento de desmistificação do poder, "mostrando líderes e chefes de Estado como seres humanos falíveis e, eventualmente, ridículos" (Motta, 2006, p. 18).

Lopez faz uma ressalva sobre a contribuição de Bakhtin na análise da caricatura enquanto um texto dialógico e polifônico:

> Paródico e dialógico, o texto se torna auto-reflexivo. Ele se divide, então, entre uma prática do sério e uma prática subversiva, da gravidade de uma norma e do ridículo que toda norma entranha, de modo que o discurso encenará, agora, o espetáculo de sua própria constituição. Incluindo a outra voz, a voz do outro, que é sempre expressão da loucura, da blasfêmia, da subversão, da insensatez, do escândalo, em suma o discurso dialógico. (Lopez apud Queluz, 2005, p. 244)

A caricatura, em sua natureza dialógica, ressalta o caráter heterogêneo, apagando a noção de discurso único, provocando o riso que, semelhante à carnavalização em Bakhtin, é um fenômeno polifônico, já que, em sua multiplicidade constitutiva, se conjuga em uma pluralidade de vozes.

## Sentido, Dialogismo e Condições de Produção

Analisar as condições de produção de determinado discurso é necessário para compreender os sentidos ali presentes, visto que "todo objeto significante é produzido num dado contexto histórico, circula no meio social e é consumido real e simbolicamente" (PINTO, 1994, p. 16). Entendemos condições de produção conforme Nascimento (2009), referindo-se: (1) à situação, no que diz respeito às circunstâncias do enunciado, sendo, basicamente, o seu contexto de circulação, produção e consumo das publicações em estudo; (2) o contexto sócio-histórico em que as publicações estão inseridas; (3) a memória discursiva, que pressupõe que um discurso é produzido tomando-se outros já pronunciados (já-ditos) e esquecidos.

Orlandi (1999) afirma que as condições de produção que constituem os discursos funcionam de acordo com certos fatores. Um deles é a chamada relação de sentidos. Não há discurso que não se relacione com os outros, ou seja, "um discurso aponta para outros que o sustentam, assim como para dizeres futuros" (ORLANDI,1999, p. 39). Todo discurso é, então, dialógico.

Dialogismo é, pois, "a categoria que nos possibilita dizer que um enunciado é impregnado dos dizeres de outros sujeitos, ou que um enunciado é sempre resultado do atravessamento de outros enunciados ou outros discursos" (NASCIMENTO, 2009, p. 35). Diálogo, aqui mencionado, não se refere apenas à comunicação em voz alta, face a face, ele diz respeito a qualquer prática discursiva. Para a autora, todos os enunciados no processo de comunicação, independentemente de sua dimensão, são dialógicos.

Um enunciado é, portanto, sempre heterogêneo, e, por estar sempre impregnado pelos dizeres dos outros, "nunca se fala sem o já-dito" (BAKHTIN *apud* NASCIMENTO, 2009, p. 34). Neste sentido, as imagens são também dialógicas, visto que elas estão em constante diálogo com outras. Logo, a imagem é dialógica na medida em que retoma e evoca imagens outras, promovendo sua interação, atribuindo-lhes novos sentidos.

Se toda produção discursiva, efetuada sob determinadas condições, faz circular dizeres já enunciados anteriormente, entramos aqui no campo da memória discursiva. A memória, aqui referida, não diz respeito a uma memória psicológica, mas sim a uma memória "que supõe um enunciado inscrito na história" (BRANDÃO,1996, p. 77). A memória discursiva "separa e elege dentre elementos constituídos numa determinada contingência histórica, aquilo que, numa outra conjuntura dada, pode emergir e ser atualizado, rejeitando o que não deve ser trazido à tona" (BRANDÃO,1996, p. 79). Seus efeitos permitem tanto a lembrança, a redefinição e a transformação, quanto a ruptura, o esquecimento e a degeneração do já-dito.

Outro mecanismo citado por Orlandi (1999) é o da antecipação, segundo o qual todo sujeito tem a capacidade de se colocar no lugar em que o interlocutor "ouve" suas palavras. O sujeito dirá, então, de um modo ou de outro, conforme o sentido que pense estar produzindo para o interlocutor. Por último, Orlandi (1999) cita a chamada relação de forças. "Segundo essa noção, podemos dizer o lugar a partir do qual fala o sujeito é constituído do que ele diz" (ORLANDI, 1999, p. 39). Se o sujeito fala do lugar de professor, por exemplo, suas palavras significam de modo diferente do que se falasse do lugar de aluno. Esses mecanismos repousam em formações imaginárias. Formações essas que dizem respeito não a lugares e sujeitos empíricos, mas sim às imagens que o sujeito projeta de si e de seu interlocutor ao dirigir-se a ele, moldando, dessa forma, seu discurso.

Nas caricaturas, os sentidos produzidos pelos discursos são construídos pelo uso de operadores discursivos verbais ou não verbais, por meio do processo dialógico, à medida que remetem ou retomam outros discursos. Os operadores verbais, afirma Nascimento (2009, p. 76), "são expressões que exercem a função de retomada, como advérbios de tempo e lugar, fazendo referência a elementos da memória discursiva". Os não-verbais, continua a autora, "correspondem à imagem ou traço que remete a um referente presente na memória partilhada pelos interlocutores envolvidos na enunciação" (NASCIMENTO, 2009, p. 76).

## O Pirralho

Fundado por Antônio Lemos, o "Semana", e Ribamar Ramos, O Pirralho circulou pela primeira vez em 1934. Com uma linguagem recheada de ironias, o jornal usou do humor como arma de crítica aos problemas e às personalidades que compunham o cenário local. Uma de suas características era o uso de caricaturas, somadas a versos rimados, que tinham como alvo principal as figuras políticas que permeavam o Piauí da época. O perfil editorial do jornal pode ser percebido no trecho retirado da matéria publicada em fevereiro de 1979:

> Este jornal participa de uma tradição na vida da cidade, pelas atitudes de independência, pela sinceridade da crítica, pela extraordinária ironia no combate à empáfia, ao orgulho tolo; à vaidade de certos figurões e bestalhões da política e de outros setores da vida social. [...] Não só de humorismo, mas de veemência contra o puxa-saquismo, contra a petulância, contra os tartufos; os camelôs intelectuais, a indigência, os falsos democratas, os caolhos de virtude, os políticos antipovo, contra as bestices oficiais, o compadrio, a intruje, contra os parlapatões de toda e variada espécie. (*O PIRRALHO*, Teresina, 1979, n.º 1, p. 1, 24 fev. 1979)

*O Pirralho* vive sua primeira fase durante a Era Vargas, em um período de importantes mudanças na sociedade brasileira. Acelerou-se o processo de urbanização e a burguesia começou a participar cada vez mais na vida política. Com o progresso da industrialização, a classe operária cresceu consideravelmente.

Getúlio Vargas voltou-se em direção a esta classe, buscando seu apoio, já que ela era fundamental para a economia. Com a criação do Ministério do Trabalho Indústria e Comércio na década de 1930, tem inicio a regulamentação do trabalho no Brasil. Parte da legislação visava ampliar direitos e garantias do trabalhador como a lei de férias e contemplava também o trabalho de mulheres e crianças.

No Piauí, afirma Pinheiro Filho (1997, p. 198), é nessa época que "começamos a tomar nítida consciência do nosso atraso, não para constatá-lo e ficar nisso, mas para procurar também meios de superá-lo". Foi iniciada a construção da estrada de rodagem para Fortaleza. O caminhão substituiu as tropas de animais. Nessa época, destaca-se também a chegada do avião no Piauí.

Em 1937, implanta-se o Estado Novo, impondo uma rigorosa censura a todos os meios de divulgação. Não obstante pararam o surgimento de novos jornais, e cada periódico dispunha de uma cota. O controle e a censura das notícias eram feitos indiretamente pelo governo, através das cotas de papel. O Departamento de Imprensa e Propaganda (DIP) apenas comunicava quais eram as notícias que não poderiam ser publicadas, sob pena de ter o suprimento de papel e a publicidade oficial vetados.

As atividades da imprensa limitaram-se à rotina, até 1947, devido à rigorosa censura imposta. A partir de 1945, quando foram reconstituídos os partidos políticos, surgiram inúmeros órgãos estudantis e também novos jornais, como o jornal intitulado *Resistência*, sob a direção de Francisco Luís de Almeida e o *Jornal do Comércio*, fundado por João Bastos.

Em 1948, *O Pirralho* ressurge sob a direção de Antônio Lemos Filho e redação de Francisco Lemos e Jesus Lemos. Seu slogan era "Jornal de ataque de risos" e mantinha seu formato tradicional de seis páginas.

No cenário político piauiense, repetia-se o duelo travado em nível nacional entre União Democrática Nacional(UDN) e Partido Social Democrático(PSD). Os udenistas elegem José da Rocha Furtado governador do estado em 1947 após uma dura disputa com o PSD que fez a maioria na Assembleia Legislativa e boicotou as ações do executivo criando as condições propícias para a vitória de Pedro de Almendra Freitas do PSD, em 1950. Justamente neste ano é que *O Pirralho*, sob a direção de Alberoni Lemos e o apoio de seu secretário, Antônio Lemos Filho, inicia sua terceira fase. Seu slogan era "Jornal noticioso, independente e de interesse coletivo". Nesta terceira fase, o período de duração do jornal coincidiu com o período do governo de Pedro de Almendra Freitas, como afirma a matéria publicada na edição número 1, de 1972:

> Viveu enquanto viveu o governo do coronel Pedro Almendra de Freitas, justamente governador da taba piauiense no quadriênio 31-1-1951 a 31-1-1955. Época de vacas muito magras. Carne pouca e cara, o que ainda hoje se evidencia. O novo necrologio para o vibrante jornalzinho de tamanho raquítico e de idéias amadurecidas. Morte de *O PIRRALHO* em Teresina era acontecimento acabrunhante e desolador. Só o governo festejava o acontecimento, porque o governo sempre recebia nossas críticas saborosas e antológicas. (*O Pirralho*, Teresina, 1972, n.º 1, p. 1, 10 set. 1972)

Em sua quarta fase, iniciada em 10 de setembro de 1972, *O Pirralho* se apresenta como "Um jornal que ataca sem ferir, e se fere não magoa". Alberoni Lemos ainda era o diretor e os redatores eram A. Tito Filho e Alberoni Lemos Filho. Pouco tempo após o fim do AI5, em 24 de fevereiro de 1979, *O Pirralho* inicia sua quinta fase. É na primeira edição desta fase que nosso recorte para a análise vai se estabelecer.

### O Humor Crítico nas Caricaturas d' O Pirralho

O material selecionado para o corpus de análise desse artigo é constituído de duas caricaturas veiculadas na edição de 24 de fevereiro de 1979. Neste dia, o jornal lançou a primeira edição de sua quinta e última fase.

#### Figura 1 – Caricatura de Wall Ferraz

Fonte: Batista, J. *O Pirralho*, Teresina,
ano 45, n.º 1, p. 12, 24 fev. 1979

A primeira caricatura é de Raimundo Wall Ferraz. Nela, o texto segue como complemento, reforçando o sentido da imagem: "Mamei nas tetas do Alberto / E do Dirceu meu cunhado / Votei neste, com o esquema / Mas fiquei desempregado". Os sentidos são construídos por meio de operadores discursivos verbais e não-verbais.

Wall Ferraz deslancha na carreira política ao ser eleito vereador de Teresina nos anos de 1954 e 1958 e vice-prefeito do município em 1962, sendo o último político nessa condição a exercer a presidência da Câmara Municipal no quadriênio seguinte à sua posse. Atuou como Secretário de Educação no governo Alberto Silva (1971-1975), acumulando por um breve período a Secretaria de Governo. Foi nomeado prefeito de Teresina (1975-1979) com a ascensão de Dirceu Arcoverde ao governo do estado.

A caricatura faz referência a umas das características marcantes da carnavalização, que é a representação do mundo como paródia da vida real. O riso carnavalesco, com foco na excentricidade da expressão, degrada o ridicularizado, rompendo com a seriedade unilateral da realidade, pelo deboche e pela sátira. Na imagem, vê-se a figura de uma enorme chupeta pendurada em seu pescoço, o primeiro operador discursivo não-verbal. A chupeta, em seu uso habitual, serve para complementar a necessidade que todo bebê possui de sucção, o mesmo processo usado para acalentar uma criança, dando-lhe a impressão de que chupa o seio da mãe na retirada do leite materno.

O riso carnavalesco provoca a eliminação provisória das relações hierárquicas, culminando no aparecimento de uma linguagem carnavalesca típica. As formas e símbolos da linguagem carnavalesca estão tomados pelo lirismo da alternância e da renovação. Este é um riso que "degrada e materializa" (BAKHTIN,1999, p. 18), produzindo novos sentidos. Nesse contexto, o signo chupeta é ressemantizado, realçando o sentido do operador discursivo "Mamei".

Desmamado: aquele que não tem mais onde mamar, por isto o uso a chupeta. Mamar, aqui, não está sendo empregado para designar o processo de sucção do leite no seio de uma mulher, mas sim, figurativamente, ao processo de tirar vantagens, obter lucros ilícitos em negócios, empresas, ou administração pública. A posição dos pés e mãos também é parte do processo constitutivo de sentido. Com um pé que se desloca na frente do outro, o caricaturista produz o efeito de movimento. A mão que acena indica outro efeito de movimento, remetendo ao gesto de despedida.

Esses operadores vão ganhar força junto ao operador verbal "desempregado". Wall ficou desempregado, teve seu emprego tomado, ou seja, foi posto para fora. Com isto, ele despede-se do emprego que outrora foi seu, e junto a ele, vai a sua chupeta, ironizando o fato de que não será mais ali que ele irá "mamar".

*Figura 2 – Caricatura de Wilson Brandão*

Fonte: Batista, J. *O Pirralho*, Teresina,
ano 45, n.º 1, p. 4, 24 fev. 1979

A segunda caricatura é de Wilson de Andrade Brandão. A imagem vem acompanhada do texto: "Secretário de Cultura / Que cargo gratificante! / É lugar pra homem culto, / Trabalhador, atuante. // Não é qualquer zé bezerra / Homem certo pra função / Deve ser um professor / De soberba erudição. // É cargo para homem forte, / Corajoso e de ação, / Homem de vasta cultura, / Humanista, sabichão // Deve ser um imortal, / Ou talvez um figurão / Deve ser o deputado / Dr. Wilson Brandão."

De início, um operador discursivo não-verbal está visível, a roupa padrão de secretária em empresas executivas. Esse operador discursivo dialoga com a primeira palavra do texto: "Secretário". Vale destacar também a ironia que se faz presente no texto. Na ironia, o locutor revela o contrário do que é enunciado. O enunciado é marcado pela presença de, no mínimo, duas vozes, uma que, num primeiro momento afirma a proposição e, num outro, nega-a. Com seu ato de exaltar, o locutor desmerece tanto as qualidades do representado, quanto o cargo de Secretário de Cultura.

Queluz (2005, p. 242) afirma que "na criação de significados junto ao leitor, instauram-se jogos que utilizam a ambiguidade e a ironia". Esta última seria a arma mais efetiva do caricaturista, pois ele "finge aceitar as formas de raciocínio do oponente, para expor a incoerência ou a mentira implícita nelas" (QUELUZ, 2005, p. 242). Além da ambiguidade e da ironia, a autora cita uma terceira característica da caricatura: a dessacralização. Essa dessacralização, assim como na carnavalização bakhtiniana, permite tanto enxergar o mundo ao contrário, instaurando certa desordem, como também "um mundo concreto, sensível, visível, numa fusão de valores e tradições, ampliando as possibilidades do olhar e não apenas conduzindo-o ao oposto" (QUELUZ, 2005, p. 244). A ironia é a representação do riso carnavalesco ambivalente, pois, ao mesmo tempo em que nega, também afirma, é alegre e simultaneamente sarcástico, amortalha e ressuscita.

A ironia que se manifesta na importância do cargo de Secretário de Cultura ganha ênfase na exclamação da segunda estrofe: "que cargo gratificante!" O efeito de comicidade do texto exige que os leitores tenham um conhecimento prévio do representado e de sua trajetória, ou seja, traços de evidência presentes na memória partilhada pelos interlocutores presentes na enunciação. Esses traços vão ajudando a compor a imagem daquele que, ironicamente, é o mais indicado a ser Secretário de Cultura, ou seja, Wilson Brandão.

Wilson Brandão foi advogado e conselheiro da Ordem dos Advogados do Brasil (OAB), Secção Piauí. Integrou os quadros da Academia Piauiense de Letras (APL) e do Instituto Histórico e Geográfico do Piauí (IHGP). Lecionou em diversas instituições e escreveu inúmeros trabalhos nas áreas de Filosofia, Sociologia, História e Literatura. Foi secretário de Cultura no governo Lucídio Portela e elegeu-se deputado estadual em

1966, 1970, 1974, 1978, 1982 e 1986. A partir da eleição seguinte sua cadeira no legislativo passou a ser ocupada por seu filho.

Então, "não é qualquer zé bezerra"[75] que poderia ocupar este cargo. Embora Zé Bezerra tenha uma vasta produção cultural, ele não está habilitado a assumir a Secretaria, pois não ocupa posições institucionais, como "professor" e "deputado", o que o torna apenas um homem como qualquer outro, diferente de Wilson Brandão. Com isso, o texto busca construir uma imagem oposta ao que ele enuncia, a imagem de um indivíduo "soberbo" e "sabichão", ou seja, que julga saber muito.

Outro ponto que também é responsável pelo efeito cômico, diz respeito ao fato de um homem vestir roupa feminina. Temos a carnavalização da imagem do representado, o mundo às avessas, onde se diluem as fronteiras, instauram-se as dicotomias e se constrói essa nova vida como paródia da vida ordinária. O olhar e a forma com que Wilson Brandão segura a roupa, no processo dialógico que remete à imagem da Secretaria de Cultura, sugere como aquele é realmente um cargo "gratificante". Percebemos, então, que a ridicularização da imagem do representado se dá através do processo de retomada, no qual ele "veste" o cargo ocupado. A caricatura é, pois, tal qual o carnaval medieval, o local onde todas as formas e símbolos estão impregnados com o lirismo da renovação.

Os operadores se completam e se unem na enunciação para produzir os efeitos desejados. O enunciador, por meio da imagem e do texto, retoma uma cena e carnavaliza a figura do indivíduo representado, exaltando as características necessárias à produção do riso, e, por consequência, da ridicularização.

## Considerações Finais

Com sua linguagem repleta de ironias, *O Pirralho* usava do humor como arma de crítica aos problemas e às personalidades que compunham o cenário local. Uma de suas características marcantes era o uso de carica-

---

[75] Referência ao poeta popular piauiense, autor de mais de 35 obras, membro e sócio fundador do Sindicato dos Cantadores e Poetas Populares do Piauí e sócio da União Brasileira de Escritores do Estado do Piauí.

turas acompanhadas de versos rimados, que tinham como alvo principal os políticos piauienses da época.

As caricaturas são construídas por meio do processo dialógico, de modo a produzir o efeito cômico na imagem dos representados, mediante a situação na qual se encontravam naquele determinado contexto. A caricatura é dialógica à medida que retoma e evoca outras imagens, promovendo interação, atribuindo-lhes novos sentidos. A caricatura é, pois, um lugar de renovação. Neste sentido, ela assemelha-se a carnavalização bakhtiniana.

Assim como a carnavalização, o riso caricatural liberta o indivíduo das amarras hierárquicas e desloca o leitor para, então, abrir a possibilidade de outras realidades, alteradas e reelaboradas. Com isso, a caricatura permite enxergar o mundo ao contrário, instaurando certa desordem, mas também um mundo concreto, sensível, visível, numa fusão de valores e tradições, ampliando as possibilidades do olhar e não apenas conduzindo-o ao oposto.

O processo dialógico é fundamental para que os sentidos fluam. A criação de novos sentidos pelos processos de retomada, reconstrução e atualização pode acontecer através de operadores discursivos, estereótipos, de cenas, imagens e representações que fazem parte da cultural e da memória dos interlocutores. A imagem não é neutra e nada é colocado ao acaso.

A caricatura afasta do leitor o hábito de ler passivamente, pois seu entendimento requer interpretação e, como consequência, abre espaço a novas possibilidades de se enxergar o mundo à sua volta. Ela subverte e desmitifica a representação do indivíduo, provocando sua ridicularização, retirando-o do patamar elevado que lhe concede o poder. Assim, é por este motivo que a caricatura não é bem recebida por alguns políticos e é por este mesmo motivo que ela constitui-se em um material de análise tão rico.

O jornal O Pirralho teve uma história marcada por mortes e ressurgimentos, mas sempre preservou uma linha satírico-literária em cada nova fase. O humor ácido e sem meios-termos foi a característica marcante deste jornal que, ainda no próprio nome, O Pirralho – remetendo a uma criança enxerida, que incomoda –, já mostrava pistas de quais eram seus objetivos no cenário político da época.

# REFERÊNCIAS BIBLIOGRÁFICAS

BAKHTIN, Mikhail. *A Cultura Popular na Idade Média e no Renascimento: O Contexto de François Rabelais.* São Paulo: Hucitec, 1999;

BRANDÃO, Helena H. Nagamine. *Introdução à Análise do Discurso.* Campinas: UNICAMP, 1996;

MAGALHÃES, Laerte. *Veja, isto é, leia:* produção e disputas de sentido na mídia. Teresina: EDUFPI, 2003;

MOTTA, R. P. S. *Jango e o Golpe de 1964 na Caricatura.* Rio de Janeiro: Jorge Zahar, 2006;

NASCIMENTO, Vera Lúcia do. *Efeitos de Sentidos em Charges dos Jornais Piauienses: As Candidaturas de Sílvio Mendes e Nazareno Fonteles na Eleição de 2008.* 2009. Dissertação (Mestrado em Letras) – Programa Pós-Graduação em Letras. Universidade Federal do Piauí, Teresina, 2009;

O PIRRALHO. Teresina, ano 38, n.º 1, 10 set. 1972, p. 12;

_____ Teresina, ano 45, n.º 1, 24 fev. 1979, p. 4;

ORLANDI, E. P. *Análise de Discurso: Princípios e Procedimentos.* Campinas: Pontes, 1999;

PINHEIRO FILHO, Celso. *História da Imprensa no Piauí.* 3.ª ed. Teresina: Zodíaco, 1997;

PINTO, M. J. *As Marcas Linguísticas da Enunciação: Esboço de uma Gramática Enunciativa DO Português.* Rio de Janeiro: Numen, 1994;

QUELUZ, M. L. P. "Releitura do cotidiano: as estratégias da caricatura". In: Forum de Pesquisa Científica em Arte, 3, 2005, Curitiba. *Anais...* Curitiba: Escola de Música e Belas Artes do Paraná, 2005. pp. 236-246. Disponível em: <http://www.cih.uem.br/anais/2011/trabalhos/88.pdf>. Acesso em: 15 nov. 2011;

RAIMUNDO Wall Ferraz. Disponível em: <http://pt.wikipedia.org/wiki/Raimundo_Wall_Ferraz>. Acesso em: 15 nov. 2011;WILSON de

Andrade Brandão. Disponível em: <http://pt.wikipedia.org/wiki/Wilson_de_Andrade_Brand%C3%A3o>. Acesso em: 15 nov. 2011;

ZÉ BEZERRA. Disponível em: <http://pt.wikipedia.org/wiki/Z%C3%A9_Bezerra>. Acesso em: 15 nov. 2011.

# Capítulo 16

## OS LITERATOS E O DISCURSO ANTICLERICAL NA REVISTA LITERICULTURA[76]

Francisco Hudson Pereira da Silva

---

[76] Trabalho orientado por Ana Regina Rêgo.

A segunda metade do século XIX é marcada pela intensa relação de amor e de ódio entre o Estado e a Igreja. O cenário político brasileiro, principalmente, abrigou as intensas discussões acerca dos espaços ideológicos que cada uma dessas instituições assumia. O embate de poder movimentou não apenas as tribunas das três ordens organizadoras da nação – Executivo, Legislativo e Judiciário –, mas mergulhou fundo nas páginas dos jornais, das revistas e dos folhetins até quase a primeira metade do século XX. Nesse universo conflituoso, três eixos dominam as discussões propostas: o direito, a literatura e o jornalismo.

Na verdade, até o início do século XX não era possível apontar sujeitos distintos para aquelas atividades. Normalmente, não havia exclusividade da prática jornalística, os jornais eram alimentados, muitas das vezes, pelos bacharéis de Direito e os intelectuais das letras, os quais fizeram uso dos periódicos para divulgar sua produção literária (e ideológica).

Durante a década de 1870 as discussões estão centradas na Questão Religiosa e em suas repercussões, debatendo-se, pois, as relações entre a Igreja e o Estado. Ao longo da década de 1880, em virtude da propaganda republicana, são veiculadas as propostas de separação entre a Igreja e o Estado e intensificadas as polêmicas entre católicos e livres-pensadores, envolvendo Escolas Superiores, a Maçonaria e a Igreja. Ao longo da década de 1890 está na ordem do dia a separação efetiva da Igreja e do Estado, discutindo-se a independência da Igreja quanto aos recursos do poder público. Entre 1890 e 1910 o centro da discussão é o anticlericalismo europeu e brasileiro, informado pelo contexto de redefinição das relações Igreja-Estado nos países da Europa e pela repercussão dessas tensões fora daquele continente. Nas décadas a partir de 1910, são introduzidos nas discussões regionais elementos novos, em vista da expansão no Brasil de várias ortodoxias, por exemplo, o Protestantismo, cada vez mais agressivo e o espiritismo, em relação às quais a Igreja desenvolveu oposição acirrada. Ao tempo em que se acentuava o proselitismo das igrejas não católicas, a Igreja Católica, até certo ponto fortalecida pelas lutas nas duras campanhas europeias, tentava a conquista de novos adeptos e a afirmação em antigas e em novas áreas coloniais. No Brasil, alcançado por esse processo de expansão, a Igreja atua com vigor no combate às velhas e às novas heresias. (Queiroz, 1998, p. 204)

O panorama descrito acima pela historiadora Teresinha Queiroz (1998) consagra o que afirmamos em relação às tensões que perduraram a partir da segunda metade do século xix envolvendo Igreja e Estado. Os conflitos concernentes a essas instituições surgiram a partir do instante em que os ideários positivistas adentraram nas cátedras universitárias, principalmente nas de Direito em São Paulo e Olinda, que mais adiante no tempo será transposta para a cidade de Recife e ganhará enorme repercussão a partir dos nomes de Tobias Barreto e Sílvio Romero, fundando, portanto, o movimento cultural que ficará conhecido como Escola de Recife.

O movimento republicano enfatizou a necessidade da separação entre Igreja e Estado, discurso esse alimentado pelos livres-pensadores e maçons. Entre os vários argumentos está o fato de que a Igreja limitava o poder do Estado, não promovendo, deste modo, a evolução do Estado enquanto nação. O imperioso conflito entre essas instituições obteve nos jornais o meio difusor de seus discursos. Fundou-se, assim, a imprensa clerical e anticlerical, impregnando nas províncias as características peculiares de cada ambiente sociopolítico cultural.

Será a respeito dos conflitos entre clericais e anticlericais na imprensa piauiense que desenvolveremos este trabalho. O corpus por nós escolhido diz respeito às edições da revista *Litericultura*, publicadas nos anos de 1912 e 1913 na cidade de Teresina – Piauí. A revista foi um importante veículo de disseminação da literatura, das tendências filosóficas, culturais e, com grande ênfase, dos descontentamentos políticos. A *Litericultura*, como grande parte dos periódicos daquela época, foi cenário de proferimentos que giraram em torno das questões religiosas. Destarte, tratamos de coletar os textos de Higino Cunha, Clodoaldo Freitas, Abdias Neves e Matias Olímpio para ilustrar o embate envolvendo Igreja e Estado no tocante ao posicionamento e influência desses bacharéis e literatos na sociedade teresinense.

Assim sendo, dividimos nosso artigo em dois pontos, a saber: 1) as manifestações literárias como posicionamento social, indicando, na História da Literatura, o diálogo existente entre atividade pública (Direito e Jornalismo) e artística (Literatura), discutindo o contexto sociopolítico cultural da capital no limiar do século xx; e 2) análise dos textos publicados na revista *Litericultura* que trouxeram à tona a polêmica anticlerical, apontando os eixos fundantes desse conflito, principalmente aqueles que envolvem os livres-pensadores, bacharéis e maçons, Higino Cunha, Clodoaldo Freitas, Abdias Neves e Matias Olímpio.

Para lograrmos êxito em nossa discussão, pensamos a imprensa como esse lugar de memória de que trata Pierre Nora (1993), buscando os rastros postulados por Ricoeur (1997) em seu livro *Tempo e Narrativa* quando fala que o rastro indica aqui (espaço) e, agora (presente), a passagem dos vivos. "Ora, tudo isso é a história. Dizer que ela é um conhecimento por rastros é apelar, em último recurso, para a significância de um passado findo que, no entanto, permanece preservado em seus vestígios" (RICOEUR, 1997, p. 201).

## A Imprensa e os Ideários Positivistas no Limiar do Século XX

A relação entre imprensa, literatura e direito na história do Brasil representa um eixo indissociável aos mais diversos estudos. Por falta de público que consumisse notícia e a ausência de especialistas que pudessem produzi--la, os periódicos se tornaram o berço no qual repousavam os literatos. Também não existiam profissionais exclusivos para a prática literária, deste modo, fazer literatura estava vinculada a uma atividade paralela a outra profissão, normalmente um emprego público, estável.

Se o público leitor era extremamente reduzido em meados do século XIX, deduz-se daí o alcance dos periódicos desse período. A literatura andou, por todo o século XIX, lado a lado com a imprensa brasileira, em uma relação de corporatividade. A imprensa cedia o espaço para publicação dos textos artísticos dos escritores, a literatura conquistava o leitor para a compra dos jornais, revistas, folhetins. A tendência literária da época fazia com que o público consumisse os jornais. Divididos em notícias e artigos políticos de um lado e a literatura do outro, homens e mulheres disputavam as sessões dos periódicos: aos homens, destinavam-se as notícias e os artigos políticos; às mulheres, restavam-lhes os romances de folhetins, em um primeiro momento, aqueles de escritores românticos, principalmente de origem francesa, como Musset e Sthendal.

A literatura dessa época, assim como os periódicos publicados, revela tendências representativas da nação. Tais tendências já se esboçam com Hipólito José da Costa, ao lançar o *Correio Braziliense* em Londres (1808-1822) ou com Gonçalves de Magalhães, ao imitar o gesto em *Niterói* dessa vez em Paris no ano de 1836. Mas é o caso ainda de outras publicações periódicas editadas na Corte, como *O Patriota* (1813-1814), *O Beija-Flor* (1830-1831), a *Minerva Brasiliense* (1843-1845), o *Ostensor Brasileiro* (1845-1846), *O Americano* (1847-1851), *A Marmota* (1849-1861), a *Guanabara* (1849-1856), o *Jornal das Senhoras* (1852-1855), a *Revista Bibliográfica do Correio Mercantil*, fundada por Manuel Antônio de Almeida, em 1854, a *Revista Popular* (1859-1862) ou os *Anais da Academia Filosófica* (1858), todas do Rio de Janeiro (ANTELO, 2011).

A imprensa, aliada à literatura, registra os cenários sociais, políticos e culturais do Brasil. Essa característica a tornou o grande repositório da memória nacional, principalmente se considerarmos que a imprensa era livre. Por esse motivo, o número de periódicos surgido era gigantesco. Alguns deles com certa durabilidade e periodicidade, outros nem duráveis nem mantinham uma periodicidade. Inseridos, portanto, em um espaço simbólico funcionalmente móvel, "os periódicos literários apresentam-se, aporeticamente, como mediadores de conflitos culturais entre o novo e o institucionalizado" (Antelo, 2011, p. 4).

Os periódicos acabavam surgindo para alimentar certas rivalidades entre grupos opositores. Era uma forma de aproximar o discurso, de ambos os lados, da população. Nessa rede de difusão de informação, o objetivo maior era conquistar prosélitos de sua causa.

Ao tornar-se popular e, além disso, por tornar-se um elemento essencial para os intelectuais, os noticiários edificam uma indústria cada vez mais organizada, ganhando o reconhecimento da população.

> A indústria do noticiário, desenvolvendo-se no ritmo do progresso do país, transformou os jornais em fonte de lucro para os escritores. Em vez de serem resultado do sacrifício dos políticos que necessitavam da imprensa para suas campanhas, os jornais passaram a ser apoio para que os que nele escreviam e influência sobre os políticos. Esta transformação do seu papel econômico e social fez com que a imprensa passasse a ser o maior veículo de comunicação intelectual não só entre os brasileiros como ainda entre o Brasil e o mundo da cultura. A maior parte de nossos ensaios foram provocados e recebidos inicialmente pela imprensa. Tavares Bastos, Euclides da Cunha, Oliveira Viana, Gilberto Amado, deram à luz seus escritos, suas primícias, ou seus primeiros esboços, através das colunas dos jornais. (Coutinho, 1986, p. 97)

Grandes nomes universais da literatura entraram em contato com o público através das colunas locais. Afrânio Coutinho diz ainda que o jornal se apresenta veículo do pensamento político e social. Sob este aspecto, a atividade jornalística às vezes reveste a forma de um autêntico ensaio, outras se avizinha do gênero e utiliza seus meios. Pode ser ainda autêntica sátira, em prosa ou verso.

Por meio dos folhetins e dos suplementos, o jornal faz o papel de verdadeira revista literária, difundindo peças de literatura pura. Ainda proporciona aos homens de letras uma atividade lucrativa que mais facilita a produção literária. A própria notícia, por sua vez, em mãos de literatos, sem ter a estética como objetivo principal, ganha um tom harmônico que se avizinha, muitas vezes, da crônica.

Segundo o autor, "este papel de veículo das produções propriamente literárias foi exercido em todo o país conforme o grau de cultura e de estabilidade política local. Na maior parte dos estados do Brasil, ele se exerceu com ampla vantagem" (Coutinho, 1986, p. 97).

Retomamos mais uma vez a afirmação de que a relação entre literatura, imprensa e história é quase que inseparável. "Aspecto síntese da literatura nesse período é o da crença no poder da ação cultural e da palavra escrita como elementos de transformação social. Ser escritor é, acima de tudo, ser cidadão" (Queiroz, 1998, p. 111). Pela imprensa e pela literatura podemos acompanhar o avanço nas mentalidades nacionais, podendo citar como exemplo, os manifestos positivistas oriundos das Faculdades de Direito de São Paulo e Pernambuco e que findam por dominar uma parcela extremamente significativa de adeptos.

A corrente positivista, assim como a evolucionista, de Comte e Darwin, respectivamente, e sua inserção no panorama político nacional mudou a trajetória das formas de se ver o mundo, provocando grande revolução nas estruturas sociais, principalmente no Estado e na Igreja. Seu discurso, bem estruturado e combativo, questionou as grandes verdades e pregou, principalmente, a liberdade.

No que concerne ao embate entre positivistas e a Igreja, o ideal de civilização, ordem e progresso norteou as ideias desses intelectuais, livres-pensadores, maçons, que se colocaram em contraposição às ideias ultramontanas da Igreja Católica mais romanizada e hierarquizada. Como arautos das novas ideias, defendiam a necessidade de mudar o mundo, as crenças e criar novas formas de pensar, de agir, combatendo a Igreja institucionalizada, que representava a ignorância e o obscurantismo.

A polêmica entre católicos e livres-pensadores ligados ou não à Maçonaria desenvolveu-se através da imprensa periódica, transformada em palco de discussões acirradas e agressivas. As discussões incluíam, além de questões doutrinárias e teóricas, agressões de ordem pessoal. A polêmica envolvendo as duas instituições movimenta o cenário político brasileiro. A Igreja, no intuito de manter seu poderio, vê-se insistentemente atacada pelos prosélitos do comtismo e do darwinismo. O embate entre as correntes antagônicas – positivismo e dogmatismo religioso – aqueceram as relações sociais daí por diante.

No próximo tópico adentraremos nas discussões acerca do discurso clerical e anticlerical a partir das publicações da revista *Litericultura*, assim como localizando os lugares de fala no cenário local.

## Disputas entre a Igreja Católica e a Maçonaria

A disputa entre a maçonaria e a Igreja fez emergir uma disputa acirrada, ora apenas com propósitos de afirmação ou confirmação de espaço, ora como disputas pessoais à medida que os conflitos fervilhavam. O cerne da questão tratava da moralidade, ou falta dela, e dos pretensos discursos de verdade. Não é de nossa intensão defender qual das posições estaria correta, visto que recairíamos no anacronismo de tratar um fato tão complexo (moral, verdade e crenças religiosas) com um pensamento que se distancia demais do ponto de análise. Além de que não teria grande contribuição saber quem detinha a verdade, mas compreender como esses discursos foram produzidos e qual a repercussão deles na sociedade teresinense.

A Faculdade de Direito de Pernambuco, em Recife, era o principal espaço para onde se dirigiam os jovens piauienses em busca de uma formação acadêmica que lhes conferisse prestígio social, político e profissional, principalmente até o início do século XX, momento a partir do qual se verifica uma importante redução do número de alunos piauienses que se dirigiam àquela faculdade, em virtude da instalação de outras faculdades de Direito na região, tais como no Pará em 1902, no Ceará em 1903 e no Maranhão em 1918, as quais, por certo, passaram a atrair os estudantes piauienses (AVELINO, 2011).

Outro aspecto valioso a se observar em alguns dos bacharéis piauienses egressos da Faculdade de Direito de Pernambuco é a tendência anticlerical assumida, oriunda de uma tentativa de afastar a Igreja das questões relativas ao Estado. Uma marca nítida dessa caracterização pôde ser percebida no bacharel Abdias Neves, que assim se manifesta acerca da defesa da dissolubilidade da sociedade conjugal:

Trata-se de um contrato e não de um sacramento, já que pela própria natureza das relações dele decorrentes, já que o Estado leigo não legisla sobre sacramentos. Ora, se para os contratos se exige, como condição existencial, o acordo das partes contratantes; e não podem persistir quando esse acordo desaparece, é absurdo manter, no caso vertente, a exceção odiosa da indissolubilidade. (Neves, 1912, p. 201)

Observamos que, ao revelar-se favorável à dissolubilidade do casamento, o autor visa expressar a necessidade de dissociar o Direito e o Estado das influências tidas como indevidas da religião. Essa crítica atinente à intromissão da Igreja das decisões públicas parte de uma sociedade ainda de caráter conservador, regulada pelos dogmas religiosos, sendo estes extremamente intrínsecos às formas de ser do teresinense. Mas não era apenas Abdias Neves que se impusera contra a permanência dessa relação. Corinto Andrade enfatiza o desligamento do Estado e Igreja propondo, segundo os postulados comteanos dos três estados, a evolução do Direito do estado teológico ao positivo.

Ensina Clóvis Beviláqua que "o jurista deve, em primeiro lugar descobrir a relação entre os fatores da evolução cultural humana e as formas jurídicas, estabelecendo, não somente o paralelismo, como principalmente a conexão entre as sucessivas transformações do estado social e as variações correspondentes do Direito" a maneira do que fez Stammler com felizes resultados. Seguindo o caminho recomendado pelo douto mestre, chegaremos a concluir que, assim como a sociedade, o Direito tem, irrefragavelmente, obedecido à celebérrima "Lei dos três estados", este grande achado da genialidade de Comte, como disse alguém, segunda a qual, servindo-me das palavras empregadas por Stuart Mill no seu *Sistema de Lógica*, a especulação sobre todos os objetos de que se ocupa o espírito humano, passa por três fases sucessivas: na 1.ª ele pretende explicar os fenômenos por agentes sobrenaturais, na 2.ª por abstração metafísica, na 3.ª que ao seu estado final, se limita a constatar as suas leis de sucessão e semelhança. Efetivamente, nos primórdios da sociedade, vemos o Direito concebido como preceito puramente divino, aos quais os povos se submetiam pelo temor da ofensa a Deus – o legislador ermo. Predominava um simbolismo rigoroso ou abundância de formas sacramentais, como explica Martins Júnior, simbolismo que levou Ihering a dizer que – no pórtico do Direito Romano se podia escrever – *in principio erat verbum*. Foi este o 1º estado ou o estado teológico. Depois, no domínio da metafísica, só concebeu como um conjunto de normas não estabelecidas por aquele legislador – mais pura e simplesmente oriunda da razão. Finalmente, no campo do positivismo, estádio que apresenta o crisol do aperfeiçoamento cultural humano, é que pode o Direito se desvencilhar d'aquela teia de fantasias, adquirindo o seu verdadeiro critério e delimitando o seu campo sem nem uma invasão na esfera da Moral. Ihering, quando diz – "o Direito não é uma ideia lógica; é uma ideia prática" quer mostrar que, muito embora possa o homem, pela Razão, antever o ideal do Direito, a sua verdadeira noção impõe-se pelo fato; porque o Direito tem uma existência real na sociedade, da qual é "a força específica" na brilhante expressão de Ardigó. (ANDRADE *APUD* AVELINO, 2011)

Clodoaldo Freitas, em artigo intitulado As tiranias sociais publicado na *Litericultura*, aponta que a dominância da Igreja na cultura piauiense tem subjugado os cidadãos. Vejamos:

O homem, qualquer que seja a sua posição, vive eternamente subjugado pelas ferrenhas imposições sociais, que o apanham no berço e o levam, sem intermitências, até a sepultura e vão, muitas vezes, além da própria sepultura. Ninguém pode eximir-se das fatalidades dessa pressão social e, quem as contraria, as infringe, passa por um criminoso, por um mal. Os bons são os obedientes, os adoráveis carneiros do

rebanho panurgiano, que acreditam pacatamente, como dogmas imutáveis, como leis sacratíssimas nessas normas fixas
secularmente, consagradas pelo uso, pelos códigos e pelos
governos. [...] As imposições sociais existem pelo consenso
tácito do meio social e se radicam de tal forma que assumem
as proporções de leis gerais e naturais. (Freitas, 1912, p. 5)

Clodoaldo Freitas posiciona-se perante a atuação da Igreja em
relação à sociedade, acusando-a de déspota. O discurso clerical, por seu
turno, vai girar em torno de verdades absolutas – dogmas – sendo estes
inquestionáveis. As posições de Clodoaldo Freitas são compartilhadas
por outros autores, como podemos observar em artigos publicados nas
diversas edições pesquisadas. Além disso, nos exemplares pesquisados não
foram encontrados artigos assinados por clericais, contrariando o que foi
publicado na primeira edição da revista:

Teresina, 1 de janeiro de 1912
1 - As suas páginas estão franqueadas a quem quiser escrever
de filosofia, ciências, artes, letras e, em geral, de qualquer
assunto que se relacione com o desenvolvimento intelectual
e moral das coletividades. (Litericultura, 01 jan. 1912)

A informação editorial da revista, muito embora ecumênica e supostamente aberta à contribuição do público, mostra-se, no decorrer das
edições lançadas, seu posicionamento anticlerical. Não é de se espantar
que a revista se comporte favorável ao pensamento maçônico e positivista
já que à sua frente estão três grandes expoentes da crítica anticlerical no
Piauí: Abdias Neves, Clodoaldo Freitas e Simplício Mendes. A este grupo
podemos ainda acrescentar Miguel Rosa, Higino Cunha, Anísio Brito
e Matias Olímpio. Os nomes apresentados aqui foram os que protago-
nizaram os embates mais acirrados.

*Um Manicaca*, de Abdias Neves, publicado em 1909, põe em
xeque os costumes da sociedade piauiense, além de sustentar uma crítica
imperiosa à Igreja e à sua influência local. As críticas de Abdias Neves
foram feitas no momento em que a sociedade passava por um processo

de laicização. Vivia-se um momento de desconstrução das crenças no sagrado. Novas formas de pensar a sociedade começaram a conviver com as tradições conservadoras da teologia cristã. A razão passou a ser vista como única forma possível de entender a natureza e o homem. O clero, até então visto como detentor do saber, passou a ser questionado e outras categorias sociais passaram, também, a querer ser detentoras de saber: os livres-pensadores e os anticlericais.

A Igreja Católica é questionada em seu poder econômico, político e em seus dogmas. Os anticlericais criticavam a Igreja como guardiã de uma ideologia (cristianismo), em seu poder de exprimir e de inculcar ideias, no papel de mediadora entre Deus e a população e como detentora de uma verdade única, incontestável.

> A leitura de *Um Manicaca* possibilita não apenas a com-preensão dos costumes teresinenses na virada do século, mas permite, principalmente, a reconstituição do clima anticlerical que desencadeou, em nível local, a luta político-religiosa entre padres e maçons, eclodida em 1902, e da qual participou o próprio autor do livro, maçom e livre-pensador, o que explica seu envolvimento com os fatos narrados, perceptível no dis-curso positivista do narrador e de algumas das personagens, bem como na opção pelo modelo naturalista, estética já fora de moda nos centros mais desenvolvidos do país. (MAGA-LHÃES, 1997, p. 247)

A necessidade de combater a crítica maçônica, o clero assumiu inúmeras medidas para rebater as ideias encampadas pelos bacharéis.

O bispado piauiense, criado no ano de 1906, teve o intuito de apro-ximar o episcopado das paróquias, uma vez que pertencíamos ao bispado do Maranhão. A distância da sede do bispado dificultava a fiscalização da Igreja para com os sacerdotes no Piauí, sendo essa ausência um dos aspectos criticados pelos livres-pensadores.

Os anticlericais criticavam o celibato religioso prescrito pela Igreja, considerando que muitos padres provincianos tinham vários filhos. Os panfletos *O noivado do padre João* e *O sonho do padre cura* abordam essa temática (Pinheiro, 2001). A publicação de panfletos tornou-se recorrente à medida que, principalmente os maçons, viam a necessidade de divulgar informações com objetivo de desmoralizar a Igreja. Todas as publicações dirigidas de um grupo ao outro visavam à desqualificação, o que provavelmente teria colaborado para que a disputa tenha saído do âmbito político para agressões pessoais.

Como tentativa de se contrapor ao movimento anticlerical no Piauí, D. Antônio Joaquim de Almeida fundou em 1907 o jornal *O Apóstolo*, órgão da Diocese de Teresina. Os maçons fundaram os seguintes periódicos: *A Luz* (1901-1908), *O Reator* (1884-1902), *Pátria* (1902-1906), *O Monitor* (1906-1912), *A Imprensa* (1911) e *A Notícia* (1912). Todos esses jornais proporcionava aos anticlericais um poder discursivo. A Igreja investe contra os anticlericais e maçons com ameaças de excomunhão.

Não era fácil enfrentar a Igreja, pois mesmo um discurso bem elaborado tinha dificuldades em ser aceito pela sociedade que cultivava valores religioso desde a infância. Foi então que surgiu a Escola Normal para as mulheres, criada com intuito de se contrapor ao ensino ministrado no Colégio Sagrado Coração de Jesus, administrado pelas irmãs Catarinas. Na mesma época foi criado o Colégio São Francisco de Sales, dirigido pelos jesuítas e voltado para educação masculina.

Para os clérigos, a instrução sem religião seria desastrosa, sem moral, uma vez que a base de toda a educação deveria ser buscada na religião católica. A educação sem Deus estaria impregnada de preconceitos funestos e hábitos venenosos. Era necessário formar a criança com base na religião (Pinheiro, 2001, p. 65). A fundação da Escola Normal pelos maçons pode ser compreendida nesse contexto.

Nesse universo de intolerância religiosa que assolava a sociedade piauiense nas duas primeiras décadas do século xx, Matias Olímpio publica o artigo Perseguições religiosas originalmente conferência realizada na Loja Maçônica Caridade 2.ª, divulgada na revista *Litericultura*.

> [...] a fé tem conquistado corações. [...] A este respeito, nada
> mais sensato do que o conceito de Voltaire asseverando que
> se é um fato de observação universal que nenhuma seita,

nenhuma religião se implantará jamais praticando maus costumes, não é menos certo igualmente que nenhuma delas logrou vencer e alastrar-se sem o sacrifício de numerosas vidas. Todas elas ao nascer exalam um doce perfume de resignação e bondade. Os seus apóstolos pregam e praticam a virtude. Entregam-se ao seu ideal com ardor, com alma e sentimento. Depois de vencidas as primeiras resistências, o caminho é outro e brada-se que quem não é por mim é contra mim. Não se admite indiferentes ou neutros: ou se aceitam todas as sentenças dogmaticamente impostas como verdades eternas, sem raciocinar nem discutir, ou as cóleras divinas desfecham-se rudemente sobre as cabeças rebeldes e más. (OLÍMPIO, 1912, p. 40)

A crítica dos livres-pensadores destaca que os religiosos, de início, assumem, posição de intenso acolhimento das diferenças, no entanto, tão logo conseguem espaço, bradam-se o hino de unicidade e intolerância. A verdade sendo única, cabe ao detentor dessa verdade eliminar as resistências. Muito embora saibamos que Matias Olímpio era um livre-pensador maçônico e que no texto acima outorga voz à crítica anticlerical, não podemos deixar de perceber a atualidade do seu discurso, visto que toma por base uma exemplificação clara e consistente para propor a defesa do livre-pensamento, senão do livre-arbítrio referente à escolha da crença. Mais consistente ainda seria o argumento que sucede àquele:

A respeito, diz Pedro Lessa na monografia É a história uma ciência? que a verdade neste assunto tem sido esta: quando se propala uma descoberta da ciência, que contraria os textos bíblicos, a princípio a Igreja declara uma guerra cruel aos propugnadores da ideia nova, depois oferece uma doutrina oposta, com fundamento nos livros sagrados; em seguida tenta uma conciliação entre os textos e a verdade científica incontestável; finalmente a ciência triunfa. Foi o que se deu com as teorias sobre a estrutura do globo terráqueo, sobre os cometas, sobre a idade da terra. (OLÍMPIO, 1912, p. 41)

No artigo de Matias Olímpio, ele faz menção à teoria heliocêntrica, de Nicolau Copérnico, cujo pensamento em linhas gerais afirma que não é a Terra o centro do universo, e sim o Sol, aliando-o a proposição de Descartes (Deus é o centro do universo). Tal pensamento representa uma das primeiras rupturas para com o *ethos* religioso, questionando os dogmas da sociedade e da Igreja. No artigo apontado o maniqueísmo fundado por Manes, filho da Pérsia, que apareceu pelo século IV, como a origem da noção do bem e do mal em um único núcleo gerador:

> Um dos pontos principais de divergência desta doutrina maldita para os padres de Roma era a opinião que professava de que o bem e o mal, o justo e o injusto, o prazer e a dor se originavam de dois princípios opostos ou melhor de duas divindades diferentes, enquanto que os seus adversários acreditavam num único criador para aqueles dois princípios. O maniqueísmo repetia como Plutarco e Platão a ideia de que uma mesma causa pudesse produzir efeitos diferentes. A fonte do bem não podia ser a mesma do mal, como o justo e o injusto não podiam ter a mesma origem. Era na própria Bíblia que procurava se justificar referindo-se às passagens de S. Mateus e S. João quando dizem que Satã ofereceu a Cristo o império da terra e o seu domínio sobre o mundo. Para Manes o mal não podia existir sobre a terra desde que Deus fosse infinitamente bom, infinitamente inteligente e infinitamente todo-poderoso. Se é soberano e todo-poderoso e o pratica é porque não é inteligente; se é inteligente e bom e o consente é porque não é todo-poderoso. Como as três qualidades não podem existir concomitantemente, e sendo a bondade a essência do próprio Cristo, o que se deve concluir, diz ele, é que o seu poder não é ilimitado nem infinito. (OLÍMPIO, 1912, pp. 42-43)

Essa crítica nos tempos atuais parece não surtir efeito algum, parecendo até lugar comum na Filosofia e na Teologia. No entanto, para uma Igreja ensimesmada em suas estruturas herméticas, a afirmação é uma afronta das mais cruéis. Além de Kant, Copérnico e Descartes, Matias Olímpio ainda cita outros grandes nomes como Schopenhauer, Kepler e Newton. Sua crítica à intolerância religiosa é ampliada e engloba toda a doutrina religiosa:

> Temos com frequência falado do catolicismo, porque esta tem sido efetivamente a religião que maior número de vítimas tem feito. Faço-lhe, porém a justiça de não pensar com o Barão D'Olbach quando diz que todas as seitas se suportam umas às outras, menos a cristã, que sempre foi monstruosamente intolerante. Prefiro acreditar que os ministros de todas as religiões, sempre que possam, se transformam em verdugos do gênero humano, quando os seus dogmas não são desde logo abraçados e aceitos. Foi este mesmo espírito de intolerância que repeliu como um impostor o filho de Maria, cujo suplício é conhecido de todo o mundo. Os seus maiores algozes foram os sacerdotes, cujas doutrinas ele combatia com a resignada filosofia cristã, que, abstraindo das riquezas terrenas, apelava para o gozo celestial que é eterno. O tempo não modificou o sacerdote daquela época do atual. Num como noutro existe a mesma ideia de exclusivismo que não permite que a verdade possa estar em campo diferente daquele fora do qual ele não vê, não compreende, nem explica a felicidade. (OLÍMPIO, 1912, p. 45)

O argumento acima aponta a repetição, por parte da Igreja, da mesma intolerância que repudiara Jesus em sua época. Segundo o autor, os crimes contra a virtude eclesial derivam da ignorância dos ministros da religião católica e acerca disso mostra-se pessimista quanto a uma reconciliação:

> [...] a fé se transforma dia a dia, e o clero se quer que se lhe respeite deve limitar a expor as verdades fundamentais do sentimento religioso, da sua razão de ser, tomando sempre a palavra religião no seu sentido mais elevado e nobre, como

aconselha White, e acomodando-a aos progressos liberais da época em que vivemos. Não queremos a supressão da religião; aconselhamos apenas a extinção da beatice. Poderá o clero isto fazer? Não o cremos por dois motivos principais: 1.º porque a educação atual do clero continua a preparar, pelo menos na grande maioria, antes fanáticos do que crentes, e os fanáticos não nos considerando fisicamente análogos a si próprio, nem semelhante a si o seu adversário em crenças, não pode ter com relação a nós senão sentimentos de hostilidade e ódio; 2.º pelo receio de enfraquecer o seu ministério, porque nos diz em que por sucessivas transformações a fé se limitar "as emoções suavíssimas, aos anelos invisíveis que, como quer Tobias, sempre vêm frisar a superfície da alma, por mais lesa e tranquila que se considere", a essa alguma coisa vaga e indefinível que nos falta e que nos tornaria mais felizes e menos incompletos se a possuíssemos, o clero não gozaria do mesmo poder que lhe assegura a sociedade atual. (OLÍMPIO, 1912, p. 49)

Para impedir a propagação de textos polêmicos como este, a Igreja estipulou uma lista de livros proibidos, assim como fizera a Inquisição com o *Index Librorum Prohibitorum* (Lista de livros proibidos), ou como é mais conhecido, Index. Jonjams trata dessa relação de livros:

[...] não se pode, portanto, negar que a Igreja Católica tem toda razão em proibir livros que expõem a perigo a fé ou a moralidade dos cristãos. A Igreja Católica qual mestra infalível da verdade, expele de seu seio aqueles que negam um de seus dogmas ou ensinam uma doutrina oposta a eles. Por este motivo também proíbe sob pena de excomunhão que se leia ou conserve em seu poder os livros dos hereges ou apóstatas em que os mesmos defendem seus erros. Incorrem, portanto, nesta pena os que leem revistas protestantes, embora seja um só número. Os jornais e folhetos protestantes não se podem ler sem que se cometa pecado mortal, porém não são proibidos sob de excomunhão. A mesma coisa cabe a respeito de outras seitas separadas da Igreja Católica, como dos positivistas e espiritualistas. (*apud* PINHEIRO, 2001, p. 80)

Por fim, no discurso maçônico identificam-se com precisão os óbices sociais e institucionais contra os quais se organiza a Ordem. Síntese apropriada da luta contra esses obstáculos é o grito de libertação proferido por Voltaire no século XVIII, *Ecrasez l'infame*[77], com toda a sua potência de significação. O discurso de verdade e de desmoralização se faz de maneira a se esquecer dos compêndios das boas maneiras e fazer uso de políticas de agressão pessoal.

## Considerações Finais

Os discursos clerical e anticlerical mobilizaram a imprensa piauiense desde a segunda metade do século XIX, com a polêmica dos bispos, e perpassaram o século assumindo uma conotação mais ortodoxa. A imprensa, como mediadora dos discursos da sociedade, abriga essa multiplicidade de vozes que disputam espaço. A crítica anticlerical elege a Igreja e o Estado como alvos prediletos.

Dessa maneira, os alvos concretos são as manifestações multifacetadas de todas as formas de ignorância, despotismo, autoritarismo, uso indevido da força, enfim, todo tipo de ação que revele ou potencialize o mal. Dentro de um raciocínio maniqueísta, a maçonaria tem como função combater todo o mal advindo do dogmatismo religioso.

Concluimos, portanto, este trabalho apontando a importância da revista *Litericultura* no registro das narrativas acerca desse movimento tão consolidado no Estado – a Maçonaria – e do seu embate contra a Igreja, revelando as disparidades inerentes às posições políticas de ambos os lados, além de possibilitar a compreensão das mentalidades circulantes nas duas primeiras décadas do século XX no Piauí.

---

[77] Esmagai o infame.

# Referências Bibliográficas

ANTELO, Raúl. *As Revistas Literárias Brasileiras*. Disponível em: <www.periodicos.ufsc.br/index.php/nelic/article/download/1041/791>. Acesso em: 25 set. 2011;

AVELINO, Jarbas. *A Influência da Escola de Recife sobre a Atuação Literário-Jurídica dos Bacharéis Piauienses nos Inícios do Século XX: O Caso da Revista Litericultura (1912-1913)*. Disponível em: <www.revistapersona.com.ar/Persona78/78Jarbas.html>. Acesso em; 16 out. 2011;

_____ "Escola de Recife e produção literário-jurídica dos bacharéis piauienses de 1880 a 1920: o caso da revista Litericultura (1912-1913)". *FAPesquisa*: Revista Científica da FAP. v.1, n.1, Teresina, 2008;

CANDIDO, Antonio. *Literatura e Sociedade: Estudos de Teoria e História Literária*. 6.ª ed. São Paulo: Ed. Nacional, 1980;

COUTINHO, Afrânio (Org.). *Literatura e Jornalismo: A Literatura no Brasil*. Rio de Janeiro: José Olympio, 1986. V. 6, pp. 64-117;

CUNHA, Higino. "O idealismo filosófico e o ideal artístico". *Litericultura*, Teresina. ano 2. Fasc. 2, pp. 108-112, 1913;

FREITAS, Clodoaldo. "As tiranias sociais". *Litericultura*. Teresina: 1912, ano 1, n.º 1, pp. 5-11;

_____ "O milagre". *Litericultura*. Teresina. ano 2, fasc. 2, v.4, pp. 79-105, 1913;

LE GOFF, Jacques. *História e Memória*. 5.ª ed. Campinas: Editora da Unicamp, 2003;

MAGALHÃES, Maria do Socorro Rios. *Horizontes de Leitura e Crítica Literária: A Recepção da Literatura Piauiense (1900-1930)*. Tese de Doutorado em Letras – Instituto de Letras e Artes, Pontifícia Universidade Católica do Rio Grande do Sul, Porto Alegre, 1997;

NEVES, Abdias. "A opinião pública e o divórcio". *Litericultura*. Teresina, ano 1, fasc. 1, pp. 200-208, 1912;

NORA, Pierre. "Entre memória e história: a problemática dos lugares". *Projeto História*, São Paulo, n.º 10, pp. 7-28, 1993;

OLÍMPIO, Matias. "Perseguições religiosas". *Litericultura*, Teresina, ano 1, n.º 5, pp. 40-50, 1912;

PENA, Felipe. *Jornalismo Literário*. São Paulo: Contexto, 2006;

PINHEIRO, Áurea da Paz. *As Ciladas do Inimigo: As Tensões entre Clericais e Anticlericais no Piauí nas Duas Primeiras Décadas do Século XX*. Teresina: Fundação Cultural Monsenhor Chaves, 2001;

QUEIROZ, Teresinha. *Os Literatos e a República: Clodoaldo Freitas, Higino Cunha e as Tiranias do Tempo*. 2.ª ed. Teresina: EDUFPI; João Pessoa: Editora da Universidade Federal da Paraíba, 1998;

_____ *História, Literatura, Sociabilidades*. Teresina: Fundação Cultural Monsenhor Chaves, 1998;

RICOUER, Paul. *Tempo e Narrativa*. Campinas: Papirus, 1997. T. 3.

# Capítulo 17

## *VEJA* E A FORMAÇÃO DE UMA OPINIÃO FAVORÁVEL AO REGIME MILITAR

Ranielle Leal
Antônio Hohlfeldt

O governo de Goulart permanece na história do Brasil como um período marcado pelo agravamento da crise econômica e por intensa vida política, bem como por conflitos sociais e políticos. Foi nesse contexto que, sob o argumento de combater a subversão e assegurar a ordem democrática, os militares tomaram o poder em 1964, transformando, de forma radical, as estruturas do país durante os anos seguintes.

A ditadura militar, instaurada em 1964, estendeu-se por 21 anos, nos quais a Presidência da República foi ocupada por militares. A época caracteriza-se pela ausência de mecanismos democráticos, censura aos veículos de imprensa, suspensão dos direitos constitucionais, perseguição política e repressão a todos que se opunham ao regime militar.

Os meios de comunicação e, em especial, a imprensa foram cooptados ou obrigados a trabalhar em prol do regime político vigente e ditatorial. Essa intervenção indireta do poder na mídia teve como premissa a construção de uma opinião pública favorável aos militares e ao seu modo de governar, enquanto que, por outro lado, pretendeu não autorizar a visibilidade da face violenta da ditadura.

Uma orquestração estratégica centralizada nos aparatos do poder militar investia em modos de gestão da informação, selecionando o que deveria ser visibilizado e censurando o que deveria ser relegado ao esquecimento. Naquele panorama o jornalismo levava aos brasileiros um discurso quase unânime e favorável ao governo, discurso que era entendido como verdadeiro pela sociedade, o que muito contribuiu para a imagem positiva alcançada pelos militares junto à população brasileira.

No presente trabalho de investigação científica nos dedicamos, portanto, a analisar o trabalho de construção de um consenso forjado pelos militares com apoio dos meios de comunicação. Escolhemos como objeto de pesquisa a revista *Veja* e nosso referencial teórico-metodológico embasa-se na hipótese da *Espiral do Silêncio* (Noelle-Neuman, 1995).

Desta forma, estruturamos este capítulo tendo como passo inicial uma breve contextualização da ditadura militar e sua relação com os meios de comunicação, para em seguida nos dedicarmos a *Espiral do Silêncio* e, posteriormente, a *Veja* e ao processo de análise.

### *A Ditadura Militar e sua Relação com a Mídia (1964-1985)*

Em abril de 1964, após o golpe e afastamento de João Goulart, a Junta Militar, de imediato, fixou novas regras na política brasileira. A primeira medida refere-se ao Ato Institucional que abre uma fase de cruéis perseguições aos inimigos do referido regime. É a fase de cassações, inquéritos e exílios. Como programa, os militares recorrem ao ideal positivista com a pretensão de montar uma administração forte para colocar em prática o progresso que a democracia não conseguira constituir. Assim, o Ato Institucional n.º 1 (AI-1) prescreveu a suspensão de imunidades parlamentares, autorizou o Executivo a cassar mandatos de deputados, cancelou a vitaliciedade dos magistrados e a estabilidade dos servidores públicos. Segundo Fausto (2010, p. 239), o AI-1 também "[...] estabeleceu as eleições de um novo Presidente da República, por votação indireta do Congresso Nacional. A 15 de abril de 1964, o general Humberto de Alencar Castelo Branco foi eleito Presidente, com mandato até 31 de janeiro de 1966".

Castelo Branco assumiu a direção do país. Em seu pronunciamento oficial, declarou defender a democracia. Porém, não foi o que aconteceu. Ao começar sua gestão, assumiu posição autoritária à base de cassação de mandatos e de suspensão de direitos. De princípio, foram cassados parlamentares estaduais e federais. Depois, a cassação se estendeu à administração, atingindo diplomatas, funcionários públicos e professores. Muitos foram cassados e afastados de suas funções e de seus postos sem direito de defesa. Para espionar e controlar a vida dos cidadãos, a Ditadura militar institui, ainda em 1964, o Serviço Nacional de Informações (SNI) criado através da Lei 4.341[78] de 13 de junho de 1964, em cujo artigo 2.º lê-se: "O Serviço Nacional de Informações tem por finalidade superintender e coordenar, em todo o território nacional, as atividades de informação e contra informação, em particular as que interessem à Segurança Nacional". Havia então, um clima de desconfiança e de terror que se disseminou com os inquéritos policiais e militares. Qualquer suspeito de estar contra o governo era vítima de acusações vagas, muitas vezes, não provadas, que lhes custavam carreira e futuro (Caldeira et al., 1997).

Quanto à política econômica, esta se encontrava nas mãos do Ministro da Fazenda, Otávio Gouveia de Bulhões e do Ministro do Planejamento, Roberto de Oliveira Campos. Juntos, adotaram o Plano de Ação Econômica do Governo (PAEG), com o fim de estabilizar a economia e implantar bases para a retomada do crescimento econômico. A princípio, ampliaram a receita estatal, modificando o método de cobrança dos impostos e estimulando os pagamentos atrasados. As mudanças foram acompanhadas pela redução das despesas governamentais. O governo militar pôs fim, também, aos subsídios destinados ao petróleo e ao trigo. Por sua vez, o PAEG planejou ainda uma reforma administrativa com vistas à ampliação do poder dos governantes, principalmente, na área financeira.

Dentre as iniciativas de Castelo Branco no setor político-econômico, destacam-se, em 1964, a criação do Conselho Monetário Nacional, o Banco Central – encarregado da emissão de moedas e títulos públicos – e o Banco Nacional de Habitação (BNH). Em 1966, instituiu o Fundo de Garantia por Tempo de Serviço (FGTS) e unificou os institutos de aposentadoria e pensões, com a fundação do Instituto Nacional de Previdência Social (INPS). Não obstante todas as mudanças e a criação dos novos órgãos, a política econômica brasileira não seguia muito bem. As medidas econômicas adotadas trouxeram consequências e muitos foram prejudicados, principalmente, os trabalhadores. Além de se depararem com

---

[78] Lei disponível em:<http://www.planalto.gov.br/ccivil_03/leis/L4341.htm>. Acesso em: 20 mai. 2014.

preços mais elevados em seu cotidiano face à eliminação dos subsídios ao petróleo e ao trigo, foram submetidos a um novo dispositivo legal salarial, Lei n.º 4.903, de 16 de dezembro de 1965, que determinou a correção dos salários, com ajuste uma vez por ano. Nas palavras de Caldeira *et al.* (1997, p. 312), "[...] os trabalhadores começavam a pagar a conta do Golpe Militar".

O povo brasileiro desaprovou as primeiras medidas econômicas do governo de Castelo Branco. A insatisfação popular foi generalizada. Em razão disto, houve um claro endurecimento do regime militar, que multiplicou as medidas autoritárias. Temerosos de possível vitória da oposição nas eleições de 1965, os militares adiaram a eleição presidencial, prolongando a administração de Castelo Branco até 1967.

Apesar do regime ditatorial em vigência, os anos 60, de início, foram benéficos à cultura e a alguns meios de comunicação. Ao contrário de outros setores, esses espaços viveram momentos de criatividade. As novidades tecnológicas permitiram maior agilidade e alcance da informação, sobretudo para a TV, que começava a se consolidar, aos poucos, como o mais importante veículo de comunicação. Programas de auditório e telenovelas ganharam projeção.

Durante a primeira década da ditadura militar, os meios de comunicação de massa (MCM) ganharam maior projeção em território nacional. Nesse mesmo período, ocorreu verdadeira efervescência cultural, que representava uma liberdade utópica, construída, principalmente, por jovens. Ao se expandirem, os movimentos culturais começaram a ganhar força e, por conseguinte, demonstravam, cada vez mais, sua oposição ao regime. Em 1967, um novo gênero musical tomou conta do Brasil – a música de protesto. Canções que traziam subjacentes significações ideológicas expressivas. Isto significa que a música de protesto se impôs como "[...] herdeira direta das ideias do Centro Popular de Cultura, da União Nacional dos Estudantes, e tinha como principal característica a ideia de que desapontava um novo amanhã revolucionário" (Caldeira *et al.*, 1997, p. 319).

Ao tempo em que acontecia uma intensa mobilização de artistas por meio da música de protesto, explodia, no Brasil, uma onda de mobilizações estudantis e trabalhistas. Os movimentos estudantis de protesto vinham acontecendo desde o governo de Goulart, quando os jovens se agruparam em associações, como a União Nacional dos Estudantes (UNE) para batalhar em prol das Reformas de Base e apoiar qualquer guinada à esquerda de João Goulart. A partir da ditadura, tornaram-se vitimas da repressão. Em 1968, já no governo do marechal Arthur da Costa e Silva (1967-1969), as mobilizações aumentaram e os estudantes passaram a reagir de forma intensa, como ocorre no Rio de Janeiro, quando um tiro atinge e mata o estudante Édson Luís de Lima Souto durante uma passeata. Como Caldeira *et al.* (1997) acrescentam, este foi o estopim que deflagrou a violenta onda de protestos. Enquanto as mobilizações organizadas por estudantes trazem à tona reivindicações que bradam contra o governo, de forma similar, no meio trabalhista, os protestos também se multiplicam ao longo dos anos 60, principalmente, em 1968. Naquele ano, o evento principal foi o protesto ocorrido em São Paulo no dia do trabalho, quando o então governador do estado, Roberto Costa de Abreu Sodré, foi apedrejado (CALDEIRA *et al.*, 1997). Movimentos estudantis e reivindicações trabalhistas foram vistos então, como ações contrárias ao regime militar, e, consequentemente, foram reprimidos pela ação governamental de forma violenta.

O último ano do governo de Castelo Branco foi marcado pelo início de grandes manifestações contra a ditadura militar, que se agigantaram no governo seguinte. Ainda no poder, Castelo Branco, pouco antes das eleições à sucessão presidencial de 1966, promulga o Ato Institucional n.º 3 (AI-3), segundo o qual as eleições para governadores e prefeitos passaram a ser indiretas. A liberdade política tornou-se, assim, cada vez mais restrita inclusive com o fechamento do Congresso, ao final do mesmo ano. Ainda na fase final de seu mandato, com o Ato Institucional n.º 4 (AI-4), Castelo Branco reabre o Congresso Nacional com o intuito de reunir os políticos em sessão extraordinária para votar e discutir a implementação da Constituição de 1967.

Segundo Vicentino e Dorigo (2001), a referida Carta Magna teve pouca duração, uma vez que incorporava princípios presentes nos atos institucionais impostos, mas foi ultrapassada, com rapidez, por conta das novas e permanentes determinações do governo militar. Ainda em 1967, ocorreram as eleições para presidente da República. Castelo Branco não conseguiu fazer seu sucessor. Foram eleitos, para presidente, o marechal Arthur da Costa e Silva, e, para vice-presidente, o civil udenista Pedro Aleixo. Com o novo governo, registravam-se modificações políticas e significativo avanço do processo de industrialização, responsáveis pela transformação do regime militar em ditadura brutal, que restringiu ao máximo as liberdades públicas e democráticas.

Com o apoio da linha dura das Forças Armadas e de grupos que defendiam radicalmente o golpe militar, Costa e Silva assumiu a presidência da República e, imediatamente, intensificou a repressão policial-militar contra todos os movimentos, grupos e focos de oposição política. Dentre as coligações radicais a favor dos militares, encontrava-se o Comando de Caça aos Comunistas (CCC), um dos principais movimentos brasileiros de extrema direita. O CCC conquistou espaço antes mesmo do Ato Institucional n.º 5 (AI-5), responsável por censura brutal a tudo e a todos que se opunham ao Governo.

O AI-5 foi o instrumento de uma revolução dentro da revolução ou de uma contra-revolução. Ao contrário de atos anteriores, não tinha prazo de vigência. O Presidente da República voltou a ter poderes para fechar provisoriamente o Congresso, o que a Constituição de 1967 não autorizava. Restabeleciam-se os poderes presidenciais para cassar mandatos e suspender direitos políticos, assim como para demitir ou aposentar servidores públicos. A partir do AI-5, o núcleo militar do poder concentrou-se na chamada comunidade de informações, isto é, naquelas figuras que estavam no comando dos órgãos de vigilância e repressão. Abriu-se um novo ciclo de cassação de mandatos, perda de direitos políticos e de expurgos no funcionalismo, abrangendo muitos professores universitários. Estabeleceu-se na prática a censura aos meios de comunicação; a tortura passou a fazer parte integrante dos métodos de Governo. (Fausto, 2010, p. 265)

Logo após decretar o AI-5[79], o Presidente Costa e Silva foi vítima de derrame cerebral. O Vice-Presidente Pedro Aleixo foi impedido de assumir o poder pelas lideranças militares à frente do Governo. Como solução para manter a "democracia", formou-se uma Junta Militar para governar pelo pequeno período de dois meses. Integravam a junta: o Ministro do Exército, Aurélio de Lira Tavares; o Ministro da Força Aérea, Márcio de Sousa e Melo; e o Ministro da Marinha, Almirante Augusto Hamann Rademaker Grünewald. A atuação desses três ministros se identifica, na trajetória histórica e política do país, com crescente radicalização de descontentes e de reações do governo, que determina a possibilidade de expulsão do país e até a "pena de morte para os casos de guerra subversiva" no caso dos revolucionários contrários à ditadura militar (FAUSTO, 2010, p. 265). Porém, esclarecemos que a pena de morte nem foi adotada nem oficializada. Ainda em consonância com esse autor, o governo militar preferia execuções sumárias e/ou violentas torturas.

Diante da grave doença do Presidente Costa e Silva e mesmo antes de sua morte que só viria a ocorrer no dia 7 de dezembro de 1969, a junta militar já declarava como vagos os cargos de presidente e vice-presidente, marcando as eleições pelo Congresso Nacional para outubro do mesmo ano. As articulações apontavam para o nome do ex-chefe do SNI, Emílio Garrastazu Médici que terminou sendo eleito pelo Congresso, reaberto para a eleição. Na mesma ocasião, o vice-presidente eleito foi o então Ministro da Marinha, Augusto Rademarker. Inicia-se assim, um dos períodos mais radicais da ditadura militar.

Médici permaneceu à frente da presidência do Brasil entre 1969 e 1974, período em que a repressão e a tortura atingiram níveis extremos. Contudo o bom desempenho do governo na economia, decorrentes de empréstimos externos que serviram para ampliar a estatização, elevaram os índices de aceitação dos militares na sociedade brasileira. Foi o período conhecido como o "milagre brasileiro", que, em verdade, não passou de um surto de prosperidade para poucos, uma vez que, de

---

[79] O Ato Institucional de número 5 foi publicado no dia 13 de dezembro de 1968 durante o governo do General Costa e Silva. Ato disponível em: <http://www.planalto.gov.br/ccivil_03/AIT/ait-05-68.htm>. Acesso em: 20 mai. 2014.

fato, o tal "milagre" conduziu à deterioração do perfil de renda. Todo o dinheiro das obras do governo militar foi "arrancado" da população, como *Caldeira et al.* (1997) afirmam.

Embasado no AI-5, o Presidente Médici exerceu total controle sobre os MCM (Meios de Comunicação de Massa) e os utilizou para divulgação das realizações do governo, principalmente, a respeito do "milagre brasileiro", que se tornou o instrumento de propaganda mais relevante. Na falta de outras conquistas, os bons resultados econômicos tornaram-se a própria razão do regime militar. Em outras palavras, com o Ato Institucional n.º 5, o controle sobre a imprensa e sobre os veículos de comunicação em geral passou a ser completo, principalmente, entre 1968 e 1976:

> Todos os meios valiam para intimidar empresas e jornalistas: proibição oficial de divulgação de informação por membros do Governo, telefonemas para jornalistas e donos de jornais, bilhetes dos órgãos de censura com os assuntos proibidos do dia, processos contra jornalistas, apreensão de edições já impressas e censura prévia. A gradação funcionava de acordo com a simpatia dos veículos ao Regime. Os "amigos" contratavam jornalistas indicados por militares, recusavam-se a buscar notícias que poderiam desagradar os donos do poder – e desfrutavam da liberdade dos que se submetiam. Na maioria das vezes bastava um telefonema ou um bilhete para resolver questões espinhosas. Depois vinham os que divulgam fatos que irritam os donos do poder, como publicar fotos de mulheres nuas ou determinadas notícias de agências internacionais. Nesse caso os órgãos de censura costumavam aumentar a lista. (CALDEIRA *et al.*, 1997, p. 324)

Todas as medidas governamentais que cercearam a liberdade de imprensa e as liberdades individuais tiveram como intuito impedir críticas em relação às ações do governo e a tudo que contrariava os interesses dos militares. Os agentes da censura estavam presentes nas redações de jornais, revistas, estações de rádio e de TV, para vetar a veiculação de quaisquer matérias contrárias à ditadura militar. O povo brasileiro conviveu com uma única verdade permitida: a oficial, ou seja, a dos governantes. E, decerto, o noticiário político foi o que mais sofreu medidas repressivas.

Aos que não se curvaram aos donos do poder, um tratamento ainda mais perverso foi reservado. A situação piorou para os MCM, em 1970, quando o governo militar introduziu a censura prévia aos livros e periódicos, ao teatro, enfim, às publicações, à diversão e aos espetáculos públicos em geral, inclusive a programação de rádio e TV.

Alguns veículos encontraram alternativas para expor a ação da censura aos leitores através da publicação de receitas de bolo no local das matérias censuradas, ou de outros artifícios como a utilização excessiva de metáforas no texto, como por exemplo:

> O Estado de S. Paulo publicava versos de Camões no lugar de matérias que haviam (sic) sido proibidas. Na revista *Veja*, o logotipo da editora era repetido. Isso complicava e encarecia o trabalho dos "inimigos do Regime". Um problema agravado quando edições inteiras, mesmo tendo passado pela censura, eram apreendidas. O prejuízo era enorme e muitos jornais, sobretudo os menores, chegaram a falir. (CALDEIRA *et al.*, 1997, p. 325)

A verdade é que embora os veículos encontrassem meios de burlar a censura falando com o público de maneira diferente, os órgãos repressores endureceram gradativamente e incessantemente. Quanto mais se fortaleciam, mais jornalistas e veículos de informação se fragilizavam e tendiam a ceder. As consequências do endurecimento da ditadura militar para o jornalismo são evidentes quando comparamos o fazer jornalístico de então com outras épocas.

Essa atuação dos meios de comunicação orquestrada pelo militares forjou um consenso nacional em torno da aceitação das ações do governo, visto que o povo não tinha acesso às informações do que se passava nos bastidores. O militarismo brasileiro utilizou-se do poder, entendido conforme FOUCAULT (1996), explorando tanto seu potencial negativo de repressão, como se aproveitando de sua face positiva através da utilização dos mecanismos de educação, informação e comunicação, que foram direcionados para ressaltar os pontos que interessavam aos que formavam o pensamento político militar na época. Esse consenso forjado impôs o silenciamento dos que pensavam diferente. Nesse sentido é que recorremos à Noelle Neuman e sua hipótese da *Espiral do Silêncio* objetivando esclarecer como o consenso se formou e teve como protagonistas os meios de comunicação. Aqui, no entanto, analisaremos somente a participação da revista *Veja* como contribuinte para formação de uma opinião pública dominante e favorável aos militares.

## *A Espiral do Silêncio*

Em 1972, a alemã Elisabeth Noelle-Neumann, especialista em demoscopia[80], apresentou o artigo *Return to the Concept of Powerfull Mass Media* num congresso em Tóquio, onde

> Partindo do conceito de *percepção seletiva* e retomando o de *acumulação* provocada pela mídia, conceito aliás, ainda então recente na hipótese de *agenda setting* [...], Noelle-Neumann destacava a *onipresença* da mídia como eficiente modificadora e formadora de opinião a respeito da realidade. (HOHFELDT, 2001, p. 221)

Neumann dá continuidade aos estudos sobre a ligação existente entre mídia e opinião pública e lança nos anos 80 o livro *A Espiral do Silêncio – Opinião Pública: Nossa Pele Social*. O livro em pauta é uma grande síntese de todos os seus estudos sobre mídia e opinião pública. Na obra Noelle-Neumann destaca quatro hipóteses que sustentam a sua pesquisa, todas estão ligadas entre si: a primeira é que as pessoas possuem um medo inato do isolamento; a segunda é de que a sociedade ameaça com o isolamento o individuo que se desvia; a terceira retrata que

---

[80] Estudo científico da opinião pública através de pesquisas de opinião.

a consequência do medo, leva o individuo a captar correntes de opinião e a quarta hipótese é que os resultados desse cálculo afeta a expressão ou a ocultação de suas opiniões. Assim, podemos considerar que seu estudo fundamenta-se no argumento de que as pessoas que têm uma opinião, um ponto de vista minoritário, tendem a cair no silêncio ou no conformismo, perante a opinião pública geral.

Para este estudo abordaremos a *Espiral do Silêncio* conforme Antônio Hohlfeldt, que a considera sendo uma hipótese e não uma teoria:

> [...] uma hipótese é sempre uma experiência, um caminho a ser comprovado e que, se eventualmente não der certo naquela situação especifica, não invalida necessariamente a perspectiva teórica. Pelo contrário, levanta, automaticamente, o pressuposto alternativo de que uma outra variante, não presumida, cruzou pela hipótese empírica, fazendo com que, na experiência concretizada, ela não se confirmasse". (HOHFELDT, 2001, p. 189)

Já a teoria "é um paradigma fechado, um modo acabado e, neste sentido, infenso a complementações ou conjunções, pela qual traduzimos uma determinada realidade segundo um certo modelo" (HOHLFELDT, 2001, p. 189).

Nouelle-Neumann defende que a característica mais importante da "opinião pública" é o poder dominante que esta exerce, tanto no Governo, como em cada elemento, indivíduo, que compõe uma sociedade. A autora destaca que devemos entender o público como um tribunal, como um júri ante o qual devemos nos comportar de maneira correta para evitarmos o isolamento, ou seja, a alienação da vida pública. Essa noção de opinião pública como controle social, é invisível aos olhos da sociedade (NOELLE-NEUMANN, 1995).

O estudo de Noelle-Neumann, também analisa o papel relevante dos meios de comunicação de massa perante a formação da opinião pública. A *Espiral do Silêncio* baseia-se na tese de que os meios de comunicação são a fonte mais importante de observação da realidade com que o individuo pode contar para saber quais são as opiniões dominantes e quais conduzem o isolamento. Para a autora,

> A comunicação pode dividir-se em unilateral e bilateral (uma conversação, por exemplo, é bilateral), direta e indireta (uma conversação é direta), pública e privada (uma conversação é privada). Os meios de comunicação de massa são formas de comunicação unilaterais indiretas e públicas. Contrastam pois, de maneira tripla com a forma de comunicação humana mais natural, a conversação. Por isso os indivíduos se sentem desvalidos diante dos meios de comunicação.[...] Essa impotência se expressa de duas formas. A primeira ocorre quando uma pessoa almeja conseguir a atenção pública, e os meios, em seu processo de seleção, decidem não prestar atenção. [...] O segundo aspecto da impotência entra em jogo quando os meios de comunicação são utilizados como um pelourinho, quando orientam a atenção pública anônima entregando a ela o individuo como bode expiatório para ser exibido. Não pode defender-se. Não pode desviar-se das pedras e flechas. As formas de réplicas são grotescas pela sua debilidade, por sua torpeza em comparação com a clara objetividade dos meios. (NOELLE-NEUMAN, 1995, p. 204)

A autora resumiu, assim, essa pontual influência da mídia naquilo que domina o princípio de "consonância" e "acumulação", segundo os quais os meios de comunicação e os jornalistas insistem em retratar os mesmos temas e adotam as mesmas posições, chamando a atenção do público.

### VEJA em Prol do Silenciamento

Pouco antes do Ato Institucional n.º 5, em pleno Regime Militar (1964-1985), surge uma revista até hoje presente na vida dos brasileiros e que, atualmente, figura como o semanário brasileiro de informação com maior circulação e tiragem. Estamos nos referindo a *Veja*, cuja primeira edição data de 11 de setembro de 1968.

Figura 1 – Revista Veja, edição 11 set. 1968[81]

No ano de 1967 o empresário Victor Civita, dono da *Editora Abril*, convidou o jornalista Mino Carta para dirigir uma revista semanal de informações, que fora idealizada por seu filho Roberto Civita.

A preparação para o lançamento da revista requereu investimentos pesados em curso de formação de profissionais com a finalidade de formar uma equipe e inicialmente, foram produzidas 14 (quatorze) edições de teste número zero, até que fosse aprovado a fórmula ideal (CORRÊA, 2008).

Em sua fase inicial, *Veja* enfrentou sérios problemas com os órgãos de censura, com edições mutiladas e/ou apreendidas, até porque, de acordo com Werneck *et al.* (2000), um dos fundamentos da linha editorial adotada é oposição ao regime militar, sem abrir mão de expor opiniões críticas.

---

[81] Fonte: http://veja.abril.com.br/revistas.

Contudo, com pouco tempo de existência da revista, as coisas mudam. Em 13 de dezembro de 1968 quando entra em vigor o Ato Institucional número 5, a repressão não mais atingia somente os militantes de esquerda, mas também membros das classes média e alta, "supostamente" envolvidos com o comunismo. Prisões, torturas e desaparecimentos se tornaram rotina para uma parte do clero, líderes de movimentos populares, comerciantes, estudantes e jornalistas.

Na semana em que foi decretado o AI-5, a censura se intensificou na redação de *Veja*. Para evitar problemas com censores, a revista passou por diversas inovações, que acabaram fortalecendo o semanário e deixando-o adequado para ser publicado durante o regime militar.

As empresas de comunicação sofreram o duro golpe da censura, que duraria cerca de oito anos para a maioria dos veículos. Para alguns mais, outros menos, de acordo com o grau de confiabilidade que demonstravam em acatar as ordens do governo e de praticarem a autocensura. Assim, apoiando explicitamente ou se calando, muitos veículos permaneceram na retaguarda do poder durante quase duas décadas (BAHIA, 1990).

A censura tornou-se além de tudo uma tarefa rotineira que refletiu diretamente na maneira como a imprensa "apoiou" os projetos do governo ditatorial ou manteve-se em silêncio perante os ocorridos.

Os atores da imprensa sujeitos à censura prévia compartilhavam de uma experiência minoritária. É compreensível, então, que suas relações reciprocas eram cruciais para afirmar uma realidade básica (apesar das negativas surrealistas do governo e da censura da censura), para interpretar os fatos e para validar a experiência. Eles compartilhavam a tensão, a ira, a frustração decorrentes da sujeição à censura prévia. Em mais de um caso a partilha de experiência subjetiva evoluiu para tornar-se um ritual. Marcos Sá Corrêa recorda a "cerimonia do chá" na *Veja*: " o que começou como um hábito, uma prática para manter-nos acordados em tantas madrugadas de espera pela volta do material censurado, transformou-se na experiência do chá. Durante tantas semanas, ficávamos acordados de quinta-feira até o sábado. Naquela época podiam ser comprados finos chás importados. Acrescentamos taças de porcelana, toalhas de mesa de linho, chá inglês. Era um jeito de ficar acordados, uma brincadeira um jogo, um ritual, um encontro no meio da noite, compartilhando". (SMITH, 2000, p. 116)

O contexto político em que *Veja* nasceu foi fundamental para sua história. Sob os moldes da publicação norte-americana *Time*, sua intenção inicial foi ser uma resenha da semana, com espaço para coberturas exclusivas e com destacado viés interpretativo. Assim, a partir dos primeiros exemplares, já se caracterizava por um texto pessoal e padronizado.

Diante da atuação de *Veja* logo após a publicação do AI-5 em dezembro de 1968 é que nos propomos a empreender o processo analítico que procura pelos vestígios de comportamento da revista em prol do silenciamento da opinião dos contrários, inclusive, dela mesma. O estudo procurou compreender a forma como a revista *Veja* se posicionou durante o período da ditadura-militar (1964-1985), especificamente no primeiro ano de existência do Ato Institucional n.º 5.

A presente investigação tem como objeto de pesquisa, como dito, a revista *Veja*, e a amostra compõe-se dos exemplares publicados entre dezembro de 1968 e dezembro 1969, ao todo 16 (dezesseis) exemplares, que foram selecionados, a partir da aplicação do método de definição de *amostragem aleatória simples e por sorteio*. A seguir realizamos o processo analítico a partir do conteúdo veiculado[82].

Partindo do pensamento de Noelle-Neumann para quem os "mass media" podem influenciar o processo da *Espiral do Silêncio*, pois exercem grande influência na formação da opinião pública no contexto social, é que nos embasamos para utilizar a referida hipótese no presente trabalho analítico.

---

[82] As edições analisadas foram: edição n.º15 (12/12/1968); edição n.º16 (25/12/1968); edição n.º 17 (01/01/1069); edição n.º 21 (21/01/1969); edição n.º 25 (16/02/1969); edição n.º 28 (19/03/1969); edição n.º 33 (23/04/1969); edição n.º 37 (21/05/1969); edição n.º 40 (11/06/1069); edição n.º 42 (25/06/1969); edição n.º 46 (16/07/1969); edição n.º 49 (13/08/1969); edição n.º 53 (10/09/1969); edição n.º 57 (01/10/1969); edição n.º 62 (12/11/1969); e edição n.º 68 (24/12/1969).

Conforme Anne-Marie Smith (2000) os militares, quando tomaram o governo em 1964 precisavam garantir uma imagem positiva do regime e manter sua legalidade, para isso era necessário usar medidas repressivas, a fim de legitimar seu poder. Além das ações restritivas que ao longo do regime foram sendo amparadas por decretos institucionais, havia desde o princípio, a forte ideologia propagada por uma doutrina de segurança nacional, ao estado de "guerra interna" do combate a "subversão" e ao comunismo.

A censura aos meios de comunicação no regime militar se enquadra nessa concepção de ideologia política, no qual, o poder munido de recursos ideológicos consegue modelar a sociedade de acordo com seus ideais. Entretanto, a censura no Brasil, pode se manifestar, mesmo que de forma implícita, em diversas situações em que os próprios meios de comunicação, por conveniência de tipos variados, deixam de publicar determinados assuntos de interesse público, mostrando-se conivente com os interesses do poder vigente.

No contexto da ditadura militar, principalmente, após 1968, grande parte dos veículos de comunicação de grande circulação se submeteu aos ditames do regime, alguns unicamente devido à censura, outros porque realmente eram a favor do sistema político. Existia também, a chamada autocensura, no qual o próprio meio se precavia cortando determinadas matérias que pudesse comprometer o jornal.

Já no período de atuação do Ato Institucional n.º 5 houve uma intensificação da censura à imprensa e, a partir de então, esta se tornou uma prática rotineira passando a acatar as ordens e instruções emanadas pelos "altos escalões de poder". O AI-5 forneceu suporte legal à censura a imprensa escrita.

Diante da análise realizada percebemos que a revista *Veja* trabalhou e contribuiu para a formação do que se denominou consenso forjado, através de um "consentimento" da publicação as ações do regime, o que refletiu no que era veiculado ao público. O consentimento segundo Smith (2002, p. 10),

[...] também segue um *continuum* desde o endosso da repressão e aparente acatamento até a obediência às regras para proveito próprio e o que poderia ser chamado de *modalidades diárias de inércia*. Essas constituem um padrão de aceitação cotidiana da repressão, de cumprimentos das normas e de comportamento esperado, sem que haja necessariamente uma atribuição de legitimidade ao sistema de dominação.

Assim, nota-se que diante do cenário político em que se encontrava *Veja* nos anos de 1968 e 1969, esta manteve um posicionamento de "defesa", ou melhor, um consentimento ao regime mostrando conteúdos em suas matérias que elogiavam os projetos do governo e os avanços com o AI-5. A revista silenciou os reais acontecimentos, as consequências e interesses da ditadura e passou à opinião pública a imagem de um governo legítimo e atuante em prol da população.

A sua primeira edição após o surgimento do AI-5[83] trouxe como chamada o próprio ato e como foco de atração na capa, uma foto do presidente Costa e Silva sozinho em um plenário vazio (*vide* Figura 2).

*Figura 2 – Revista Veja, edição 15 dez. 1968*[84]

---

[83] Edição n.º 15 (12/12/1968).

[84] Fonte: http://veja.abril.com.br/acervodigital/home.aspx.

O título da matéria principal da edição de número 15 foi *Revolução, Ano Zero*. A reportagem realizou uma grande retrospectiva da "Revolução" de 1964, relatando que o movimento militar aconteceu para defender "o desenvolvimento e bem-estar do seu povo" (*Veja*, n.º 15, 1968, p. 16). Também foi colocado que o governo de Costa e Silva anunciou a regência do Ato Institucional n.º 5 como sendo portador de "meios necessários e instrumentos legais, para, assegurando a ordem e tranquilidade, realizar os propósitos e os fins da Revolução de março de 1964" (*Veja*, n.º 15,1968, p. 16).

*Figura 3– Revista Veja, edição 15 dez. 1968, p. 16*[85]

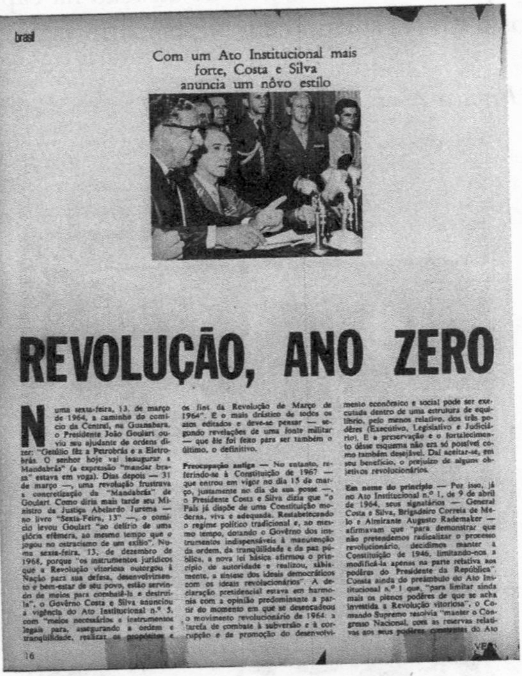

brasil

Com um Ato Institucional mais forte, Costa e Silva anuncia um nôvo estilo

REVOLUÇÃO, ANO ZERO

Numa sexta-feira, 13, de março de 1964, a caminho do comício da Central, na Guanabara, o Presidente João Goulart ouviu seu ajudante de ordens dizer: "Getúlio fêz a Petrobrás e a Eletrobrás. O senhor hoje vai inaugurar a Mandabrás" (a expressão "mandar brasa" estava em voga). Dias depois — 31 de março —, uma revolução frustrava a concretização da "Mandabrás" de Goulart. Como diria mais tarde seu Ministro da Justiça Abelardo Jurema — no livro "Sexta-Feira, 13" —, o comício levou Goulart "ao delírio de uma glória efêmera, ao mesmo tempo que o jogou no ostracismo de um exílio". Numa sexta-feira, 13, de dezembro de 1968, porque "os instrumentos jurídicos que a Revolução vitoriosa outorgou à Nação para sua defesa, desenvolvimento e bem-estar de seu povo, estão servindo de meios para combatê-la e destruí-la", o Govêrno Costa e Silva anunciou a vigência do Ato Institucional n.º 5, com "meios necessários e instrumentos legais para, assegurando a ordem e tranqüilidade, realizar os propósitos e os fins da Revolução de Março de 1964". É o mais drástico de todos os atos editados e deve-se pensar — segundo revelações de uma fonte militar — que êle foi feito para ser também o último, o definitivo.

**Preocupação antiga** — No entanto, referindo-se à Constituição de 1967 — que entrou em vigor no dia 15 de março, justamente no dia de sua posse —, o Presidente Costa e Silva dizia que "o País já dispõe de uma Constituição moderna, viva e adequada. Restabelecendo o regime político tradicional e, ao mesmo tempo, dotando o Govêrno dos instrumentos indispensáveis à manutenção da ordem, da tranqüilidade e da paz pública, a nova lei básica afirmou o princípio de autoridade e realizou, sàbiamente, a síntese dos ideais democráticos com os ideais revolucionários". A declaração presidencial estava em harmonia com a opinião predominante a partir do momento em que se desencadeou o movimento revolucionário de 1964: a tarefa de combate à subversão e à corrupção e de promoção do desenvolvimento econômico e social pode ser executada dentro de uma estrutura de equilíbrio, pelo menos relativo, dos três podêres (Executivo, Legislativo e Judiciário). E a preservação e o fortalecimento dêsse esquema não era só possível como também desejável. Daí aceitar-se, em seu benefício, o prejuízo de alguns objetivos revolucionários.

**Em nome do princípio** — Por isso, já no Ato Institucional n.º 1, de 9 de abril de 1964, seus signatários — General Costa e Silva, Brigadeiro Correia de Melo e Almirante Augusto Rademaker — afirmavam que "para demonstrar que não pretendemos radicalizar o processo revolucionário, decidimos manter a Constituição de 1946, limitando-nos a modificá-la apenas na parte relativa aos podêres do Presidente da República". Consta ainda do preâmbulo do Ato Institucional n.º 1 que, "para limitar ainda mais os plenos podêres de que se acha investida a Revolução vitoriosa", o Comando Supremo resolvia "manter o Congresso Nacional, com as reservas relativas aos seus podêres constantes do Ato

16

A mesma matéria aborda que o AI-5 foi um ato de análise.

85 Fonte: http://veja.abril.com.br/acervodigital/home.aspx.

O Ato Institucional não deixa de ser uma autocritica da Revolução, onde o partido do governo não escapa a censura no preâmbulo. E na decretação do recesso do Congresso por tempo indeterminado está o sinal mais evidente de uma nova fase em que a Revolução se reinicia sem a classe política que não quis ou não pode integrar-se no processo revolucionário. (*VEJA*, n.º 15, 1968, p. 17)

Ainda segundo *Veja*, o AI-5 é "[...] o mais drástico de todos os atos editados e deve-se pensar – segundo revelações de uma fonte militar – que ele foi feito para ser também o último, o definitivo". Último e definitivo porque bastaria para assegurar a ordem. "Assim o dia 13 de dezembro passa a constituir o Ano Zero da Revolução" (*VEJA*, n.º 15, 1968, p. 17).

*Figura 4 – Revista Veja, edição 15 dez. 1968, p. 17*[86]

---

Nas páginas de *Veja* os estudantes e civis em geral, que enxergavam as reais intenções da ditadura civil-militar e se revoltaram contra o regime, eram considerados terroristas que precisavam ser parados e punidos. A reportagem *O Governo, os assaltos e o terrorismo* (*VEJA*, n.º 15, 1968, p. 23) mostra claramente uma das justificativas da existência do AI-5, pois segundo a revista o ato institucional veio facilitar o combate aos terroristas e aos assaltantes políticos.

*Figura 5– Revista Veja, edição 15 dez. 1968, p. 23[87]*

O que podemos perceber com a análise é que a revista procurou construir uma imagem negativa dos guerrilheiros, associando-os ao banditismo e a subversão. Uma estratégia utilizada por *Veja* para caracterizar

---

[87] Fonte: http://veja.abril.com.br/acervodigital/home.aspx.

os guerrilheiros como criminosos foi a adoção da palavra "Terror" para nomear a seção que tratava dos casos de guerrilha interna.

*Veja* apresentou os atentados, caracterizando-os como fruto de especialistas, onde os guerrilheiros agiriam com "sangue frio, precisão, imaginação, habilidade". *Veja* atuou de modo a criar um ambiente de medo e pavor entre seus leitores, pois não apresentou os objetivos das ações de resistência armada, que através de diferentes modos e ideologias pretendiam acabar com a ditadura e instaurar o socialismo ou o comunismo no Brasil.

A análise constatou também a prática de *Veja* em suscitar a necessidade de combate às guerrilhas e em potencializar a repressão, insinuando que as ações armadas praticadas pelos guerrilheiros poderiam estar visando causas particulares e não projetos coletivos de oposição. Objetivando justificar o incremento da repressão por parte dos militares, *Veja* adotou como estratégia discursiva a culpabilidade dos guerrilheiros pelo aumento da violência militar. Segundo a revista, "para enfrentar o terrorismo é preciso ser um terrorista" (*VEJA*, n.º 62, 1969, p. 23).

O exemplo mais claro disto são os acontecimentos envolvendo a morte do principal líder, Carlos Marighella.

Em 12 de novembro de 1969, na edição de número 62, *Veja* dedicou uma matéria de capa para falar da morte de Marighella. Com o título "O terrorismo morreu com Marighella?", a revista utilizou--se de 12 páginas para relatar os episódios e interpretações sobre a morte do líder guerrilheiro. Quando a revista retratou a participação de Marighella no enfrentamento policial que resultou em sua morte, *Veja* procurou caracterizá-lo como vítima, já que o guerrilheiro "nem chegou a pegar sua arma" durante o tiroteio. *Veja* pareceu se portar contra o exagero da repressão ao guerrilheiro, porém, a ênfase dada na matéria é uma visão negativa sobre Marighella. Além da chamada provocante, a revista destaca trechos do *Mini-Manual do Guerrilheiro Urbano* escrito por Marighella, apontando que o próprio líder não teria seguido as "instruções" do seu Manuel. Ou seja, a revista procura desconstruir as qualidades do guerrilheiro em detrimento das opções escolhidas por Marighella para conduzir suas ações.

*Figura 6– Revista Veja, edição 62 nov. 1969[88]*

De acordo com a análise, verifica-se que mesmo havendo uma contestação da manipulação dos fatos envolvendo a morte de Marighella, a finalidade da matéria de *Veja* não era de defesa aos guerrilheiros e sim, de adequação e consentimento aos atos do governo ditatorial.

A revista em pauta, assim como grande parte da imprensa, tratou de construir seu discurso de maneira a estabelecer parâmetros que não buscassem um questionamento mais radical da ditadura militar, reafirmando o que diz Machado (2014, p. 12) em seu livro *1964-Golpe Midiático-Civil-Militar*, para quem "[...] depois do AI-5 e da introdução da censura nas redações, parte dessa imprensa trabalharia para alternar as narrativas sobre si mesma de maneira a ter um novo e mais bonito papel no regime militar".

---

[88] Fonte: http://veja.abril.com.br/acervodigital/home.aspx.

Nesse cenário, embora os grandes empresários de comunicação estivessem insatisfeitos com os rumos do regime militar, eram complacentes, visto o extraordinário crescimento patrimonial advindo de empréstimos e investimentos governamentais. *Veja* cresceu e se consolidou durante o período da ditadura militar.

*Figura 7 – Revista Veja, edição 62 nov. 1969, pp. 22-23*[89]

[89] Fonte: http://veja.abril.com.br/acervodigital/home.aspx.

## Considerações Finais

"A mídia disse sim antes, durante e depois do golpe"
(Machado, 2014, p. 88)

Percebemos a revista *Veja* como um lugar de articulação de interesses que tem desempenhado muito bem um papel de defensora de projetos político-empresariais de alguns setores, ao longo de toda sua trajetória.

*Veja*, assim como boa parte da imprensa brasileira de um modo geral, se inibiu diante da censura imposta pelo governo militar. Em nossa análise detectamos que em muitas edições o foco principal foi a política internacional. Em alguns momentos, mais parecia uma revista sobre os acontecimentos do mundo. A ida do homem à Lua também foi presença marcante nas edições analisadas. O espaço reservado para o Brasil em *Veja* era bem definido para retratar os acontecimentos da política brasileira sempre por um ângulo favorável ao regime, ou, quando não, mostrando uma certa neutralidade, retratando os acontecimentos, mas sem atacar de frente o governo.

O trabalho nos permitiu visualizar as estratégias da revista ao abordar temas relativos ao regime político ditatorial vigente, como também identificar os modos como a opinião pública foi influenciada. *Veja* não deixou transparecer que o país vivia sob uma ditadura militar, ao contrário, a revista enquadrou seu discurso de maneira a parecer uma "democracia aperfeiçoada", em que as pessoas levavam sua vida normal, sem repressão ou exploração.

> Os esforços do regime em busca da legitimidade com base na democracia proporcionavam à imprensa uma oportunidade para firmar sua liberdade, na medida em que uma imprensa livre pode ser considerada um pilar dos sistemas democráticos. No entanto, enquanto uma democracia aberta exigiria uma imprensa livre, talvez uma democracia "aperfeiçoada" também impusesse uma imprensa "aperfeiçoada" sob a tutela dos militares. (Smith, 2000, p. 47)

Com a censura prévia foi cada vez mais difícil honrar os direitos básicos à informação. Para os profissionais que atuavam com notícias e reportagens políticas, o trabalho ficou mais e mais limitado, além de se transformar em processo de negociações entre repórter, editor e censor. O material era previamente lido pelo censor, que eliminava os temas "inaceitáveis", de tal forma que, com frequência, as reportagens vetadas deveriam ser substituídas. Assim, *Veja* no primeiro ano de existência do AI-5 se manteve sob os pressupostos da hipótese de *Espiral do Silêncio*. De um lado, não se manifestou contra a opinião da maioria manipulada que se transformava paulatinamente em consenso forjado; de outro, se calou e aceitou os ditames e a política de coerção à liberdades necessárias para a vida em sociedade, sobretudo, a de informação.

# REFERÊNCIAS BIBLIOGRÁFICAS

BAHIA, Juarez. *Jornal, História e Técnica: História da Imprensa Brasileira*. São Paulo: Ática, 1990, 4.ª ed.;

BARDIN, Laurence. *Análise de Conteúdo*. Lisboa; Edições 70, LDA, 2009;

CALDEIRA, Jorge *et al*. *Viagem pela História do Brasil*. São Paulo: Companhia das Letras, 1997;

CORRÊA, Thomaz Souto. "A era das revistas de consumo". In: LUCA, Tânia; MARTINS, Ana Luiza (orgs). *História da Imprensa no Brasil*. São Paulo: Contexto, 2008;

FAUSTO, Boris. *História Concisa do Brasil*. 2.ª ed. São Paulo: USP, 2010;

FOUCAULT, Michel. *Microfísica do Poder*. Rio de Janeiro: Edições Graal, 1996;

HOHLFELDT, Antonio; MATINHO, Luiz. C; FRANÇA, Vera Veiga (Org). *Teorias da Comunicação: Conceitos, Escolas e Tendências*. Porto Alegre. Editora Vozes, 2001;

MACHADO. Juremir. *1964 – Golpe Midiático-Civil-Militar*. Porto Alegre: Sulinas, 2014;

NOELLE-NEUMAN, Elisabeth. *La Espiral del Silencio-Opinión pública: Nuestra Piel Social*. Barcelona. Ediciones Padiós Ibérica, 1995;

PLANALTO. Lei n.º 4341. Disponível em: <http://www.planalto.gov.br/ccivil_03/leis/L4341.htm>. Acesso em: 20 mai. 2014.

PLANALTO. Ato n.5. Disponível em: <http://www.planalto.gov.br/ccivil_03/AIT/ait-05-68.htm>. Acesso em: 20 mai. 2014;

SMITH, Anne-Marie. *Um Acordo Forçado: O Consentimento da Imprensa à Censura no Brasil*. Rio de Janeiro: Editora FGV, 2000;

VEJA. Disponível em : <http://veja.abril.com.br/acervodigital/> Acesso em 15 de maio de 2014;

VICENTINO, Cláudio; DORIGO, Gianpaolo. *História para o Ensino Médio: História Geral e do Brasil*. São Paulo: Scipione, 2001;

WERNECK, Humberto *et al*. *A Revista no Brasil*. São Paulo: Ed. Abril, 2000.

# SOBRE OS AUTORES

## Ana Paula Goulart

Ana Paula Goulart Ribeiro é graduada em Jornalismo e História pela Universidade Federal Fluminense. Possui Mestrado e Doutorado em Comunicação e Cultura na Universidade Federal do Rio de Janeiro. É professora da Escola de Comunicação da UFRJ e coordenadora do Programa de Pós-Graduação em Comunicação. Foi responsável pela redação do livro *Jornal Nacional: A Notícia Faz História* e é autora do livro *Imprensa e História no Rio de Janeiro dos Anos 50*. Organizou, em parceria com outros autores, as seguintes coletâneas: *Mídia e Memória*; *Comunicação e História*; *Mikhail Bakhtin: Linguagem, Cultura e Mídia* e *História da Televisão no Brasil*.

## Ana Regina Rêgo

Ana Regina Barros Rêgo Leal é jornalista DRT-PI 1897/97, com mestrado em Comunicação e Cultura pela Escola de Comunicação da Universidade Federal do Rio de Janeiro e Doutora em Comunicação pela Universidade Metodista de São Paulo, com estágio de Doutorado na Universidade Autônoma de Barcelona. Atua como professora e coordenadora do Programa de Pós-Graduação em Comunicação da UFPI, coordenadora do NUJOC – Núcleo de Pesquisa em Jornalismo e Comunicação –PPG-COM-UFPI, coordenadora do Projeto Memória do Jornalismo Piauiense, colunista do jornal *O Dia*, consultora *Ad hoc*, voluntária de instituições do terceiro setor. Publicou os livros: *Imprensa Piauiense*; *Jornalismo, Cultura e Poder*; *Política Cultural e Mercado*; dentre outros.

### Christa Berger

Christa Liselote Berger Ramos Kuschik é professora do Programa de Pós-Graduação em Ciências da Comunicação da UNISINOS. Coordena o grupo de pesquisa Estudos em Jornalismo e é coordenadora nacional do PROCAD – *Tecer: Jornalismo e Acontecimento*. É formada em Comunicação Social – Jornalismo pela Pontifícia Universidade Católica do Rio Grande do Sul, possui Mestrado em Ciência Política pela Universidade Nacional Autônoma de México e doutorada em Ciências da Comunicação pela Universidade de São Paulo. Fez estágio de Pós-Doutorado na Universidade Autônoma de Barcelona. Publicou os livros: *Campos em Confronto, a Terra e o Texto*; *Jornalismo no Cinema*; e *A Era Glacial do Jornalismo: Teorias Sociais da Imprensa*.

### Edwar Castelo Branco

Edwar de Alencar Castelo Branco é Doutor em História e bolsista de Produtividade em Pesquisa do CNPq. Atua junto ao Programa de Pós-Graduação em História e ao Departamento de História da UFPI, onde é professor associado. Lidera o GT História, Cultura e Subjetividade (Lattes/CNPQ) e é membro do GT Nacional de História Cultural. Atualmente atua como pesquisador visitante no Instituto de Ciências Sociais da Universidade de Lisboa. Foi vice-reitor (2008-2012), chefe do Departamento de Geografia e História (2006-2007) e tutor do Programa de Educação Tutorial em História (PET) na UFPI. Publicou o livro *Todos os Dias de Paupéria – Torquato Neto e a Invenção da Tropicália*, dentre outras obras.

### Francisco Hudson

Francisco Hudson Pereira da Silva é mestrando em Letras – Teoria da Literatura – pela Universidade Federal de Pernambuco – UFPE. Graduado em Letras/Português pela Universidade Estadual do Piauí – UESPI. Graduando em Jornalismo na Universidade Federal do Piauí. Atualmente é revisor dos periódicos *Direito e Política* e *Ser Educacional*. Atua na área de Teoria da Literatura, Cultura e Psicanálise, dedicando-se aos estudos da criação e da subjetividade, contemplando-os no universo da representação.

### Gustavo Said

Gustavo Fortes Said possui graduação em Comunicação Social-Jornalismo pela Universidade Federal do Piauí (1992), Mestrado em Comunicação pela Universidade Federal do Rio de Janeiro (1998) e Doutorado em Ciências da Comunicação pela Universidade do Vale do Rio dos Sinos (2006). É professor da Universidade Federal do Piauí, coordenador do Doutorado Interinstitucional em Ciências da Comunicação (UFPI/Unisinos). Foi professor visitante nas universidades de Nebraska-Lincoln e Ole Miss, no Mississipi, nos Estados Unidos. Publicou alguns livros, dentre os quais: *Mídia, Poder e História na Era Pós-Moderna*; *Comunicações no Piauí*; *Comunicação: Novo Objeto, Novas Teorias?*

### José Marques de Melo

Possui graduação em Jornalismo pela Universidade Católica de Pernambuco, graduação em Ciências Jurídicas e Sociais pela Universidade Federal de Pernambuco, doutorado e livre-docência em Ciências da Comunicação – Jornalismo pela Universidade de São Paulo. É professor da Universidade Metodista de São Paulo, onde é diretor da Cátedra UNESCO de Comunicação. Publicou inúmeros livros e coletâneas, dentre eles: *História do Jornalismo: Itinerário Crítico, Mosaico Contextual*;

*Jornalismo Made In Usa: Olhar Brasileiro: (100 Anos de Pós-Graduação e Pesquisa)*; e *Gêneros Jornalísticos: Teoria e Práxis*. Em 2013 foi contemplado com o Prêmio Jabuti.

### Laura Lene Brandão

Mestranda do Programa de pós-graduação em História do Brasil da Universidade Federal do Piauí. Especialista em História Cultural pela Faculdade Maurício de Nassau. Graduada em História pela UFPI. Participou como bolsista do Programa de Educação Tutorial da mesma instituição, PET-História, e voluntária do Programa de Iniciação Científica Voluntária, sob orientação da professora Teresinha Queiroz. Atualmente desenvolve um estudo que tem por objetivo analisar subjetividades juvenis da geração de poetas e escritores marginais piauienses no período autoritário brasileiro.

### Lavina Madeira Ribeiro

Graduada em Comunicação pela Universidade de Brasília, mestrado em Comunicação e Política pela mesma instituição. Doutora em Ciências Sociais pela Universidade Estadual de Campinas. Atua como professora do Programa de Pós-Graduação em Comunicação da Universidade de Brasília. Publicou os livros: *Imprensa e Espaço Público – A Institucionalização do Jornalismo no Brasil (1808-1964)*; *Comunicação e Sociedade – Cultura, Informação e Espaço Público*; e *Contribuições ao Estudo Institucional da Comunicação*.

### Manuel Parés

Manuel Parés i Maicas es Doctor en Derecho por la Universidad Autónoma de Barcelona y Profesor de dicha Universidad, Facultad de Ciencias de la Comunicación, desde septiembre de 1972. Catedrático desde 1992. Actualmente catedrático emérito de UAB. Coordinador de la Catedra Unesco de la Comunicación de la Universidad desde el año de 1989.

Presidente de la International Association for Media and Communication Research (IAMCR) (1998-2000), actual "Honorary President" de IAMCR. Miembro del Consejo de la Información de Catalunya y del Consejo Deontológico de la Federación de Asociaciones de la Prensa de España (FAPE). Hay publicado una serie de obras.

## Marcela Miranda

Marcela Miranda Felix dos Reis é Mestre em Comunicação pela Universidade Federal do Piauí. Especialista em Comunicação e Linguagens e graduada em Comunicação Social – habilitação em Jornalismo pela mesma instituição. Também licenciada em História pela Universidade Estadual do Piaui. Atualmente pesquisadora do Núcleo de Pesquisa em Jornalismo e Comunicação. Publicou a obra *Do Riso ao Grito: Atuação dos Jornais Gramma e Chapada do Corisco Durante a Década de 1970 em Teresina-Piauí.*

## Maria Berenice da Costa Machado

Professora Adjunta da Universidade Federal do Rio Grande do Sul, Doutora em Comunicação Social pela Pontifícia Universidade Católica do Rio Grande do Sul. Graduada em Comunicação Social pela Universidade Federal do Rio Grande do Sul. É organizadora do livro *Publicidade e Propaganda: 200 Anos de História no Brasil.* Atualmente preside a Associação Brasileira de Pesquisadores de História da Mídia (ALCAR), é vice-presidente da Federação Brasileira das Associações Científicas e Acadêmicas de Comunicação (SOCICOM) e integra o Comitê Regional Sul da Associação Brasileira de Pesquisadores em Publicidade (ABP2).

## Teresinha Queiroz

Teresinha de Jesus Mesquita Queiroz é graduada em História e Economia pela Universidade Federal do Piauí. Mestre em História pela Universidade

Federal do Paraná e Doutora em História do Brasil pela Universidade de São Paulo. É professora e pesquisadora da Universidade Federal do Piauí e membro da Academia Piauiense de Letras. Publicou diversas obras, dentre as quais: *A Importância da Borracha de Maniçoba na Economia do Piauí: 1900 a 1920*; *Do Singular ao Plural*; *Economia Piauiense: Da Pecuária ao Extrativismo*; e *Os literatos e a República: Clodoaldo Freitas, Higino Cunha e as Tiranias do Tempo*.

### Thamyres Sousa de Oliveira

Mestranda do Programa de Pós-Graduação em Comunicação da Universidade Federal do Piauí. Graduada em Comunicação Social com habilitação em jornalismo pela mesma instituição. Pesquisadora do Núcleo de Pesquisa em Jornalismo e Comunicação. Premiada em segundo lugar pela Rede Alcar com o prêmio José Marques de Melo entregue durante o Encontro Nacional de História da Mídia no ano de 2013. Publicou um capítulo no livro *Pensa.Com Piauí* – EDUFPI, 2013.

### Thiago Ramos de Melo

Mestrando do Programa de Pós-Graduação em Comunicação da UFPI, graduado em Comunicação Social com habilitação em Jornalismo pela Universidade Federal do Piauí – UFPI. Bolsista de iniciação científica (PIBIC/CNPq). Pesquisador do Núcleo de Estudos e Pesquisas em Estratégias da Comunicação da Universidade Federal do Piauí – NEPEC. Recebeu o prêmio "Ciências Humanas e Sociais, Letras e Arte" em primeiro lugar no XXI Seminário de Iniciação Científica, no ano de 2012.

### Vinicius Leão Araújo

Mestre em História pela Universidade Federal do Piauí. Graduado em História pela mesma instituição. Atualmente docente do quadro provisório da Universidade Estadual do Piauí. Participou da Iniciação Científica Voluntária da Universidade Federal do Piauí, inserida no projeto de pesquisa "Escrita e sociedade: homens de letras e suas múltiplas produções" sob a orientação da Prof.ª Dr.ª Teresinha Queiroz.

### Antonio Carlos Hohlfeldt

Possui graduação em Letras pela Universidade Federal do Rio Grande do Sul (1973), mestrado em Lingüística e Letras pela Pontifícia Universidade Católica do Rio Grande do Sul (1991) e doutorado em Lingüística e Letras pela Pontifícia Universidade Católica do Rio Grande do Sul (1998). Atualmente é professor da FAMECOS-Pontifícia Universidade Católica do Rio Grande do Sul. Tem experiência na área de Letras, com ênfase em Teoria da Comunicação, atuando principalmente nos seguintes temas: Artes Cênicas, Crítica Teatral, Teoria do Jornalismo, Comunicação Social e Teoria da Comunicação.

### Ranielle Leal Moura

Jornalista pela Universidade Federal do Piauí (2007/2), registro DRT--PI 0001511. MBA Executivo em Marketing pela Fundação Getúlio Vargas – FGV– RJ (2009). Mestrado em Comunicação pela Universidade Metodista de São Paulo – UMESP (2011). Doutoranda em Comunicação pela Pontifícia Universidade Católica do Rio Grande do Sul – PUC-RS. Ex-coordenadora de Comunicação do Ministério Público do Estado do Piauí e ex-diretora técnica do Instituto de Comunicação e Cultura. Publicou, em 2012, o livro: *O Olhar e a Palavra: o Fotojornalismo de José Medeiros na Revista O Cruzeiro*.